编著：李 希 李志伟

桥梁专家李文骥

BRIDGE EXPERT LI WENJI

传记/文献/忆文/照片

Biography/Documentation/Remembrance/Photos

团结出版社
UNITY PRESS

图书在版编目（CIP）数据

桥梁专家李文骥 / 李希，李志伟编著. -- 北京：团结出版社，2021.9
ISBN 978-7-5126-9038-7

Ⅰ. ①桥… Ⅱ. ①李… ②李… Ⅲ. ①李文骥－传记 Ⅳ. ①K826.16

中国版本图书馆CIP数据核字(2021)第138958号

出　版：团结出版社
　　　　（北京市东城区东皇城根南街84号　邮编：100006）
电　话：（010）65228880　65244790　（出版社）
　　　　（010）65238766　85113874　65133603（发行部）
　　　　（010）65133603（邮购）
网　址：http://www.tjpress.com
E-mail：zb65244790@vip.163.com
　　　　fx65133603@163.com（发行部邮购）
经　销：全国新华书店
印　装：北京永诚印刷有限公司
开　本：170mm×240mm　16开
印　张：26
字　数：288千字
版　次：2021年9月　　第1版
印　次：2021年9月　　第1次印刷
书　号：978-7-5126-9038-7
定　价：108.00元

（版权所属，盗版必究）

李文骥

(1886 — 1951)

人生的意義在於互助合作以闖蕩社會集步

錄外祖父李文驤座右銘賀紀念讀本付梓面世

歲在辛丑端午蔣鳳棻敬書於杭州

编者的话

  1949年9月，第一届中国人民政治协商会议在北平举行，毛泽东作为中国人民政协筹备会主任、中国共产党中央委员会主席，向大会致开幕词。会议就时年63岁的李文骥联合茅以升等一批中国桥梁专家，向中央递交的《筹建武汉纪念桥建议书》进行审议并通过了该议案。李文骥一生为筹建武汉长江大桥所做出的全部努力，终于如愿以偿。但仅仅过去了一年半，李文骥便因病与世长辞。此后半个多世纪以来，李文骥与建桥的传奇故事，仿佛渐行渐远，湮没在历史的遗忘中。

  2007年，适逢武汉长江大桥建桥50周年，中央电视台开始连续报道这座50年来从未大修过的全国钢铁建筑样板工程。这无疑也是对当时不断曝光的豆腐渣工程的一个鞭挞，引发了国人对历史的追忆，对现实的反思。值此，在政府和媒体人的关注下，武汉长江大桥的建桥历史原貌被逐步还原，陆续呈现给世人。与此同时，中国桥梁专家李文骥的生平经历，事迹和贡献，重新进入公众的视野，李文骥对中国桥梁建筑事业呕心沥血、鞠躬尽瘁、锲而不舍、矢志不移的精神，也开始为人们知晓，为人们敬仰与传颂。

李文骥最早并先后五次参加武汉长江大桥的测量钻探和方案设计工作。1913年詹天佑协助孙中山制订10万公里铁路计划，开始考虑武汉长江大桥方案时，刚刚从国立北京大学工科毕业的李文骥，就参与了大桥的第一次规划，勘测，设计。到新中国成立前，他四次投身于该项事业中，终因国难频发，战事不断，民不聊生，内忧外患等原因，大桥建设一再被搁置。直至1949年9月，新中国诞生前夕，李文骥再次看到希望，主动牵头向中国人民政治协商会议递交建桥议案，献计献策。1955年，大桥苏联专家组组长是康斯坦丁·谢尔盖耶维奇·西林（Константин Сергеевич Силин），铁道部大桥技术顾问委员会主任委员是茅以升。不过，武汉长江大桥桥梁总体设计师、大桥建筑美术方案设计人唐寰澄对央视记者说："这座大桥参加最早、历时最长的规划设计者是李文骥，虽然他在1951年病故，但大桥设计的基础资料70%是李老的……"

需要提及的，还有1935—1937年，李文骥是钱塘江大桥辅佐茅以升建桥的四大工程师之一。大桥建成后仅89天，1937年12月23日为阻挡日军的进攻脚步，不得不忍痛炸毁大桥。9年后的1947年，李文骥又参与了钱塘江大桥的修复工程和保养管理工作。钱塘江大桥同样是我国建桥史上不朽的样板工程。

自晚清立宪，辛亥革命，民国肇始，再到新中国成立，李文骥的足迹遍及京张、津浦、京奉、胶济、汉粤川、广三、京（南京）、粤、佛中、漳龙、广九等铁路工地，及武汉长江大桥测量钻探、南京浦口轮渡引桥、钱塘江大桥等施工现场。他为中国的铁路、桥梁建设默默苦干，不遗余力凡四十年。正如李文骥在《自传》和委托转呈《筹建武汉纪念桥建议书》致发起人的信中所说："我最感兴趣的是武汉大桥计划……自1913年以来，四次筹建我都参加并担任主要工作，历次所费人力物力和时间不少，而实际经验都由我个人获得。自以为老马识途，甚愿有机会将此项经验贡献于人民。"得之于民，还之于民，这显然是他人生最大的愿望。

李文骥一生风雨沧桑，对建桥可谓一往情深，矢志不移。生命弥留之际，他留给亲人的只有难以辨认的五个字："骥""武汉大桥"……这种忘我的热爱，注定他因桥而生，因桥而痴，因桥而为，因桥而死——桥就是他的精魂，他的人生。

本书分为"传记"、"文献"、"忆文"、"照片"四部分，力求展现李文骥的一生，也力求通过还原历史，对那些曾为中国路桥建筑付出过心血的先辈给予缅怀和追忆。

鉴于李文骥一生奉行"尊重他人，恪尽职守，协力合作，共谋大业"的做人做事原则，在他日常生活与留下的文字中，毫不吝惜对同仁与相助过他的人的感念与感恩、肯定或缅怀。为此本书对1947年李文骥《自传》中涉及的二十余位志士同仁和时代人物，参照"百度百科"、网文、网帖、博客等资料，以附录形式逐一作以简述，介绍其生平及与李文骥的关系。相信这样不仅可以多角度体现李文骥为人与做事的一贯宗旨，也可以最大程度地还原那段历史，让离我们太过久远的人物、事件互补互现，相得益彰。

感谢李文骥耄耋之年的三位女儿、稀寿百年的三位儿子，与遍及杭州、武汉、北京、太原、银川等地和海外的晚辈亲属们，是他们提供了珍藏的史料，忆文，照片，资料；感谢媒体人持续地对李文骥相识、相知熟人的采访与报道；感谢与李文骥有忘年之交的著名桥梁设计专家唐寰澄留下的珍贵文章；感谢国家铁道、交通各级政府职能部门、社会团体及各方人士留下的有价值的专业文献。

我们作为李文骥的长女、外孙，在他老人家仙逝69年后的今天，查访、调研、通览与之相关的上百本文献书刊和800余篇网文网帖，在编辑整理中，我们备受感动，慎终追远。本书秉承尊重历史的宗旨，实事求是，力求恢复历史原貌，网尽相关始末细节、人物，缅怀中国过去年代的桥梁专家团队，再现李文骥对中国桥梁建筑事业的贡献。作为岁近期颐和年逾古稀的我们，能在余生暮年完成亲人们的意愿与嘱托，我们不胜荣幸。

李 希　李志伟
2019年8月24日　杭州

目　录

编者的话 / 李　希、李志伟

一　传　记

李文骥先生传 / 唐寰澄　/ 1

自传 / 李文骥　/ 9

附 1. 李文骥传记中提到的人物　/ 25

　　严　复、米　勒、黎元洪、詹天佑、格　林、克劳尔、孙　科、华特尔、茅以升、曾养甫、顾孟余、王同熙、夏光宇、谭岳泉、万耀煌、杜镇远、梅旸春、李学海、卜如默、唐资生、唐寰澄

附 2. 有关机构设置沿革（本书涉及时期） /53

附 3. 李文骥生平编年纪事 /55

二 文 献

引言 /59

1. 北京大学（京师大学堂）时期（1905—1913） /61

2. 汉粤川铁路时期（1913—1927） /82

3. 南京铁道部时期（1928—1934） /88

4. 杭州钱塘江大桥时期（1934—1937） /100

5. 抗战时期和胜利后（1937—1948） /134

6. 新中国成立前后（1949—1951） /148

附：李文骥文稿、手稿、藏品清单 /170

三 忆 文

1. 寸草心——谨以此文纪念我的父母并献给大弟慧培 / 李楚翘（李 希） /173

2. 历史上的武汉长江大桥建桥方案——纪念李文骥先生 / 唐寰澄 /209

3. 桥魂 / 李 希 /219

4. 尘封的荣誉——一个穿越时光的"中国故事" / 李志伟 /236

5. 京张铁路工程中的"工科学人" 写在李文骥充任京张铁路实习生110周年之际 / 李远明、李远航 /243

6. 百年前的老照片 / 蒋思荃 /250

7. 八千里路云和月 / 刘 宇、刘梦盈 /253

8. 李学海的记录本 / 刘 宇、刘梦盈 /257

9. "我是桥二代"——访钱塘江大桥建桥工程师李文骥之女李希 / 陈楠枰 /261

10. 川汉铁路旧影 述说杭州宜昌两地情 / 张帮寸（附：宜昌火车站 / 彭翔华）/267

11. 失落的宝贝 / 蒋思荃　　 / 274

12. 观看工程纪录影片有感 / 矫小红　　 / 278

13. 跨越半个世纪的畅想 / 中铁大桥局　　 / 282

14. 武汉长江大桥通车 几代人梦想终成 / 凤凰卫视《腾飞中国》　　 / 290

15. 方寸之间看沧桑 / 蒋思迅　　 / 294

16. 大桥通车那天，全国人都在笑她播完音却哭了…… / 余 佳　　 / 296

17. 李文骥镜头下的南湖旧影——百岁老人珍藏重现昔日湖光水色 / 雷春桃　　 / 304

18. 一位先行者的建桥计划 / 桥梁建设报　　 / 308

19. 桥的故事——拜访档案捐赠者李希有感 / 陈淑媛　　 / 312

20. 辛未书札 / 许宏儒、李慧培、唐寰澄、李楚翘、李楚兴、房慧智等　　 / 315

21. 我的方案被选中，李老功不可没 / 唐寰澄　　 / 342

22. 深圳钢结构博物馆撷珍 武汉长江大桥计划书推荐函草稿 / 中建钢构　　 / 347

23. 从2000件藏品看武汉长江大桥，你还记得大桥牌童年吗? / 周满珍　　 / 351

四 照 片

引言 / 359

1. 家庭生活 / 361

2. 工程实录 / 369

3. 风景民俗 / 374

附：参考书目 / 391

致谢 / 393

李文骥后裔名单 / 394

编后随笔（代后记） / 李志伟 / 395

编著者小传 / 402

传 记

BIOGRAPHY

李文骥先生传

唐寰澄

中国铁路工作者、桥梁界先驱之一李文骥先生，为北京大学土木系第一期毕业生，曾最早并先后五次参加武汉长江大桥的测量钻探和方案设计工作；参加过钱塘江桥的建设修复工作；以及其他铁路、公路线路及桥梁的抢修建设。筚路蓝缕，一生苦干实干，不求名利，故鲜为局外人知，为免事迹湮灭，谨记此文。

李文骥先生，广东省广州市番禺县钟村人，清末1886年生于一个寒儒家庭中。十五岁以前，随父学习旧学。十六岁至广州，受业于新旧学兼备的乡先哲凌仲儒先生之门，开始醉心于数学，自中国算书《四元玉鉴》等至外国代数，研习难题，求知之切，往往至午夜不辍，奠定了后来学习工程的基础。

1905 年，李先生考取了京师大学堂大学预科，校址在北京旧皇城内马神庙，即现在的景山东街。新学初办，以外籍教授充师资。除少数先辈留学生外，多聘欧美各国人士担任，故李先生通德、英等国外文。学制四年。当年科举虽废，旧名尚存，李先生得"奏奖举人"，授职"知县"，分发奉天。李先生不愿为官，奉严命回穗完婚后，返京继续求学。1909 年，学校分科，李先生入工科土木门。工科用英文讲学，学制三年。1911 年辛亥革命爆发，学校停学。李先生庆幸起义成功，不思南归，在清政府眼皮底下，留京办报，取名《共和日报》，鼓吹革命。清帝逊位，1912 年民国成立，学校复课，改名为国立北京大学校，严复先生为校长。李先生成为中国自己所办大学培养的第一批土木工程人才，第一期学生于 1913 年毕业。

李先生毕业后，学校德籍教授，乔治·米勒（Georg Müller）向当局建议，计划以"武汉过江大桥"作为辛亥革命成功、民国成立的纪念，得允，遂带领包括李先生在内的十余名土木系毕业生赴汉口做勘测及计划工作。到汉后，谒见鄂督黎元洪和汉粤川铁路会办詹天佑，得两氏的支持，在四五个月的时间里完成工作，但仅为纸上谈兵，北洋政府根本无力实现。

1913 年 7 月，李先生在詹天佑的汉粤川铁路督办署任工程毕业生（即现在的工务员）。当时督办署下分设湘鄂、汉宜和宜夔段工程局，分别自英、德、美三国借款，并以该国籍人为分段总工程师。李先生在汉宜段工程局德籍分段工程师领导之下，从事汉口至宜昌间铁路的实测及建筑工作。1914 年第一次世界大战发生后，英德籍工程师陆续回国参战，乃得逐渐由中国工程师替代。一战结束后，各国借款的拨付逐渐减少，铁路工程逐渐停顿。至 1917 年底，近于完全停止。李先生奉命调往广三铁路。1918 年春，复回川汉，升帮工程师。

1920 年，李先生在美籍总工程师克劳尔（C.J.Carroll）的领导下，复测宜夔段线路的一部分，转战于崇山峻岭之间。功成，升任副工程师，于宜昌编制川汉全线（成都至汉口）工程预算。但工程款仍无着落，克劳尔辞职，李先生任宜夔段保管处委员兼总工程师之职，共约六年。其时，收归国有后的川汉铁路公司已完成宜昌至秭归县三百余里线路，桥涵隧道工程也已完成一半工程，且有宜昌车站、机厂、料厂及管理局房产等。除1922、1926年川军两次东进，与北洋军阀冲突时，有所损失外，其他产业赖李先生等克尽厥职得以保存。其间李先生还协助地方，规划测量宜昌至当阳、宜昌、恩施、巴东逶迤于山峦重叠间的公路线。在当时的年代，计划自然又成泡影。1927年，李先生为公路部门借调至当时拟建的韶赣国道开展勘测规划工作。国共分裂后，韶关发生内战，国道事亦不果。

　　1928年，南京国民政府成立铁道部，孙科为部长。次年，聘美国著名桥梁专家华特尔（Dr. J. A. L. Waddell）为工程顾问。华特尔提出作"武汉扬子江大铁桥"计划，并介绍美商贷款来兴建。由于李先生对勘测规划工作驾轻就熟，当局让李先生协助华特尔作第二次测量桥址和线路的方案设计。1930年春，即将开始钻探，孙科未续聘华氏，只予以名誉顾问头衔，华氏与其助手韦约翰(John Weir)先后回国。李先生在极度缺乏材料机具的情况下，又当长江洪水期间，于九月完成初钻任务。华特尔在这一钻探资料的基础上提出了方案和概算，但国民政府无力完成这一工程。李先生心血所在，觉得弃之可惜，特将此项计划大略并附筹款兴建方案以论文方式提交中国工程师学会1931年大会。

　　1935年，钱塘江桥开工。铁道部派李先生到杭州协助，以增长实际经验，为武汉长江大桥工作创造更有利的条件，李先生成为与梅旸春、李学海、卜如默齐名的钱塘江桥四大工程师之一。

　　1936年，粤汉铁路全线通车，武汉长江大桥的建设已刻不容缓。茅以升先生在《钱塘江桥回忆》一文中提到："1935年秋，应湖北省政府之约，前去接洽武汉造桥事，经过桥工处多人努力，于1936年8月做出武汉建桥计划书"，此过程中李先生当称首任。1937年，在有关方面协力筹款之下，李先生第三次进行新方案桥址的测量钻探工作。新桥仍经汉阳至武昌，但较之第一、二次更优。钱塘江桥工程处满以为杭州工程结束后便可迁往武汉。不想抗战即兴，全部计划付之流水。

1937年钱塘江桥建成炸桥，李先生奉铁道部令驻广州担任粤汉南段及广九线桥梁抢修工作。在一年多敌机不断轰炸的情况下，仍需维持线路畅通，以通过军用民用物资。所幸当年尚有高炮驻守，敌机不敢低飞，投弹不甚准确。李先生每晚偕同铁路员工乘工程车或手摇车勘察线路和桥涵破坏情况，随炸随修，工作紧张而危险，然而先生为了抗日，任劳而无怨，并有小诗以表其志：

大好河山罹寇烽，战云幂幂佈湘中，

匹夫自有兴亡责，制寇能无尺寸功？

时毁时修增敌忾，连朝连夕护交通，

所嗟骨肉音书断，怅坐衡山回雁峰。

1938年，广州沦陷，李先生偕工程总队乘最后列车北撤。先至韶关，后又奉命退至衡阳。1940年以抢修功劳被任命为正工程师。1944年衡阳陷敌，在撤退途中，李先生携家带口，备受艰辛。日寇又向湘桂线进逼，李先生与铁路方面失去联系，先到灌阳。不到数周，日寇随至，家人失散，除一子一女和简易行装外已无长物，李先生入深山避敌。直至日寇投降后一年，仍颠沛流离，染疾几至危殆。病愈回乡，合家始知消息，其遭兵燹之苦，有如杜子美危城独处，苍茫北征的景况。

抗战胜利后一年，1946年9月李先生受茅以升先生邀请，与鄂省主席万耀煌、平汉路局长夏光宇、粤汉路局长杜镇远等力筹建武汉长江大桥，任中国桥梁公司正工程师，兼武汉办事处主任（后为汉口分公司），赴汉洽商建桥事宜。10月抵汉,在汉口再作比较线,制定设计标准。但终因内战,工作又无法推进。1947年3月,又回杭州,为钱塘江桥管理所主任。

1949年解放后,李文骥先生衷心高兴,虽年已63岁,仍宝刀不老,跃跃欲试。继当年米勒提出拟以长桥作为辛亥革命纪念桥之意,提笔作《筹建武汉纪念桥建议书》,其文云:"武汉三镇居中国之心脏地位,轮轨四达,为南北交通之总枢纽,而长江汉水交汇于此……使大江南北各铁路、公路之运输不能畅通。……方今新民主主义革命已告成功,中央人民政府即将成立,系中国有史以来最大盛世,不可无规模宏大的建筑物以作革命纪念。武汉大桥以建筑之宏伟,地点的适中而论,均为最适合,最足以作为永久纪念。同人等不揣菲薄,勇敢建议筹建此项上大桥,以加强中国之心脏,为建设新中国之开端,并以作新民主主义革命成功的纪念建筑……"书中详述各次规划经过和失败原因,论述新中国能建成的可能性和具体的工程内容及经费估算。对旧社会无能的不满和对新社会期望之殷,跃于言表。并说:"自1913年以来……四次筹建我都参加并担任主要工作……历次所费人力物力和时间不少,而实际经验都由我个人获得。自认为老马识途,甚愿有机会将此项经验贡献于人民。"以一个爱国的知识分子心理,愿做出无私贡献,得之于民,还之于民。

倡导的建议书,据李先生子女回忆,由茅以升先生等联名上报。其契机正与中央所见的宏图相合。1949年冬,李先生奉中央铁道部召由杭赴京,并以《新程》为题,作诗云:

> 喜接召书赴上京,奋蹄老骥事新程,
>
> 精心测点龟蛇峙,素志终筹时势更。
>
> 大业运筹同故旧,通途利济到庶氓,
>
> 金桥指日屹江汉,际会风云无限情。

1950年元月，铁道部成立"铁道部桥梁委员会"，李先生为委员之一，旋即于3月成立"武汉长江大桥测量钻探队，以梅旸春先生为队长，李先生佐之，即日奔赴武汉。对李先生而言，此乃第五次为三镇做建桥的努力。8月，北京成立武汉长江大桥设计组，先生又北上，在京积极提出建桥方案，意见极有见地和创造性，并和苏联专家们相辨析。

1951年4月，李文骥先生在北京病逝，终年65岁。于病榻之上，犹念念不忘大桥的建设。虽风云际会而天不假年，是极为可惜的事。其挚友悼词有：

鞠躬尽瘁，唯冀金桥跨夏口；

踌躇满志，长留伟业在钱塘。

李文骥先生的一生，他自己总结为："爱好数理、自然科学及工程"，是一位科学救国的高级知识分子。"中年以后，渐对社会科学和哲学有兴趣……从无富贵利达的思想，发财享乐的企图，我只想求知识，为社会人民服务"，并说："人生的意义在于互助合作，以图社会进步"。观其一生行事，信为不谬。

我所见到的李文骥先生，正如司马迁史记《李将军列传》云："悛悛如鄙人，口不能道辞"，而"数奇"亦相似。李先生毕生为武汉长江大桥的建设，前后奋斗了38年，几经磨难，却未睹其成。然而评价历史人物，不可以成败论英雄。李先生所做过的事，为武汉长江大桥顺利高速、优质的建成打下了基础，创造了条件，其"孺子牛"的精神，令人钦佩，并可作典范。有鉴于此，故为之传。

原载《桥梁》2006 年第 4 期,《桥梁》2004—2009 年精选本

唐寰澄《李文骥先生传》手稿　(局部)／1992 年 1 月

自　传

李文骥

我一八八六年生于珠江三角洲距广州市约四十里的一小市镇钟村地方。我家世代业儒，我父亲是以教书为职业的寒士，我自少随父读书，至十五岁粗通四书五经。十六岁至广州，受业于凌仲儒先生之门。时清廷开始维新，凌先生是旧学家而兼研科学的，除教历史、古文之外兼教算学、力学，我对于这两门功课甚感兴趣。那时科举尚未废，这年承父嘱参加考试一次。翌年（光绪三十年，一九〇四年）清廷废科举[1]，兴学校，广州设立高等学堂，我考入肄[2]业，各种学科相当于现在的初中程度。那时候我对

---

[1] 原文如此。1904年1月清政府颁行了由张百熙、张之洞、荣庆等奏拟的《奏定学堂章程》，这是中国历史上第一个正式颁布且在全国普遍性的学制，它奠定了中国现代教育的基础，打破了儒家经典一统天下的局面，建立了统一的教育行政体系。1905年9月清廷正式废除科举制度。
[2] 肄，又与肆通，基本解释为学习、练习。肄业，在此指在校学习，而不是未学到规定毕业的年限和未达到规定毕业的程度。

于算学特感兴趣，邀集同学数人作课外的研究，资料是中国算学书《天元开方》《四元玉鉴》和翻译的《代数难题》等书。每晚研习，有算题未能解决的往往至午夜不睡。

次年（一九〇五）京师大学堂开办大学预科，分在各省招生，粤省有名额，仅二十四名，我又考取，咨送到北京肄业。那时候京师大学还没有专科学院，只有师范馆，译学馆和大学预科（仕学及进士两馆已结束），校址在皇城内马神庙。预科课程相当于高中。那时候中国的新学人才甚少，师资缺乏，充教授的除少数先辈留学生之外多聘欧美各国人，英美德法日俄比荷，应有尽有，可以称为国际学校。预科四年毕业，时为光绪卅四年（一九〇八），这时科举虽废而"举人"、"进士"等名称还保存着，高等程度的学校毕业生称举人，大学毕业称进士。我在预科毕业得"奏奖举人"授职"知县"分发奉天省，本可以到东三省"做官"的，但我不愿意做官，而愿意继续求学。我回粤结婚之后，仍复晋京升学。

宣统元年（一九〇九）秋，大学分科开办，先设文法理工农五科，我选入工科土木门[1]。教授以英美德法等国人居多数，工科用英文教授，理科用德文，法科用法文，农科用中文，文科则因其所习之文学而异定。各科均定为三年毕业，但我们这一期第三年适遇辛亥革命，学校停顿了一年。在停课期间学生多回籍，但我仍留在北京，约同学数人办报，取名共和日报，鼓吹革命。是年清帝退位，第二年（一九一二）民国成立，学校于秋季复课，改名为国立北京大学校，派侯官严复[2]为校长，各科教授多仍旧。我们第一期学生于民国二年（一九一三）春季毕业。

我们毕业后，桥梁学校教授德人米娄（Professor Georg Müller）向当局建议计划武汉过江大桥，作为辛亥革命民国成立的纪念，当局应允并由学校拨款若干，为赴汉旅费及测量费。米教授就率领我们土木系毕业生

---

[1] 即土木系。
[2] 严复乃福建侯官县人氏。

十余人前往汉口作测勘桥址及计划工作。到汉后谒见鄂督黎元洪和汉粤川铁路督办[1]詹天佑，说明我们来汉的任务。二氏均极表赞成，并允给我们各种援助和便利，故测量工作得以顺利进行。工作了四五个月将桥址测量、勘定联络路线和大桥设计大致完成，独惜因国家经济困难未能将是项计划付诸实施。

武汉大桥测绘工作结束后，米教授介绍我们在汉粤川铁路充当工程毕业生（即现在之工务员[2]）。一九一三年七月，那时候汉粤川铁路督办署之下分设三个工程局：即湘鄂段、汉宜段和宜夔段工程局。因为四国（英美德法）银行借款的关系，各国划分筑路的界限，即所谓"势力范围"。湘鄂段由英国总工程司[3]主持，汉宜段由德国总工程司主持，宜夔段由美国总工程司主持。我和同学六人初时派在汉宜段工作，在德国籍的分段工程司领导之下，从事汉口至宜昌间铁路线的实测及建筑工作。一九一四年第一次欧战发生后，英德籍工程司陆续回国参战，乃得逐渐用中国工程司替代。欧战继续下去，四国借款的拨付逐渐减少，铁路工程逐渐停顿，至一九一七年底陷于完全停顿，多数工程人员都被遣散。

我一度调往广州，在广三铁路工作，但第二年春间，汉粤川铁路又邀我复职，派往测量由建阳驿至襄阳老河口的支线，不久我升为帮工程司。一九二〇年派往宜昌上游，在美籍工程司克劳尔（C. J. Carroll）领导之下复测宜夔段路线之一部分。复测完毕我留在宜昌从事重编川汉铁路全线（由汉口至成都）的工程预算，我升为副工程司。那时候欧战虽已结束，但各国经济状况未恢复，银国借款无希望，铁路工程不能进展。两年后克劳尔总工程司辞职，宜夔段改为保管处，归湘鄂局节制，我派为宜夔保管委员兼代总工程司职务。川汉铁路旧路线（收归国有以前川路公司所筑）产业

---

[1] 原文如此。1912年，南京临时政府确立铁路国有政策，任命谭人凤为粤汉铁路督办，7月谭人凤推荐詹天佑任该路会办，1914年6月詹天佑升至汉粤川铁路督办。
[2] 原文如此。
[3] 工程司即工程师，相当于某项工程的职司，既负技术职责，也有管理职责。

颇多，从宜昌至秭归县三百馀里的路线，其中土石方、桥梁、涵洞及千余尺以上之隧道数座已完成一半，宜昌车站、机厂、料场、管理局房屋，以上均是川路公司所建，责任虽重，而事属清闲。民十一至十五年（一九二二至一九二六）数年之间我担任保管员事物，除川军两次东下，与北洋军阀冲突时，借住房屋、摧残铁路产业令我伤脑筋外，其余的时间我过着宁静的生活。收路产的租课、设苗圃、种树、造林的工作以外，多余暇以从事研究学问。那几年无线电的学理及机具发明甚多，我被求知心所驱使，曾从美国 American National Radio Institute 函授无线电学，自己竖立天线造收音机，收音收报颇有成效。然而我求知的念头渐转向社会主义科学方面了，我更研究逻辑、哲学、宗教、佛教的经典，基督教的神道学，我都涉猎，而加以科学哲学的评价。数年间除作无聊之自习外，曾与地方当局作公路路线的测量和计划，如宜昌当阳线、宜昌恩施巴东线，都是山峦重叠的路线，但都因政局纷扰，地方经济困难而不能实现。目击我国在帝国主义的经济侵略下，不能有所发展，我已意识到社会制度非革新不可，我已意识到社会主义、共产主义的社会而甚表同情。但我当时所考虑的多属社会主义的建设问题，尚未及于社会主义革命问题。

静极思动，我不耐烦再留在宜昌担任保管事务了。民十五六年间宁汉分裂时，孙科等在汉口组织政府，有八大处之设立，交通方面拟筑韶赣国道，以沟通赣粤两省的公路运输，从各铁路调人前往测量和计划，我被借调担任测量队队长。我固知政局动荡，此种国道计划未必能实现，但此比株守宜昌较佳，乃欣然应招。民十六年（一九二七）春赴江西开始测量，我所担任的是赣州至大庾[1]工段路线，韶关至大庾段由另一队担任。不料测量将竣时，忽值国民党清党事起，韶关方面发生战事，我队那时驻南康县[2]，与韶关方面的邮电不通，消息隔绝将近两月，费用高竭，

---

[1] 大庾岭，即庾岭要塞，为南岭中的"五岭"之一，亦称梅岭，主体在江西赣州大庾县（后改大余县）。
[2] 今南康区，隶属于江西赣州市，原属南康县，位于江西省南部，赣州市西部。

全队员工几有在陈之厄。幸不久交通恢复，全队去广州，局面一变，韶赣国道计划果不能实现。

在时局动荡不能返回铁路工作的时期，我曾谋桑梓地方的建设，约同本邑人发起建设沙苳公路，即珠江三角洲范围的公路。筹款、规划、测量与筑一年之间，约成公路三四十里，仅及预测至半数而工作不继了。

十七年（一九二八）冬南京铁道部成立，我就返回铁路工作，充担任技士之职。我在部任职七八年之久，工作多属外勤，如武汉大桥的测量及钻探工作，京[1]粤铁路、佛中铁路（佛山至中山县）线的测量，首都铁路轮渡引桥的建筑，福建漳龙铁路（漳州至龙岩）线航空测量及设计等，而我最感兴趣的是武汉大桥计划。铁道部刚成立时孙哲生[2]部长聘美国桥梁专家华特尔博士（Dr. J. A. L. Waddell）为工程顾问，华建议作武汉间扬子江大铁桥计划，并愿担任介绍美商借款兴筑。部方因我曾一度测量，故此次测量桥址路线仍派我担任，及帮同华顾问作设计。测量完毕，桥址地点既定，十九年（一九三〇）春正拟开始钻探江底，而孙部长因经济问题，华顾问的聘书满一年后不拟继续，仅保留名誉顾问之职，华不甚满意而先返美国，只留其助手韦约翰（John Weir）偕我赴汉口从事钻探江底工作。因缺乏良好的整套钻探机具，各种机件仅系从平汉、粤汉两铁路现有的零碎旧机具凑集而成，筹备甫竣而大水时期已将届，在此水深流急工具不良的情况下，想完成此种艰巨任务，人们替我们设想都以为危险，而我们不便"临阵退缩"，只可勉为其难。三月间开始，先从近汉阳岸江水较浅处试钻，两三月后只完两三孔，而韦约翰因足疾先行离汉，只剩我独自担任最水深流急处的艰险工作（水深达一百英尺，流速每秒越八点三英尺），幸能克服种种困难，至九月底而全部完成。计长江共钻八孔，汉水四孔，全队员工未受巨大损伤，也算幸事（钻探经过情形详见我民二十年所写《武

---

[1] 南京。
[2] 即孙科。

汉跨江铁桥计划》一文）。华特尔根据钻探结果，在美国拟成具体计划及工款预算送部，但惜当局没有决心建设，只将计划存档便了。我觉得可惜，故特将此项计划大略与测量钻探经过情形写出，并附筹款兴建方案提交中国工程师学会二十一年大会作为论文，以供工程界参考。

民二十四年（一九三五）钱塘江桥实行开工，铁道部派我到杭州帮忙，我在这三年建筑时期中，只担任零零碎碎的工作，并没有卖什么力气。当建筑的后期，设计部分的人员稍有余暇，我们趁这个机会在茅处长领导之下，又作武汉大桥的计划。因为二十五年（一九三六）粤汉铁路已全线通车，武汉大桥的建设不容再缓了。我们费了约一年的时间，将详细设计及工程预算完成，廿六年由有关各方面协款之下，我们再往汉口从事测量桥址地点、和铁路公路联络线，再钻探新桥址的江底地质，同十九年（一九三〇）所钻探的桥址比较，发现此次所定的桥址更为妥善。计划既定，铁道部与鄂省府也应允合资兴筑，我们满拟于廿六年（一九三七）底钱塘江桥完成后即将工程处全部工作人员迁往汉口准备施工，预计四年可以完成通车。不料日本帝国主义制造七七事变，加紧侵略，我们的计划被全部推翻。

抗战军兴，廿六年秋（一九三七）战事紧张，杭州已不稳，钱塘江桥工程处准备疏散员工，我奉铁道部派驻广州，担任粤汉南段及广九线桥梁抢险工作。我十月间遄返广州，从此后一年之间我的工作紧张了。敌机不断地空袭，轰炸粤汉和广九线，因为这时期抗战军火的运输，主要是由九龙起运转粤汉线北上的，每应有百十列车之多。所以日寇在廿六年冬（一九三七）至廿七年秋（一九三八）这一时期主要轰炸目标是集中粤汉南段和广九线。我们在敌人不断轰炸之下，几乎每夜都要抢修，我每晚偕同铁路员工乘工程车或手摇车出发查勘路线、桥梁、涵洞破坏状况，即可设法抢修。幸得员工的努力，勉强能维持军运。小桥被炸坏的总能在两三天之内临时修复通车，最严重的一次需七天修复，各大桥梁都有高射炮队驻守,敌机不敢低飞,敌人投弹不准确,故重大桥梁幸未被炸毁,间中有局部小损伤,尚无碍通车。最严重的一次是广九路紧水河桥,一百五十英尺跨度的下承桁梁三孔,中间一座桥墩被炸散,幸而桥梁未坠落到河底,我们先用钢轨作箍几道将已炸散的桥墩箍紧,即恢复通车,维持军运,然后作钢筋混凝土套筒将全部墩身围住,内部灌满洋灰浆,照此作法,每应一面通车一面施工,施工越一月而完成修复。

广州于廿七年(一九三八)十月间沦陷,我偕工程总队同人乘最后的列车北撤,先至韶关,后又奉命退驻衡阳,我在衡阳工作及生活情形又转变了。此一时期敌人轰炸的目标不注重交通线,转而轰炸城市,企图打击我们的经济,在这种情况之下,我们桥梁抢险工作转而轻松了。这时候我兼任防空办事处工程股股长,主要任务是设计和抢修防空洞,但敌机虽常来轰炸城市,而铁路的防空壕洞很少被炸中,于是我空闲求知的念头又起。我研究社会学、马克思主义、辩证法唯物论,我又兼看反马克思主义的著作以资比较。我觉得马、恩、列所说最为合理,社会问题没有绝对是非,正如历史唯物论告诉我们,我们的意识随着社会现状经济情形的转变而转变的,我认为医治今日人类社会的病症,即资本主义、帝国主义之压迫,是要用马列主义的理论和方法的,马列主义无疑是近代社会的对症良药。

从廿七年(一九三八)冬至卅三年(一九四四)夏,我驻衡阳五年半了,在这几年中,国际局势的转变很大,在国内仍在坚决抗战中,日寇始终没有能攻打进衡阳。不过反动的国民党政府对于共产党存在着猜忌的心理,因防共而减弱统一战线的力量,节节后退,提出"以时间换空间"的口号是自欺欺人的。一九四四年衡阳沦陷了,粤汉铁路员工紧急疏散,大半向湘桂路西退。我先退至广西全县,以及这时候军运繁忙,铁路列车拥挤,我家口弱小的人多,以及种种原因一时未能退至粤汉铁路临时办事处所在地的独山地方,与路方失去联络,生活费无法接济。

日寇向湘桂线节节进逼，我不得不暂避其锋，又急需谋临时的生活。乃应友人之邀退往灌阳县充中学校教员。灌阳县离开铁路线颇远，且在山岳地带，非冲要之区，满以为敌人直攻桂林，未必到灌阳，万一敌人到来，尚可入山暂避。不料敌人分三路攻桂林，左翼道出灌阳县，直趋恭城、平乐一带作大包围之势，学校开课不过一星期就要紧急疏散，我们外籍教员无家可归，只得至校长家里暂避。不料敌兵过境源源不断，沿途搜索粮食、牲畜及拉夫，时有残杀之事发生，地方人民全部入山躲避，灌水两岸平原较为富庶的村落庐舍为墟。敌人乃分队上瑶山搜索，我们的恐怖时代到了。此时跟着我的只一十九岁女儿和一十三岁幼子，其它人口都已走散，失去联络，所有行李不便携带，寄存在校长家都已损失净尽，只剩随身衣服和棉被一床，每日要清晨炊饭，食后即携带所有衣物跟着土人往林木稠密处躲避，至日暮始敢返回茅舍，否则遇见入山搜索三五成群之寇兵时，不但衣物被抢去且有性命危险，外路人更难幸免。恐怖时期有数月之久，无论风雨都不敢留在屋内，狼狈不堪。手上有限的法币用尽，及至断炊。幸此地所居多系汉化的瑶人，性质善良，知我是县中学教员，以师礼相待，时相周给，允借粮食，情谊实在可感。但外间消息隔绝，战局情形如何，更不得而知，只有从被拉去之夫由前方放回或逃回的得到一点不正确的消息，都是坏消息。敌人已过独山了，到贵阳了，快打到重庆了，种种谣言，自念国家至此地步，身体上受尽饥寒，痛苦家人散失生死莫卜，自以为希望绝断，精神上难免受打击以致严重失眠。月复一月，自秋至冬，全是最艰难困苦时期。冬尽春来始，渐渐得到敌准备退却的消息，不久，敌军果然源源撤退，我们乃下山返至校长家。这时我女儿为谋生活计，参加县自卫军政工队工作。敌人退出县城，唐资生县长返回县城，承他约往县城，担任技士之职，从事地方上恢复交通工作，高谊可感。但不久唐县长调全县。这时日本已无条件投降，唯因交通未恢复，盘缠无着，我仍未能离开灌阳，只可转往附近文市私立大觉中学做英文教员暂维生活，不幸又染沉重痢疾，几至不起。这时我女及子已先随军至桂林，我病稍愈后即先往桂林养病。这时我已接到粤汉铁路召集员工复职的信，我因病及交通困难，一时不能去衡阳报到。

我于卅五年（一九四六）一月独自由桂林乘船回粤，因盘缠不敷，子女二人仍暂留桂林自谋生活。我回至家门，得晤老妻，互道别后颠沛流离的经过情形，仿若隔世。又得悉其他儿女四人虽仍散处各方，然已有信回家，均报平安，不胜庆幸。

我在家休养数月，身体逐渐恢复健康，正拟回粤汉铁路复职，九月间得接茅唐臣[1]处长信，约我往汉口筹备兴建武汉大桥事。我始知，胜利复员后汉口方面已有武汉长江大桥筹建委员会的组织。中国桥梁公司在汉口设办事处，主要为筹建武汉大桥而设。我乃欣然就道，于十月中抵汉口，即往办事处晤旧同事王君同熙，往访平汉铁路局长夏光宇，连日往晤湖北建设厅长兼筹委会主任谭岳泉，谒见省府万主席[2]，并与各有关方面接洽，进行筹备工作，重编工程计划及概算。另测比较路线则由平汉铁路工务处派人担任，筹款方案则由财务委员会担任。粤汉铁路杜局长镇远也曾一度来汉接洽。但因国民党反动政府正在策动内战，以致国内经济情形每况愈下，筹款方案难以实施，筹划数月之久并无进展。技术委员会方面只订完设计标准，和决定桥址路线，即卅六年（一九四七）我们所测的路线，因款项支绌，未作详细设计。

卅六年（一九四七）三月，我奉调回到杭州，担任钱塘江桥管理及养护工作。钱塘江桥于廿六年（一九三七）底完成，通车未久，因抗战而自动破坏，这时候已经临时修复，铁路、公路都可通车。依照战前借款兴筑计划所规定，通车后征收车辆过桥费作为付息还本之用。因此，部令设立

---

[1] 即茅以升。
[2] 万耀煌，时任湖北省政府主席。

管理所办理此事。至于修复工程方面,有桥墩四座、钢梁五孔需要彻底修复,以及公路路面、铁栏杆等零星工程,本定两三年内全部修复完竣,惟因国内经济状况恶劣,工款来源困难,修复工程进展甚缓,除零星修理外,主要桥墩之一(第五号),在修复中尚未完工。

以上所陈,是我求学、做事经过的大略情形。1、学业方面,注重于数理、自然科学及工程,中年以后我渐渐对于社会科学和哲学也感兴趣。2、事业方面,我一生致力于交通建设,但所担任过的计划虽多,而能实现的少,这固然因为我个人能力薄弱,也由于国内战乱频仍,建设的机会太少。3、思想方面,我平生未曾有过"富贵利达"的思想、发财享乐的企图,我只想求知识,为社会人民服务,我认为人生的意义在于互助合作以图社会的进步,我的人生观是积极的,这是我坦白的自剖。

(附:履职简历)

李文骥

年六十岁,广东番禺县人

北京大学土木工程毕业

历充:

汉粤川铁路汉宜、宜夔段工务员、帮工程司、副工程司;

广东土地处技正、韶赣国道测量队队长;

铁道部技士兼首都铁路轮渡工程处副工程司;

钱塘江桥工程处工程司;

铁道部派驻粤汉南段及广九铁路桥梁工程司;

粤汉铁路桥梁工程司;

中国桥梁公司正工程司兼汉口办事处主任等职。

(注:写于1947年初)

附：李文骥《自传》手稿全文

李文骥《自传》手稿（2）

李文骥《自传》手稿(3)

李文骥《自传》手稿（4）

李文骥《自传》手稿（5）

李文骥《自传》手稿（6）

附1·李文骥传记中提到的人物

说明：以下有 18 位是李文骥《自传》、唐寰澄《李文骥先生传》中提到姓名的人物，另有格林、顾孟余、曾养甫出自本书《文献》、《忆文》部分的有关内容，共计 21 位。

· 严 复 (1854—1921)

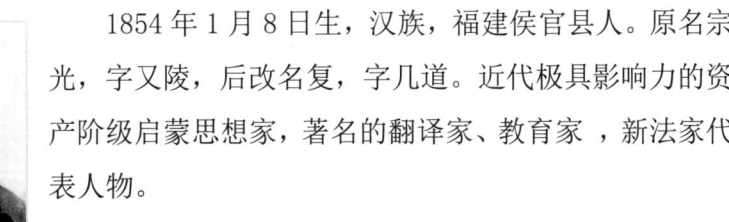

1854 年 1 月 8 日生，汉族，福建侯官县人。原名宗光，字又陵，后改名复，字几道。近代极具影响力的资产阶级启蒙思想家，著名的翻译家、教育家，新法家代表人物。

1867—1871 年福州船政学堂第一届毕业生，先后在"建威"、"扬武"两舰实习 5 年。1879 年 6 月（光绪五年五月）毕业于伦敦格林威治的皇家海军学院，回国后，被聘为福州船政学堂后堂教习。

1880年到任天津北洋水师学堂所属驾驶学堂"洋文正教习",后派为北洋水师学堂会办、总办。曾担任过京师大学堂译书局总办、上海复旦公学校长、安庆高等师范学堂校长,清朝学部名辞馆总编辑。在李鸿章创办的北洋水师学堂任教期间,培养了中国近代第一批海军人才,并翻译了《天演论》,创办了《国闻报》,系统地介绍西方民主和科学,宣传维新变法思想,将西方的社会学、政治学、政治经济学、哲学和自然科学介绍到中国。1912年被任命京师大学堂总监督,5月京师大学堂更名为北京大学,任首任校长,兼任文科学长;11月辞去校长职务。1921年10月27日在福州郎官巷住宅与世长辞,终年69岁。

(1912年严复在京师大学堂任总监督,在国立北京大学校任首任校长期间,李文骥正在该校土木工程系读书,他崇拜严复,大量研读过严复翻译的西方哲学名著。)

1918年《国立北京大学二十周年纪念册》上册:"职员一览 前任职员录 甲类:北京大学校校长,严复,就职,民国元年二月,离职,民国元年十二月,附,署理;兼任,大学文科学长;光绪二十八年三月曾任京师大学堂译书局总办"/ 原件翻印本影印

• 米 勒

乔治·米勒（Georg Müller）,也译作乔其·米娄,德国桥梁专家。宣统二年（1910年）三月入职京师大学堂,任理工科教员, 1912年5月京师大学堂更名为国立北京大学。

1912年孙中山就职中华民国临时大总统后,米勒教授向当局建议计划武汉过江大桥,作为辛亥革命民国成立的纪念,当局应允,并由学校拨

款若干。1913 年米勒教授率领夏光宇、李文骥等 13 名北京大学第一期土木工程系毕业生，前往汉口作勘测桥址及计划工作。到汉后谒见鄂督黎元洪和汉粤川铁路会办詹天佑，获赞成和支持。工作了四五个月，桥址测量、勘定联络路线和大桥设计大致完成，呈报交通部，并获得审定赞许。历史文献上也称此设计为"米娄方案"或"北京大学方案"（详见本书文献部分：1913 年《北京大学之纪念桥计划》影印件）。同年，米勒受交通部汉粤川铁路广宜线（广水至宜昌）总工程师德国人雷诺邀请，参与测量广宜线。一战发生后，德籍工程师陆续回国参战，据北京大学官方资料，米勒于 1914 年 12 月离职，在校任理工科教员共五年。

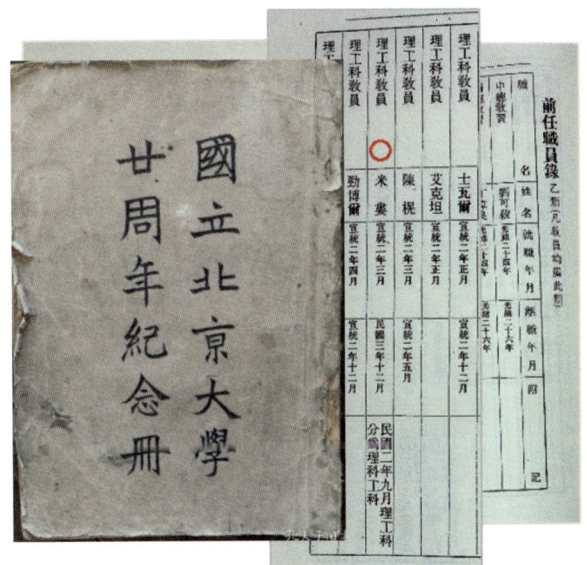

国立北京大学官方文献中，有关德国籍教师乔治·米勒（Georg Müller）的职员资料 /1918 年《国立北京大学二十周年纪念册》P43

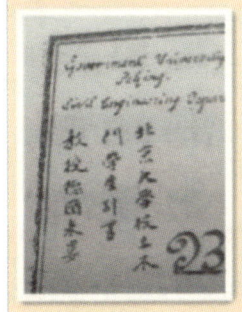

1913 年《北京大学纪念桥之计划》附图，第贰图责任者署名："北京大学校土木门学生计划　教授德国米娄" / 选自《工程》杂志 1932 合订本原件影印

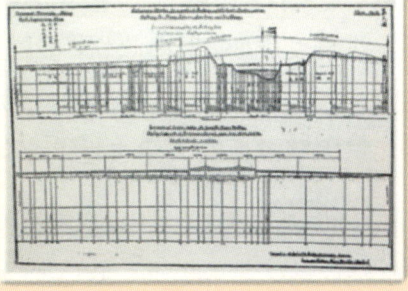

• 黎元洪（1864—1928）

生于 1864 年 10 月 19 日，原名秉经，字宋卿，是湖北黄陂人，故称"黎黄陂"。光绪九年（1883 年）入天津北洋水师学堂学习，1906 年擢升暂编陆二十一军统领。宣统三年（1911 年），武昌起义后被革命党人强迫推举为湖北都督。民国元年（1912 年）元月，中华民国临时政府在南京成立，黎元洪被选为副总统兼领鄂督。民国二年（1913 年）支持袁世凯镇压二次革命。同年 10 月，袁世凯、黎元洪分别当上正副大总统。黎元洪又支持袁世凯解散国会，破坏《中华民国临时约法》，兼任御用的参政院院长。后袁世凯迫使黎元洪赴京，被安置在瀛台，与之结为儿女姻亲以控制之。民国四年（1915 年），袁世凯复辟帝制，册封黎元洪为"武义亲王"，黎元洪坚辞不就。民国五年（1916 年）6 月，袁世凯死后，黎元洪继任大总统，宣布恢复约法，召集国会。但实际权力则为国务总理、皖系军阀段祺瑞所掌握。黎元洪不甘于受段摆布，形成"府院之争"。段祺瑞利用张勋将黎驱走，由副总统冯国璋代行大总统。民国十一年（1922 年）6 月，直系军阀曹锟、吴佩孚赶走皖系总统徐世昌，请黎元洪复职。黎元洪复任总统后，无实权。民国十二年（1923 年）6 月，黎元洪再度辞职，退出政坛，移居天津投资实业。民国十七年（1928 年）6 月 3 日，黎元洪因脑溢血在天津去世，享年 65 岁。

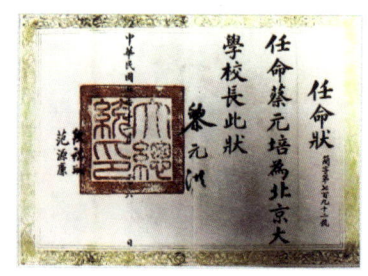

1916 年 12 月黎元洪为北京大学校长蔡元培签发的任命状

（国立北京大学工科德国籍教授米勒及夏光宇、李文骥等 13 名参加武汉大桥勘测设计的北大毕业生，曾于 1913 年在武汉拜谒时任湖北都督黎元洪，获到支持。）

• 詹天佑 (1861—1919)

近代中国第一位铁路工程专家，被誉为中国首位铁路总工程师。其负责修建了京张铁路等工程，有"中国铁路之父"、"中国近代工程之父"之称。

汉族，字眷诚，号达朝。祖籍安徽婺源（今属江西），1861年（咸丰十一年）4月26日生于广东省广州府南海县。1872年考取清政府第一批出洋幼童，赴美留学，1878年考入耶鲁大学土木工程系，学习铁路一科，1881年毕业，获学士学位。不久，被清政府召回，派到福州水师学习驾驶。1882年任"扬武号"驾驶官。曾参加马尾海战，嗣后任广州博学馆，水师学堂外文教习。1888年主持修筑津榆铁路的滦河大桥，1894年被英国工程研究会吸收为会员，1905年至1909年主持修建了中国第一条自建铁路京张铁路。此后任川路公司总工程师，粤路总理。1912年任汉粤川铁路会办，后擢升督办，协助孙中山制定十万公里铁路计划，曾组织力量绘制了武汉长江大桥的首张蓝图（即英国工程师格林的草图）。于1911在广州约集工程界同志，创立我国第一个工程学术团体——中华工程学会，后改名为中华工程师会，被举为会长（1931年与中国工程学合并，更名为中国工程师学会，合并时，会员共计2169人）。1919年1月，由美、英、法、意、日等国策划组成了监管中东铁路和西伯利亚委员会，他作为中国代表来到哈尔滨，任技术部中国代表，为维护中国主权做了坚决了斗争，不幸由于劳累病倒，同年4月15日离开哈尔滨回到武汉，4月24日病逝于汉口仁济医院，享年58岁。

（1912年詹天佑协助孙中山制定十万公里铁路计划时，开始考虑武汉长江大桥方案设想，1913年北京大学德籍教授米勒带领夏光宇、李文骥等13名毕业生参加武汉大桥勘测设计,到汉后谒见鄂督黎元洪和汉粤川铁路会办詹天佑,说明来汉的任务。二氏均极表赞成,并允给予援助和便利。武汉大桥测绘工作结束后,李文骥在詹天佑的汉粤川铁路督办署下的汉宜段、宜夔段工程局工作多年,詹天佑先生 1917 年 9 月在一份资历证明上评价李文骥:"工程熟悉,办事勤能"。)

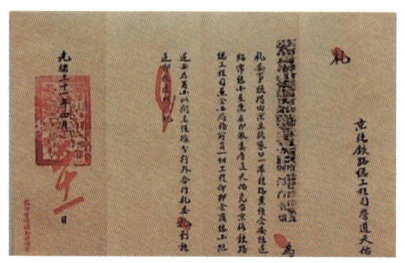

1905 年清政府任命詹天佑为京张铁路总工程司兼会办的札文

• 格 林

英国人,又译作格林森、柯林生,粤汉铁路湘鄂段总工程师。1912 年詹天佑任汉粤川铁路会办,协助孙中山制定十万公里铁路计划,曾组织力量绘制武汉长江大桥的设计图,现仅存英国工程师格林的一张草图。李文骥经考证,曾经多次撰文介绍这个最早的建桥方案,使之得以传世,也被后人称为"詹天佑—格林方案"。

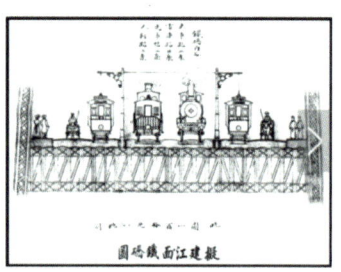

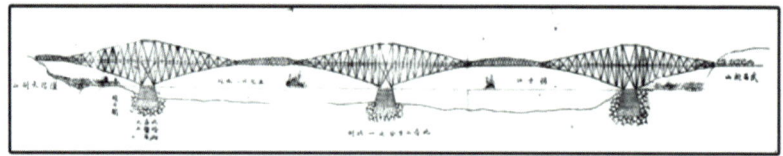

现存于重庆钢铁(集团)公司档案馆的"拟建江面铁桥图"和"大桥桥身全图",可能是詹天佑指导下最早的长江铁桥设计草图 / 资料

• 克劳尔（1878—不详）

克劳尔（C. J. Carroll），美国人。生于1878年，毕业于耶鲁大学，曾任墨西哥国有铁路副总工程师。来华期间，曾测勘川陕鄂豫等铁路线，任副总工程师；1917年12月到詹天佑时期的汉粤川铁路总公所，任汉宜线代理总工程师兼宜夔线总工程师，负责川汉铁路宜昌至夔州（今重庆奉节）段的工程设计和测量工作。

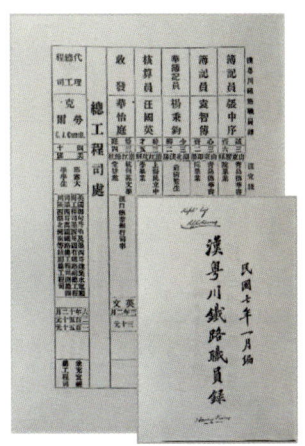

（1920年李文骥被派往宜昌上游，在克劳尔总工程师领导下复测宜夔段路线。两年后克劳尔辞职，宜夔段改为保管处。宜夔段停建近百年后，2010年12月宜万铁路建成通车，川渝鄂人民百年铁路梦成真。）

1918年1月《汉粤川铁路职员录》汉宜线总工程司克劳尔的资料

• 孙 科（1891—1973）

1891年10月20日出生，字连生，号哲生。广东香山县翠亨村人（今中山市南朗镇翠亨村），孙中山先生长子。孙科小时候即被孙中山送到美国读书，在美国接受了系统的教育，成年后孙科回到国内。

1907年加入同盟会，1917年在广州担任大元帅府秘书。1918年到1920年担任非常国会参议院秘书兼广州时报编辑。1921

年任广州市长兼治河督办，后任广州市首任市长。1923年、1926年两次再任广州市长，1927年1月任交通部长，1928年10月任铁道部部长与考试院副院长，1928年11月继任交通大学校长，1931年任南京国民政府行政院长，1932年任立法院长，1947年任南京国民政府副主席，1948年与李宗仁竞选副总统落选，后再度出任行政院长。1949年辞职，后长期旅居香港、法国、美国等地，1965年任台湾"总统府"高级咨议、考试院长，1973年9月13日病逝于台北，终年82岁。

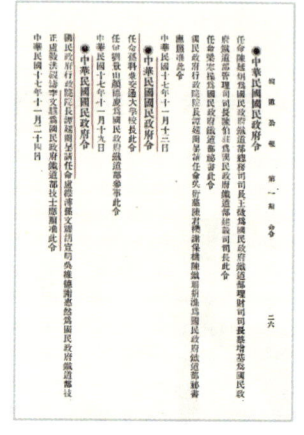

1928年11月国民政府令：孙科兼任交通大学校长；李文骥等任铁道部技士／《铁道公报》第一期 1928年

（1928年，南京成立铁道部，孙科为部长，聘美国桥梁专家华特尔为工程顾问，华特尔建议作武汉间扬子江大铁桥计划。1929—1930年，铁道部委派李文骥协助华特尔工作，开展桥址测量、钻探工程，这是武汉长江大桥建设历史上的第二次设计。）

• 华特尔 (1854—1938)

约翰·亚历山大·洛·华特尔（John Alexander Low Waddell），也曾译作瓦德尔，华台尔，华德尔。1854年1月15日生于加拿大安大略省，1938年3月3日逝世于美国纽约，终年84岁。

20世纪初美国著名桥梁专家，升降桥是他所偏好的一种桥梁形式，有许多独创的发明和专利，他在世界各地设计了100多座这类桥梁，许多桥梁现在都被视为历史地标。华特尔是桥梁设计方面广受尊敬的作家，也是工程师质量培训的倡导者。

文 献
DOCUMENTATION

引 言

为了凸现本书的历史性、真实性,彰显传主埋头苦干、锲而不舍的理想信念,揭示先辈淡泊名利、勇于担当的精神世界,特设"文献"成编,较系统地展示我国铁路、桥梁工程事业中与李文骥有关的全部遗存史料。

编者以李文骥生平纪事为线索,以遗存的文稿、手稿为基础,以有关历史事件为关键词,通过互联网查询、旧书市场、档案馆访查三种渠道,进行了大量细致的搜索、阅读、整理。一些尘封的文献、文稿是在近百年后被重新发现、揭示,倍显珍贵。现将资料焦点集中在以下六个时期,分别展示与李文骥生平事迹相关的文献、档案和相关图文资料,后附李文骥文稿、手稿、藏品清单。

1、北京大学(京师大学堂)时期(1905—1913)

2、汉粤川铁路时期(1913—1927)

3、南京铁道部时期(1928—1934)

4、杭州钱塘江大桥时期(1934—1937)

5、抗战时期和胜利后(1937—1948)

6、新中国成立前后(1949—1951)

基本解释：[document; literature] 有历史意义或研究价值的图书、期刊、典章。

通过一定的方法和手段、运用一定的意义表达和记录体系记录在一定载体的有历史价值和研究价值的知识。所谓文献，文，指有关典章制度的文字资料，献，指熟悉掌故的人。文献的基本要素是：1.有历史价值和研究价值的知识；2.一定的载体；3.一定的方法和手段；4.一定的意义表达和记录体系。

"文献"一词最早见于《论语·八佾》，南宋朱熹《四书章句集注》认为"文，典籍也；献，贤也。"所以这时候的文指典籍文章，献指的是古代先贤的见闻、言论以及他们所熟悉的各种礼仪和自己的经历。《虞夏书·益稷》也有相关的引证说明，"文献"一词的原意是指典籍与宿贤。

GB/T4894-1985 定义：记录知识的一切载体。

今天我们所说的文献，主要指有历史意义的，比较主要的书面材料，广义的文献定义就成了记录有知识的一切载体。依据国际定义，文献乃是一切情报的载体。

人们通常所理解文献是指图书、期刊、典章所记录知识的总和。文献是记录、积累、传播和继承知识的最有效手段，是人类社会活动中获取情报的最基本、最主要的来源，也是交流传播情报的最基本手段。文献是人们获取知识的重要媒介。文献是人类文化发展到一定阶段的产物，并随着人类文明的进步而不断发展。人类认识社会与自然界的各种知识的积累、总结、贮存与提高，主要是通过文献的记录、整理、传播、研究而实现的。文献能使人类的知识突破时空的局限而传之久远。而文献的继承、传播与创造性的运用，又反作用于社会，成为社会向前发展的有力因素。

1、北京大学（京师大学堂）时期（1905—1913）

北京京师大学堂校址原为清高宗四女和嘉公主的赐第，所以也称"公主府" / 资料

京师大学堂建筑遗存"公主府"被列为北京市文物保护单位（位于沙滩后街 59 号） / 资料

光绪廿九年（1903）京师大学堂暑期仕学师范合影 / 资料

1898年第一任管学大臣孙家鼐书写的京师大学堂匾额

京师大学堂总监督关防

《京师大学堂档案选编》
北京大学出版社 2001-8

《京师大学堂档案选编》P345 光绪三十四年（1908）一篇奏文中首次出现"工科举人"称谓，说明当时京师大学堂的工科大学已在筹办中

北京沙滩后街马神庙京师大学堂校舍

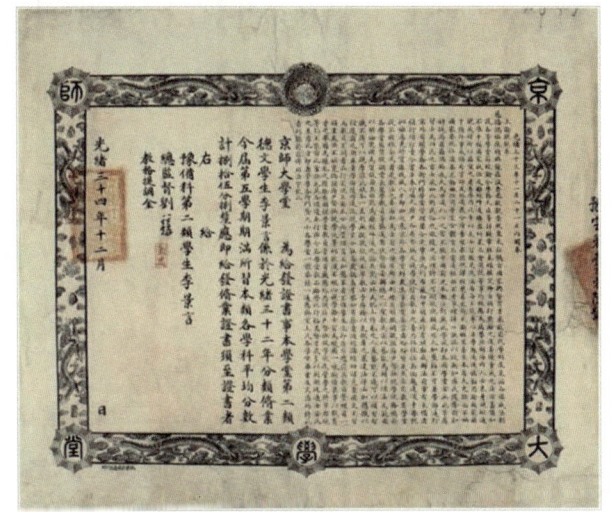

光绪三十四年（1908）京师大学堂预科修业证书，李文骥也是这一年的预科毕业生
／资料

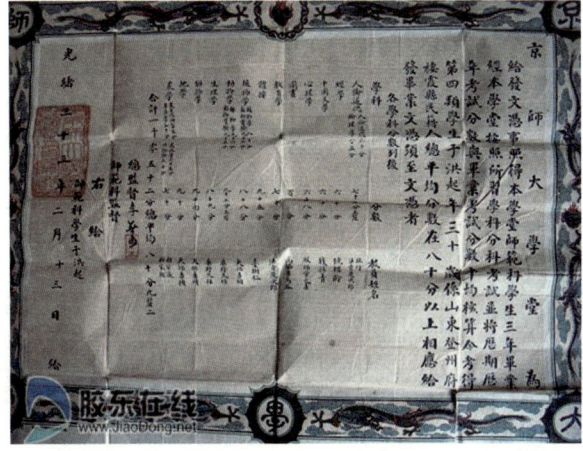

光绪三十三年（1907）京师大学堂本科毕业文凭，文凭上附成绩单和各科教师姓名
／资料

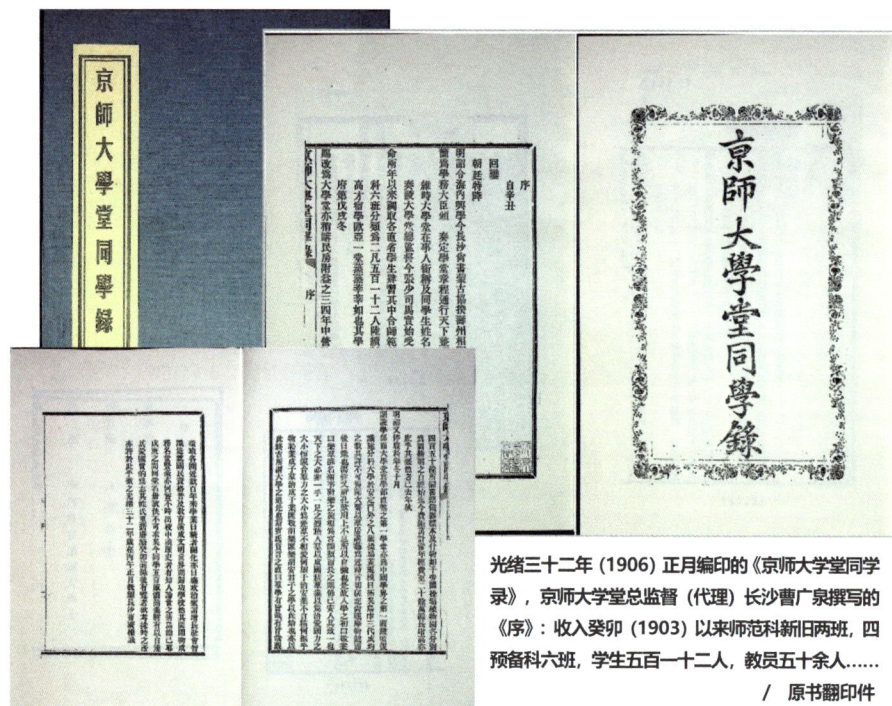

光绪三十二年（1906）正月编印的《京师大学堂同学录》，京师大学堂总监督（代理）长沙曹广泉撰写的《序》：收入癸卯（1903）以来师范科新旧两班，四预备科六班，学生五百一十二人，教员五十余人……
／原书翻印件

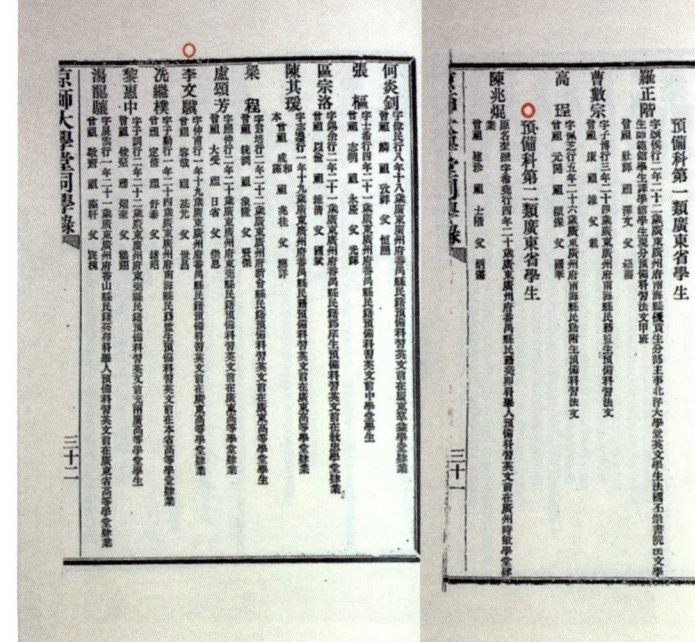

1906年《京师大学堂同学录》P31：预备科第二类广东省学生。P32：李文骥的学籍资料："字仲甫，行一，年十九岁，广东广州府番禺县民籍，预备科习英文……"

工学院大门

位于北京祖家街端王府夹道的国立北京大学工学院 / 民国时期

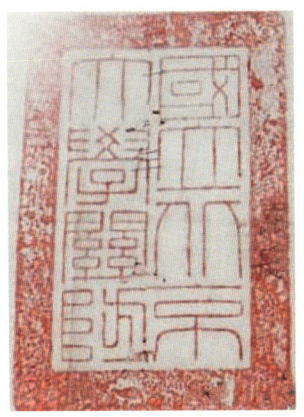

国立北京大学关防

京师大学堂工科大学藏书章

北京大学时期的李文骥

中华民国二年十一月北京大学第一次毕业摄影（北京大学1913年毕业生合影），李文骥等工科土木系毕业生20余人已于3月离校赴武汉实习，不在其中/孔夫子旧书网

桥梁专家李文骥 · 文献

北京大学工科土木系第一届毕业生 1913 年在汉口合影，后右一为李文骥 / 德国教授乔治·米勒 摄影

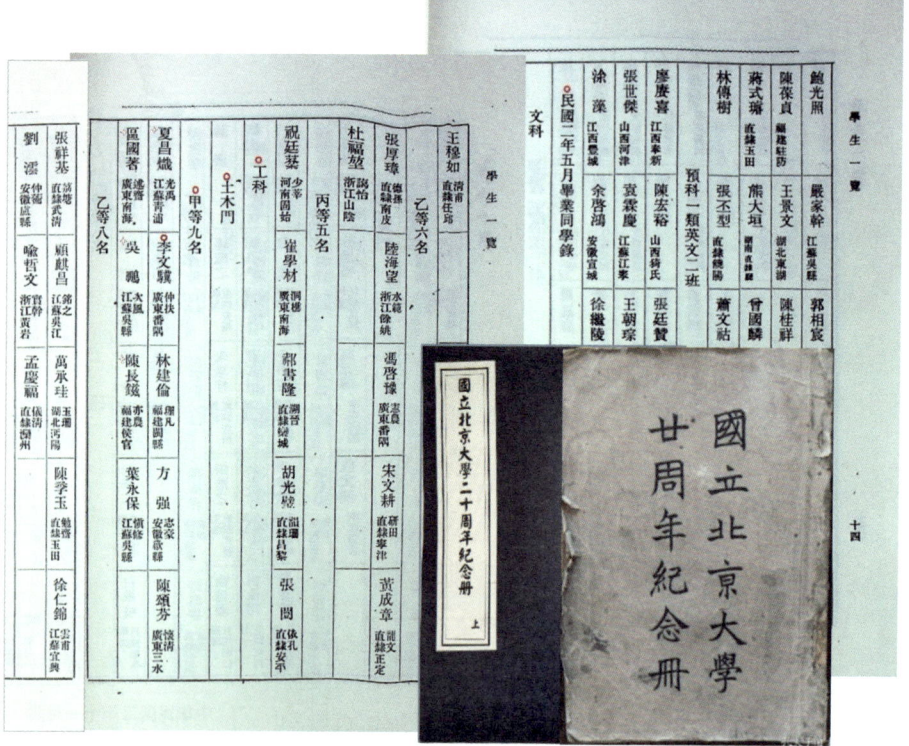

1918 年《国立北京大学二十周年纪念册》下册，"学生一览 毕业同学录" P14，"民国二年五月毕业同学录"；P22，民国二年（1913）五月毕业同学录，工科土木门，甲等九名（名单），乙等八名（名单）。李文骥以优异成绩列甲等第二名（全班 20 余人）。也证实有关回忆录中记载的李文骥同学：夏昌炽、区述斋、吴次风、陈亦农、张荔塘、万承珪等人亦是优等生，分别列甲等第一、六、七、八名和乙等第一、三名。1913 年北京大学之纪念桥土木门学生计划的 13 名参与者，应出自成绩列甲乙等的 17 人之中 ／ 原书翻印件

桥梁专家李文骥 ·· 文献

德国教员乔治·米勒（米娄，Georg Müller）的职员资料：1918年《国立北京大学二十周年纪念册》上册 P29，前任职员录；P43，理工科教员，米娄；就职：宣统二年（1910年）三月；离职：民国三年（1914年）十二月。在北京大学（京师大学堂）任职五年　　　/　原书翻印件

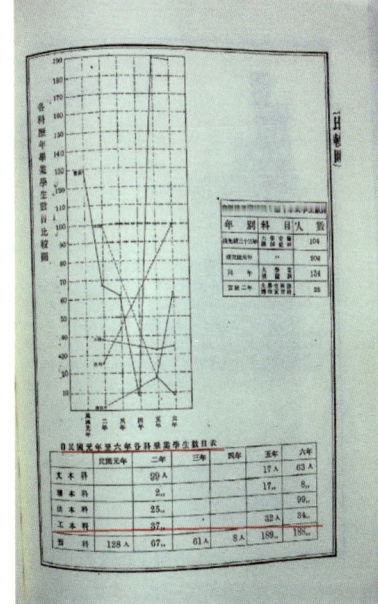

北京大学1912—1917年各科毕业生数目表，其中李文骥所在工本科1913年毕业生37人（含土木、矿治两专业）

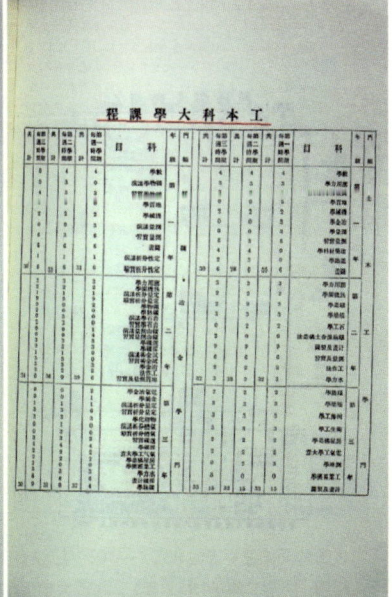

工本科大学三学年课程表
/《国立北京大学二十周年纪念册》上册

1913 年第一次参加武汉长江大桥勘测设计

詹同济编译的《詹公天佑生平志》詹天佑纪念馆
2011 年 1 月出版，根据詹天佑文稿整理编印

《詹公天佑生平志》P302—303，记述："民国政府成立后，孙中山建议修筑武汉长江大桥或隧道。民国二年（1913 年），北京大学工科学生在德国教授米娄和夏昌炽、李文骥等人率领下，到汉口比选长江建桥及开凿江底隧道方案，决定设计武汉长江大桥，用以纪念武昌起义。他们到汉口后拜见鄂督黎元洪及交通部技监、汉粤川铁路会办詹天佑，得到支持和鼓励"

（注：夏昌炽又名夏光宇）

桥梁专家李文骥 文献

"詹天佑生平年表"中记载了1913年6月，米勒和北京大学毕业生谒见詹天佑和测量设计武汉大桥一事 /《詹公天佑生平志》P406 詹同济 詹天佑纪念馆 2011年

1932年12月中国工程师学会会刊《工程》季刊第七卷第四号刊载李文骥论文《武汉跨江铁桥计划》，文内同时刊发1913年《北京大学之纪念桥计划》全文

1913 年《北京大学之纪念桥计划》全文（附图四幅）

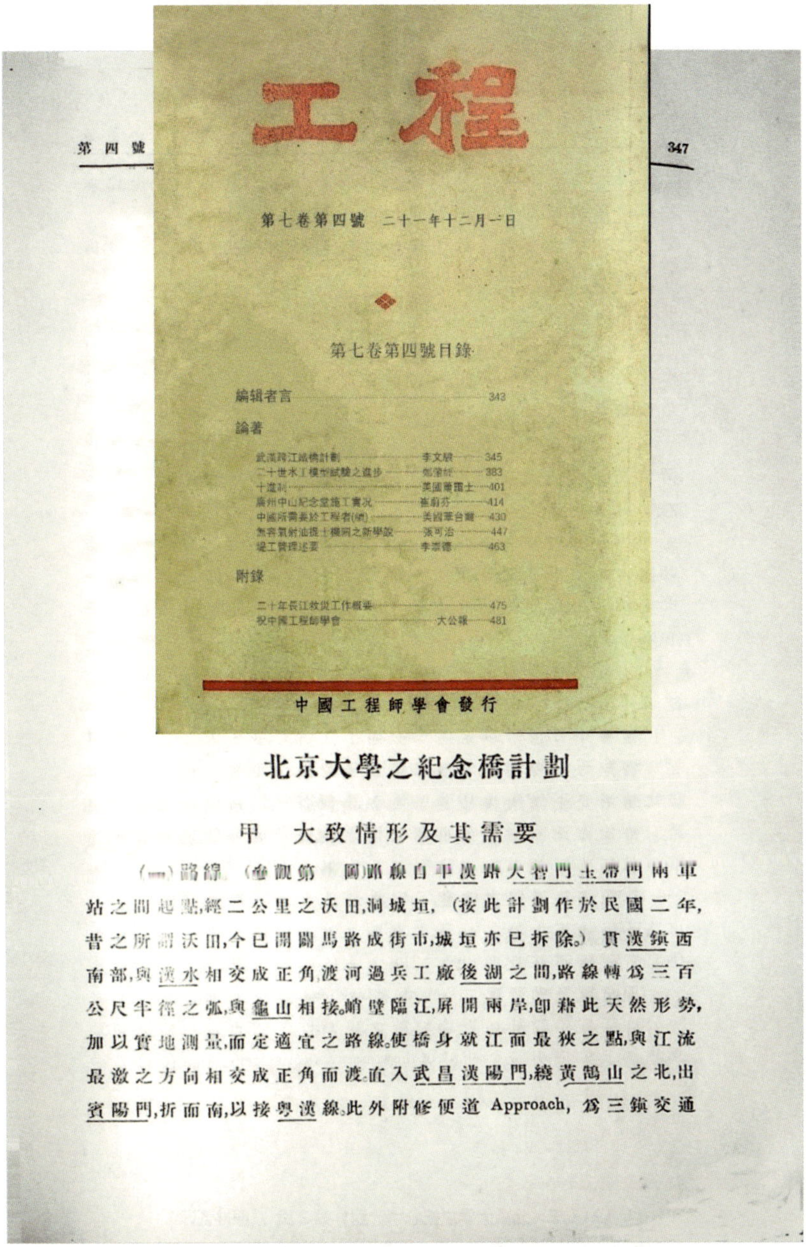

第四號 347

工程

第七卷第四號 二十一年十二月一日

第七卷第四號目錄

中國工程師學會發行

北京大學之紀念橋計劃

甲 大致情形及其需要

（一）路綫（參觀第 圖）路線自平漢路大智門玉帶門兩車站之間起點，經二公里之沃田，洞城垣，（按此計劃作於民國二年，昔之所謂沃田，今已開闢馬路成街市，城垣亦已拆除。）貫漢鎮西南部，與漢水相交成正角渡河過兵工廠後湖之間，路線轉為三百公尺半徑之弧，與龜山相接。峭壁臨江，屏開兩岸，即藉此天然形勢，加以實地測量，而定適宜之路線。使橋身就江面最狹之點，與江流最激之方向相交成正角而渡。直入武昌漢陽門，繞黃鵠山之北，出賓陽門，折而南，以接粵漢線。此外附修便道 Approach，為三鎮交通

1932 年 12 月中国工程师学会会刊《工程》季刊第七卷第四号刊载李文骥论文《武汉跨江铁桥计划》，文内同时刊发 1913 年《北京大学之纪念桥计划》全文，包括 7 页文字和 4 张附图，使得这一珍贵的文献得以存世。这是计划书的第 1 页 / 原件影印

捷徑。其大站，一擬設武昌城外，一設新路線起點與第一公里標識之間，漢陽駐站，則於第四公里標識附近設之。

（二）**交通之類別及橋之容量**。交通類別分為鐵路交通及街市交通二種：

甲．鐵路交通

（1）橋面敷設鐵路，以便火車交通。現時暫設單軌，卽足供每日來往約十二列車之用。但粵漢線告成之後，商務旣盛，橋身又長，則須改為雙軌，方足應付。

（2）橋面敷設狹軌（一公尺）或常軌電車路一二線，以便三鎭之街市交通。街道若窄，則用狹軌電車較便，且可省橋面之地位。

乙．街市交通。

（3）橋面敷設馬路，以便車馬及行人之負載者來往。路之寬廣，以能容兩車來往。（每車二公尺至二公尺半）更留餘隙以備兩車交錯之用為度。至於電車及自動汽車及一切車輛，皆不得在橋上停留。

（4）橋面敷設便道於兩側，各寬二公尺至二公尺半，以便行人徒步往來。

按照今日情形，以定將來交通上之需要，誠屬大難。若通等現在與將來之需要，預為之地，以為日後開拓之用，縱能預測三十年後之情形，亦不能視為易事。照通常計劃而言，鐵路交通與街市交通，最好能完全隔絕，以免車輛相撞之險，及車聲煙氣驚擾人畜等事。至於鐵路兩軌中線相隔須三公尺半。

（三）**鐵路及道路之坡度**。鐵路最急之坡，不得過百份之一。電車路不得過三十份之一。尋常車馬之路不得過二十份之一。行人便路若距離不甚長，則用十二份之一坡，亦不為過急。

（四）**橋重及動荷重**（Weights & Live load）。茲以橋重及動荷二者先為普通橋梁設計。如更求精確之規劃，則機關車及車輛之類別，與橋梁及橋底力量 Strength of the trusses & floor system 之關係，以及破

1913年《北京大学之纪念桥计划》第2页 / 原件影印
刊载于《工程》第七卷第四号，李文骥论文《武汉跨江铁桥计划》内

裂應力 Breaking Stresses，寒熱之極度 Limits of Temperature，皆須注意。其汽機與極重之車輛，亦當定一限制，良以鋼鐵建築之重量極關重要也。

(五)取材。　鋼鐵用中國或外國工廠所製者，實行建築之前，且不必定。惟橋底 Floor System 可用尋常熟鐵，橋梁 truss 則需用上品純鋼，如用鎳鋼尤佳。最上洋灰，中國洋灰廠亦足給用。至龜蛇二山所產之石，能否合裂混凝石之用，與夫工程所需之木材與沙，可否以廉價取得，今日預計亦可姑置弗論。

(六)容受壓力。(Admissible pressure) 容受壓力一事，在未作詳細計劃之先，所弗能定，因此事與材料品質，橋梁分配受力之情形，以及選定橋孔之寬狹等皆有關係也。至基礎之深淺，亦須先驗江底石性，然後能定。

(七)長江水性。　江水水位最高之時為七八九三月，最低則在一二月之間。一八七〇年之水位，係有記載以來，洪水之最高度。(按一九三一年之洪水，尚比一八七〇年高一公尺。)今假定水平準線 Datum Line 在尋常低水平三十公尺之下，以免記數有負號，則得以下之記錄：

河底最低處　　　　+15.00　　公尺
尋常低水平　　　　+30.00　　公尺
尋常高水平　　　　+42.40　　公尺
極高水平　　　　　+45.50　　公尺

漢口附近江流速率，每屆冬令，一秒鐘 0.5—.77 公尺，夏令一秒鐘 1.55—2.32 公尺。江水氾濫之時，一秒鐘 2.57—2.83 公尺。

又據一江流漲落日記所載，一九〇二年驗得最低水平尚在零點之下一英尺二寸，實已低過灘平四十八英尺。(合14.63公尺。)一八七〇年最高之水，則在〇點上五十英尺六寸。(合15.公尺。按一九三一年最高水平，達五十三英尺六寸。)水面若在三十八英尺，(合11.60公尺。)即將洋溢兩岸，水面在四十英尺，則附近窪地盡成澤國。當此之時，非習知地方情形者，不能駛船也。江面寬約一千公尺。其最深處距武昌岸三百三十公尺有奇。（按一九三〇年實地鑽探之結果，最深處祇距武昌岸約六百英尺。惟北大之計劃作於一九一三年，則十餘年間，江流變遷亦未可定。）是處江流最急，而又崎嶇不平，故多漩渦，夏季尤甚。所幸嚴冬不凍，江底石質洗濯淨潔。僅細縫微隙，塞有白沙泥土而已。橋址上游水性極平。與漢口附近漢水入江後之情形大不相同。

（八）長江航業。長江上下船隻，種類甚多。由小木船面至大海舶，應有盡有。據輪船公司之報告，橋須淨高三十公尺，始可無礙航行。淨寬以一百二十公尺爲最小之數。然後船行急流，或有不測，舵工瞻望形勢，始得分明。故主要橋孔之寬度，卽根據於此。其餘橋孔，則依他項商榷而定。

乙　工程之設計

（一）跨江築橋以聯接平漢粵漢鐵路及武漢三鎭交通，首宜注意以下各點：

路堤路墊及沿山邊等工程之建築，須因經濟狀況而定其長短。若至修築路堤不能適宜之處，或費用過大，則宜用便橋 Approach Girder 以代之。欲求計劃單簡，可用等長之梁。（以四十公尺至八十公尺爲最相宜。）又因建築地基牢固可靠，宜用三橋孔爲一組之連續梁，使增加其任重之力量。故主要橋梁兩旁各梁之數，須爲三之倍數。每三梁自成一組。每第三橋柱尤須牢固。

主要橋孔之間，實爲上下航行之要道，工程構造之中心。況復逼近武昌，爲革命紀念之建築，故必務求壯麗，巍然矗立。雖相隔窵遠，可望見之。導三鎭之交通於橋之兩岸，則宜用坡度較急之道路。以憑藉兩岸山勢而建築，最爲適宜。

其他道路溝渠在路堤之下橫過幹線者，可稍改其道，使經橋梁之下。若在路堤平面經過者，酌量改低，亦甚易事。

（二）橋身界於兩岸路基之間，其各孔之寬度如何，須斟酌下列

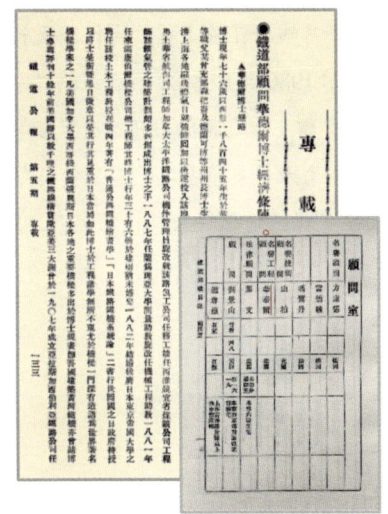

《铁道公报》1929年第五期专载《华特尔博士历略》；右下1933年2月《铁道部职员录》顾问室名录：名誉工程顾问华特尔

1870年华特尔首次来华旅游。1875年伦斯勒理工学院获得土木工程学位。1921年，被聘为京汉路黄河铁桥设计竞赛评委，来华并视察中国铁路。1928年，南京国民政府成立铁道部，孙科为部长，聘华特尔为工程顾问（1929年以后为名誉衔）。华特尔提出作"武汉扬子江大铁桥"计划，并引进美商贷款来兴建，并于1930年提出了方案和概算，但国民政府无力完成这一工程。

1921—1936年间，华特尔参与中国多座桥梁的计划建议和技术设计，为当时中国的桥梁建设提供了先进的技术经验和有力帮助，被中国工程界誉为"中国之友"。

（1929年，由于李文骥对勘测规划工作驾轻就熟，当局派李先生协助华特尔作测量武汉扬子江大铁桥桥址和线路的方案设计。1930年春，即将开始钻探江底，孙科未续聘华特尔，只予以名誉顾问头衔，华特尔与其助手韦约翰先后回国。李文骥在极度缺乏材料机具的情况下，在长江洪水期间，以汉阳为基地，于9月完成初钻任务。华特尔在这一材料的基础上提出了方案和概算，但国民党政府无力完成这一工程。李先生只得将此项计划大略与测量钻探经过情形写出，并附筹款兴建方案提交中国工程师学会1931年大会作为论文，以供工程界参考，有关文献上也称此方案为"华特尔方案"。

1933年钱塘江桥筹建阶段，华特尔应中方邀请，根据寄去的工程资料，为建桥做

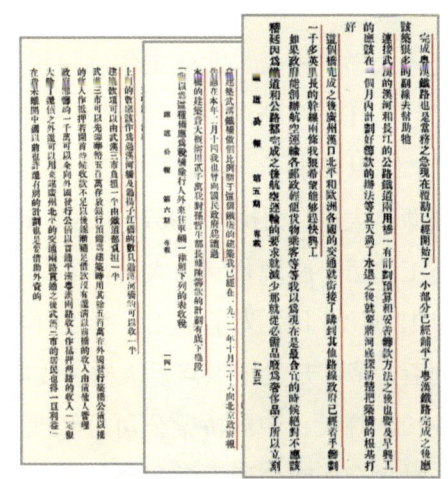

《铁道公报》1929年第五、六期连载《铁道部顾问华特尔博士经济条陈》，这是华特尔论述修建武汉扬子江大桥、汉江大桥的有关段落

过一套方案，但因所需经费过高，未被采用。1936 年 8 月钱塘江桥工程处再作武汉长江大桥计划时，华特尔也从美国寄来过设计建议。华特尔 1930 年 8 月 30 日在纽约"中国工程师学会美国分会年会"上的讲演中，高度赞扬李文骥工作之精细准确："李君等之测量工作，其成绩，为余从事工程五十五年所仅见……余未见更精密之测量工作有如斯者，诚中国工程师之独长也。"这种信任，使两人多年保持通信往来和技术交流。）

• 茅以升（1896—1989）

1896 年 11 月 12 日出生，字唐臣，江苏镇江人。土木工程学家、桥梁专家、工程教育家，中国科学院院士，中央研究院院士，美国工程院院士。

1916 年毕业于西南交通大学（时称交通部唐山工业专门学校），1917 年获美国康乃尔大学硕士学位，1919 年获美国卡耐基理工学院博士学位，回国后历任交通大学唐山工学院教授、国立东南大学（1928 年更名为国立中央大学）教授、工科主任、国立河海工科大学校长、交通部唐山大学（今西南交通大学）校长、北洋工学院院长、江苏省水利厅厅长。1934 年至 1937 年任浙江省钱塘江桥工程处处长，在自然条件比较复杂的钱塘江上主持设计、组织修建了一座全长 1453 米，基础深达 47.8 米的双层公路铁路两用钱塘江大桥。大桥于 1937 年 9 月 26 日建成通车，这是中国人自己设计和施工的第一座现代钢铁大桥，是中国桥梁工程史上一座不朽的丰碑。1937 年 12 月 23 日，为了阻止日军攻打杭州，茅以升亲自参与了炸桥。抗战胜利后，茅以升又组织修复大桥。钱塘江桥之后，任交通大学唐山工学院代院长、院长、中国桥梁公司总经理、北洋大学校长、中国/北方交通大学（时含今西南交通大学和今北京交通大学）校长、铁道科学研究院院长等职。1955 年选聘为中国科学院院士（学部委员）。

茅以升主持中国铁道科学研究院工作 30 余年，为铁道科学技术进步做出了卓越的贡献。积极倡导土力学学科在工程中应用的开拓者。新中国成立后，他又担任了武汉长江大桥技术顾问委员会的主任委员。晚年，他编写了《中国桥梁史》、《中国的古桥和新桥》等。1989 年 11 月 12 日病逝于北京，享年 93 岁。

（1934 年钱塘江大桥开工，国民政府铁道部委派李文骥参加该工程，成为协助茅以升建桥的四大工程师之一。李文骥擅摄影，除本职工作外，还受命摄下长达 2500 米胶片的工程实况，是我国的第一部工程纪录片。建桥后期，茅以升派李文骥又对武汉大桥桥址作复探，使计划更臻完美。1945 年日本投降后，茅以升写信给身在广州的李文骥，邀他赴武汉参加筹备兴建武汉长江大桥，任桥梁公司汉口办事处主任。1947 年时任钱塘江桥工程处处长的茅以升，任命李文骥为钱塘江桥管理所主任，负责大桥维护保养事务，并承命编纂因战乱未完成的《钱塘江桥工程》报告。1949 年新中国成立前夕，李文骥草拟《筹建武汉纪念大桥建议》，由茅以升等联名上报中央，获得批准。李文骥逝世时，茅以升曾亲撰挽联。）

茅以升手迹

• 曾养甫 （1898—1969)

名宪浩，字养甫，1898 年出生于广东省平远县义化都东石乡大营里。其父曾如玉是民国初年平远教育界名人，幼年受过良好学校教育。1923 年在天津北洋大学毕业，后赴美国留学深造，入匹兹堡大学研究院，获矿冶工程师资格。

1925 年初，回国参加国民革命，任国民革命军总司令部后方总政治部主任。1927 年任南京国民政府建设委员会副委员长。

1929 年 3 月当选为中国国民党第三届中央执行委员，任浙江省建设厅厅长。后任中国国民党海外党务委员会委员，侨务委员会常务委员，管理中英庚款委员会董事，国民政府委员会委员长行营公路处处长，中国国民党中央党务学校副主任。1931 年 12 月继续当选为中国国民党第四届中央执行委员。1936 年后，任广州特别市市长、黄埔开埠督办公署督办兼广东省政府财政厅厅长。1938 年后，任滇缅铁路督办公署督办、交通部部长兼军事工程委员会主任委员。曾督办修筑滇缅国际公路。学者称其为"中国土木水利（交通）建设之父"、"孙中山建国方略实践第一人"。参与创办梅州家乡的最早及最高学府南华学院等。1945 年后，任国民政府立法委员，不久辞职赴美就医。1949 年开始寓居香港。1962 年定居台北。1969 年 8 月 28 日病逝于香港，终年 77 岁。

1938 年宋庆龄到广州，市长曾养甫陪同

附文：《建造钱塘江大桥的第一功臣》（百度百科）

1937 年 9 月，在全面抗战的隆隆炮火声中，钱塘江大桥——第一座由中国人自行设计建设的铁路、公路两用桥终于飞架于钱江南北。作为大桥的设计者和建桥的主持人——著名桥梁专家茅以升，他的名字从此和钱塘江大桥紧紧地联系在一起，然而另一个建筑的关键人物，人们却比较陌生了，他就是建桥的倡议者、促成者和组织者，时任浙江省政府建设厅厅长的曾养甫。

1932 年，曾养甫奉派为浙江省政府委员兼建设厅厅长，同时兼任浙赣铁路理事会理事长，建设钱塘江大桥委员会主任委员、改良蚕丝委员会主任委员。他就任后，把开辟道路列为建设首要。浙江省的主要河流钱塘江，把该省分成两半，交通阻隔，铁路、公路不能贯通，交通运输靠船渡。曾养甫任浙江省建设厅厅长之初，即欲跨江架桥，以利交通运输。其时，浙赣铁路局局长杜镇远写信给正在天津北洋大学的留美工科博士茅以升，邀请他前往杭州，商谈筹建钱塘江大桥的事。茅以升抵杭州后，首先登门见曾养甫，不料曾养甫正患感冒，无奈在床上会见茅以升。曾养甫一谈起建桥，滔滔不绝，好像病也轻了。他说："钱塘江上建一座桥，这是浙江人民多年来的愿望。我一来杭州，就想促成此事。"茅以升盘算着说："这是需要一大笔钱的。"养甫说："筹款的事，我已多方接洽，很有希望，有了款，还要人会用，才能把桥造起来。"养甫看着茅以升又说："关于主持造桥的人，我考虑很久，还是请你来担任，经费我负责，工程你负责，

1937年建设钱塘江大桥委员会主任委员、前浙江省建设厅厅长曾养甫（左2）和茅以升（左1）在钱塘江桥工地 / 李文骥 摄

一定要把桥造起来，你看如何？"茅以升看他这样坦率，当即答应："我们共同努力，一定要把桥造起来。"这样的交谈，两人进行了多次。茅以升问道："造桥的工程资料，有无准备？"曾养甫说："有一些，当然是初步的，将来还需要你大大补充。"并要他马上辞去北洋教席。停了一会，他又像声明似地补充："造桥工程完全由你负责，我决不干涉。"接着，即派茅以升为钱塘江建桥工程处处长。在建桥一事上，曾养甫说话是算数的，他把建桥的工程技术权都交给茅以升。筹建初期，曾养甫曾请美国桥梁专家华特尔作过一套工程设计，需建桥费用758万银元，而茅以升设计的只要510万元。华特尔是铁道部请来的顾问。因此，曾养甫和铁道部交涉及向银行筹款时注意策略，说建桥方案是根据华特尔的设计"略加修改"。到后来筹款有着落时，曾养甫就宣布："这钱塘江大桥，是我们中国人自行设计的。"接着，勘测了桥基的坐落地点，定于杭州市上游六和塔下面。桥为双层，下通火车，上驶汽车。1934年11月11日举行了正式开工典礼。1935年曾养甫已调任铁道部政务次长兼新路建设委员会委员长，他把茅以升叫到南京，正颜厉色地说："我一切相信你，如果桥造不成功，你得跳钱塘江，我也跟你后头跳。"曾养甫的话，使茅以升百感交集。于是，他吃住在工地，日夜奔走，克服了一个个困难，终于在1937年9月26日全桥安装就绪，下层铁路桥正式通车，11月17日上层的公路桥又通汽车。人们为了感谢曾养甫，在大桥上镌刻着"曾养甫"三个大字，至今犹存。

（曾养甫是建设钱塘江大桥委员会主任委员，李文骥时任桥工处工程师，辅佐茅以升建桥。曾养甫在建桥工地视察的照片，多出自李文骥之手，两人的大桥工程论文同时收入《钱塘江大桥史料三》"钱塘江大桥文论"。）

• 顾孟余（1888—1972）

原名顾兆熊，字梦渔，1888年出生于河北宛平（今北京市），原籍浙江上虞。1903年进京师大学堂求学，专修德语和法国文学。1906年，以京师大学堂译学馆生遴选赴德留学，先后在莱比锡大学和柏林大学学习电学和政治经济学。留德第一学期，加入中国同盟会。

1913年"二次革命"讨袁之役，顾回国参与其事。革命失败，顾遂密处上海。1914年，德国西门子公司聘顾为北京分公司工程师。此后，任北京大学教授兼德文系主任、经济系主任及连任教务长数年，兼任庚子赔款委员会委员。顾孟余博学多才，颇受北大师生爱戴。当时主掌北大的蔡元培，积极倡导"兼容并包、思想自由"的学术思想，作为教务长的顾孟余也积极为《新青年》撰稿，1919年5月在《新青年》发表"马克思学说"，与胡适、陈独秀、李大钊、傅斯年等学政显要交好，是最早介绍马克思学说在五四运动传播的人之一，使北大成为新文化运动的摇篮和"五四"运动的策源地。1924年，顾孟余参加了"中山主义实践社"，以后在李大钊等主持下的国民党北方区委工作。李大钊在给孙中山荐贤名单中，顾孟余名列榜首。1925年，应广州国民政府之邀，先后出任广东大学校长、中山大学副校长。翌年1月，在国民

顾孟余和李大钊的合影

党第二次全国代表大会上，当选为中央执行委员。1925年遭北京政府通缉乃南下广州，12月1日出任广东大学校长，1926年6月辞职，10月任中

山大学副委员长等职。1926年1月当选中国国民党中央执行委员，5月被指定为整理党务审查委员。1927年3月任中央执行委员会常务委员、宣传部长，1932年3月任铁道部部长。1935年11月当选中国国民党中央执行委员，后任中央政治委员会秘书长。抗战期间，汪精卫叛国，顾孟余力劝无效与之分道扬镳。1941—1943年任国立中央大学校长。

1949年顾孟余赴香港，后定居美国加州伯克来，1969年赴台湾定居，1972年在台湾病逝。

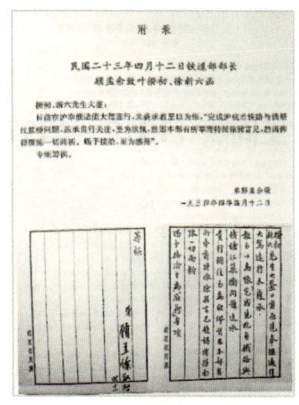

顾孟余手迹：1934年4月，为钱塘江大桥工程致函杭州银行家

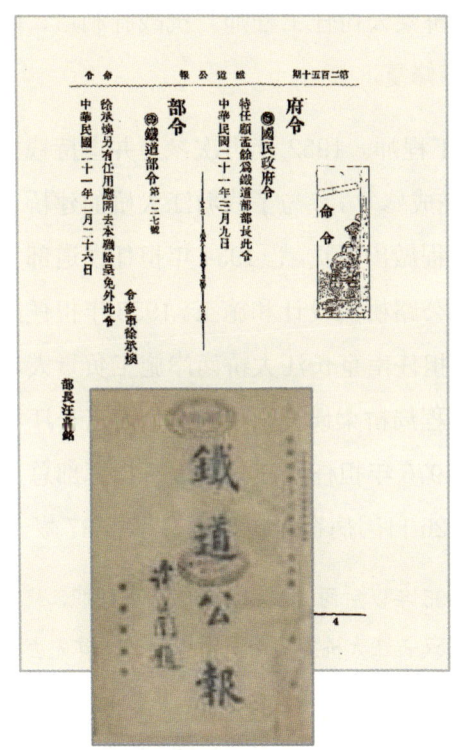

（1905年至1906年，顾孟余、李文骥同在北京京师大学堂大学预科学习外语，是同期校友。1935年至1937年，顾孟余任铁道部部长期间，正值钱塘江桥的工程期，他勤政廉洁、招贤纳才、提携人才、呕心沥血，除启用茅以升为钱塘江大桥工程处处长，还特意委派默默苦干、善于合作的李文骥代表铁道部去杭州协助工作。他为钱塘江大桥的设计、施工、筹资等事宜均亲力亲为。）

国民政府令：特任顾孟余为铁道部部长，此令。中华民国二十一年三月九日（1932年）
/《铁道公报》第250期　选自"全国报刊索引"网

王同熙（1910—1997）

王同熙1937年10月赠给李文骥的照片

　　1910年4月16日出生于江苏无锡，1932年毕业于国立浙江大学工学院土木工程系，并留校任助教。1934年春，应聘在钱塘江大桥工程处任工务员。1936年，在建设钱塘江大桥的同时，参与了当时的武汉长江大桥设计工作。1937年12月钱塘江大桥被炸后，随大桥工程处后撤，在贵阳时参与乌江公路桥的建设。1943年，在茅以升创建的中国桥梁公司任工程师。抗战胜利后，随茅以升去杭州参加了钱塘江大桥初步修复。

　　1950年任上海铁路局工程处总工程师。1952年再次参与并主持钱塘江大桥的修复工程，到1953年9月完成修复。参与了钱塘江大桥的建桥、炸桥和修复的全过程，为钱塘江桥工程做出了贡献。1954年担任铁道部大桥工程局二桥处总工程师，主持汉水公路桥的设计和施工。1955年担任武汉长江大桥南岸施工负责人。1961年担任南京长江大桥南岸施工负责人。1963年至1966年担任铁道部大桥工程局桥梁研究所所长，为南京长江大桥的建设提供技术支持。1972年至1976年担任九江长江大桥指挥部总工程师，1976年底离休。1996年3月26日因病在无锡逝世，享年87岁。

　　（王同熙、李文骥是多年的同事，1935年以后同在钱塘江桥工程处任职，从事工程技术工作。1946年10月李文骥去武汉长江大桥筹建委员会报到时，首先去桥梁公司汉口办事处与时任代理主任的王同熙会面。在战后钱塘江桥修复工作中两人也有合作。1981年王同熙受邀为李文骥生前拍摄的《钱塘江桥工程》纪录影片撰写解说词，并担任技术顾问。）

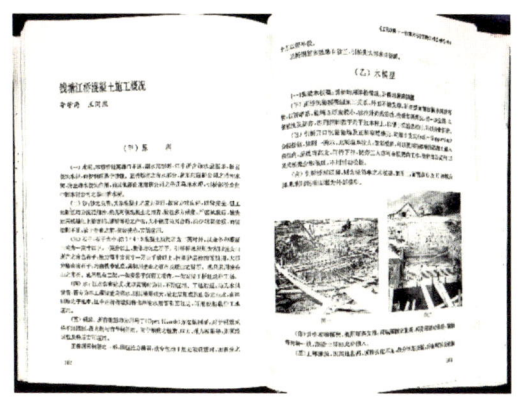

王同熙和苏联专家塔玛洛夫
在武汉长江大桥建桥工地

李学海、王同熙共同编写的大桥混凝土施工报告
选自《钱塘江大桥史料一》

1987 年钱塘江桥落成 50 周年纪念活动，原桥工处、管理所的老职工合影，前排右 2 起：茅以升、王同熙、蒋杏沾（李希的丈夫），后排左 1：许宏儒（曾是茅以升的秘书）/ 钱塘江大桥纪念馆

• 夏光宇（1889—1970）

原名夏昌炽，字光宇，民国后以字为名，作光宇，江苏青浦镇人（今属上海市）。1909 年中举人，1913 年 4 月毕业于北京大学土木工程科，同年起，在北京政府交通部任职，曾任国际交通专门委员，两次赴美国考察，任巴拿马万国博览会中国交通部代表、万国工程师大会及国际水利会议中国出席代表。回国后，任广三铁路管

理局局长、京汉铁路南段办事处处长、历任国民政府铁道部参事、交通部专门委员、总理实业计划研究委员会委员、平汉铁路局局长、粤汉铁路局局长、中国工程师学会董事、中国土木工程师学会会长及总干事等职。

1927年起，历任孙中山先生丧事筹备委员会主任干事、总理陵园管理委员会总务处处长，在中山陵前后期的建设中做出贡献。

1929年总理迎榇奉安大典，奉国民政府令派为陵园事务指挥。1931年，任全国运动大会筹备委员会委员兼主任干事，又任首都建设委员会专门委员、国民政府交通部扬子江水道整理委员会委员。1932年3月辞去总理陵园管理委员会总务处处长职，之后专注铁路与交通建设，抗战后曾任平汉铁路局局长。1949年后离职寓居香港，不久前往台湾，任台湾交通部顾问等。1970年在台北病逝，终年81岁。

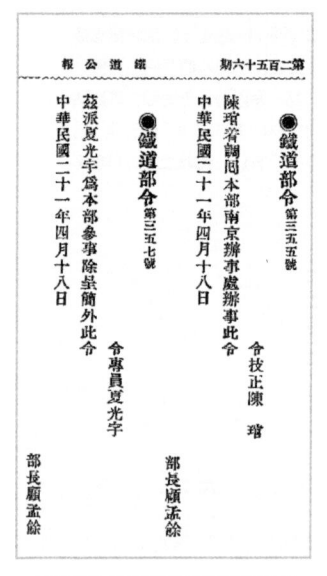

1932年4月夏光宇任铁道部参事的《铁道部令》第355号/《铁道公报》第256期"全国期刊索引"网

（夏光宇和李文骥是国立北京大学的同班同学，工科毕业时成绩分列土木专业甲等第一、第二名，1913年曾一起随德国米勒教授前往汉口作武汉大桥勘测桥址及计划工作。1917年7月李文骥短暂到广三铁路工作，夏光宇即当时的广三铁路局局长。1928—1934年两人同在南京铁道部任职，夏光宇任铁道部参事，李文骥为工务司荐任级技士。1934年11月铁道部部长顾孟余因病，由夏光宇代表他参加钱塘江桥开工典礼并致词，李文骥同时被铁道部派往钱塘江桥工程处工作，也在现场。1946年10月李文骥去武汉长江大桥筹建委员会报到，在汉口专程拜访当时任平汉铁路管理局局长的夏光宇。）

• 谭岳泉（1900—1994）

湖南湘潭人，1900年7月14日生。幼读私塾，后入日新小学、湘潭县立中学、汉阳兵工专门学校，嗣考入国立武昌师范大学数学系。毕业后，曾一度回母校湘潭中学执教。不久赴上海，先后在上海兵工厂、湖北省建设厅、国立武汉大学、浙江省建设厅杭江铁路工程局等单位服务。杭江铁路工程局扩充为浙赣铁路工程局，任主任秘书兼总务处处长。1936年，任铁道部新路建设委员会简派[1]秘书。1937年，抗日战争爆发，应浙赣路杜镇远局长之邀，于8月间赶往衡阳，成立湘桂铁路工程处，任工程处主任秘书。1939年春，任浙赣铁路局总务处长；6月，任滇缅铁路工程局局长。1943年春，调重庆交通部公路总局服务；7月，奉命出任湖北省政府委员兼建设厅厅长，于8月间，前往鄂西之恩施到职。1945年7月，奉派为后方勤务总司令部运输署署长，于8月前往重庆报到，适逢抗战胜利，奉命仍回原职赶办接收。1946年，成立武汉大桥建设委员会，由谭代表湖北省政府为主任委员，负责筹办。1948年夏，辞建设厅长职。后应粤汉铁路局杜镇远局长之邀，前往衡阳，就任该局顾问之职。1949年1月，去台湾；接任公路局局长，1972年退休。1994年5月18日病逝。终年94岁。著有《八十忆往》。

（1946年10月李文骥赴武汉长江大桥筹建委员会履职，到汉口后专程谒见湖北省建设厅厅长、武汉大桥筹建委员会主任委员谭岳泉先生。）

---

[1] 早期公家机关派用人员的一种官等。凡曾任最高级荐任或荐派，及相当荐派职务满三年为简任或简派。

万耀煌（1891—1977）

湖北黄冈人，国民革命军陆军二级上将。17岁肄业两湖师范附小，投笔从戎。先后考入湖北陆军小学堂、陆军第三中学、陆军兵官学堂、陆军大学，接受完整的新式军事教育。求学期间参加日知会、同盟会、国民党，参加了辛亥革命、反袁运动、荆襄自主之役。毕业后任驻湘鄂军参谋长。1926年之后参加北伐、讨逆、抗日战争，由副师长、师长、军长、军团长积功至上将。抗战期间转任陆军大学、中央军官学校教育长，胜利后出任湖北省政府主席，中央训练团教育长。1949年去台湾，1977年在台北病逝。

（1946年10月李文骥赴武汉长江大桥筹建委员会、中国桥梁公司在汉口办事处履职，曾专程拜见湖北省政府主席万耀煌。据记载，1946年8月25日，当时的湖北省政府召开修建武汉大铁桥筹备会议，出席者有省政府主席万耀煌、省建设厅厅长谭岳泉、粤汉铁路局局长杜镇远、平汉铁路局局长夏光宇、交通银行汉口分公司邹安众和茅以升等人。万耀煌、谭岳泉报告了建桥意义和筹备经过，茅以升、杜镇远发表了有关意见，会议决定成立武汉大桥筹建委员会，确定了委员、常务委员人选，推选茅以升为技术委员会主任委员兼总工程师。）

杜镇远（1889—1961）

字建勋，1889 年 10 月 2 日生于湖北秭归县。7 岁进入私塾，13 岁跟随父亲进四川读书。1907 年 6 月，考入成都铁路学堂。1910 年 7 月，进入唐山路矿学堂（今西南交通大学）攻读土木工程。1914 年 6 月，毕业后就任国民革命军陆军部宜渝滩险工程处主任工程师、测量队队长、"大川"号轮船副船长。1916 年，出任京奉铁路丰台工务段实习工程师。

1919 年，交通部总长叶恭绰遴选留学生，杜镇远入选，赴美国信号公司学习信号专科，次年，进入康乃尔大学攻读硕士学位。硕士毕业，杜镇远在美国德黑铁路公司做助理工程师。1924 年，交通部派杜镇远考察欧美各国铁路号志工程及材料。1926 年，任北宁铁路京榆号志总段工程师。1928 年，任南京建设委员会土木专门委员。年末。应浙江省政府恳请，任杭（杭州）江（江山）铁路工程局局长兼总工程师。1934 年 5 月，杜镇远任浙赣铁路局局长兼总工程师。历时 3 年，全线长 1008 公里的江南大动脉——浙赣铁路于 1937 年 9 月竣工。期间，在他的鼎力支持下，中国人自行设计施工的第一座现代化桥梁、浙赣铁路的重要组成部分——钱塘江大桥建成通车。1937 年 7 月，因抗战形势的需要，杜镇远主持修建湘桂铁路，1940 年 10 月全线通车。为转运过来的军工器材、难民、物资

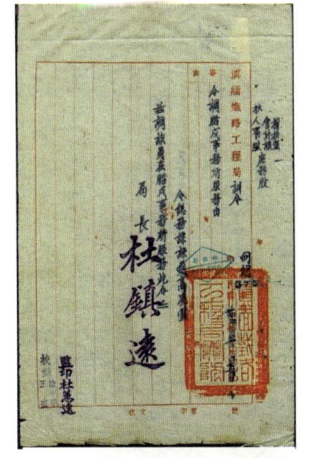

滇缅铁路工程局训令 1941 年

发挥了巨大的作用。1939年3月,任滇缅铁路局局长兼总工程师,赶修滇缅铁路。1942年,杜镇远调往粤汉铁路局任局长。抗日战争胜利后,他奉命重建粤汉铁路。1946年1月动工,同年7月通车至广州。1949年初,杜镇远长期劳累,糖尿病加重,移居香港养病。1950年举家迁至北京,被任命为铁道部顾问工程师、参事室参事,为新中国铁路事业做出贡献。1957年后蒙冤受屈,1961年12月去世。1979年12月27日,铁道部党组予以恢复名誉,骨灰安放于八宝山革命公墓。

杜镇远被誉为我国铁路的伟大建设者,是继詹天佑之后的铁路巨擘,赤诚的爱国者。他在短短的数十年内主持修建了3600公里长的铁路、600公里长的公路。他修筑的多条铁路成为中国打击日本侵略者的大动脉,他克服了铁路建设过程中的资金短缺困难,成功地将铁路迅速修完,带领工人战胜了铁路修建过程中的恶劣自然条件,出色完成了中国人民交给他的历史重任。

(1942年,杜镇远任粤汉铁路局局长时期,李文骥在衡阳路局负责战时交通线桥梁抢修,兼事防空工程。1946年10月李文骥在武汉长江大桥筹建委员会、中国桥梁公司汉口办事处工作时期,杜镇远曾专程来汉口与他洽商大桥筹建事宜。)

• **梅旸春**(1900—1962)

1900年12月1日生于江西南昌朱姑桥梅村。谱名炳沣,字秀珊。幼时家中贫寒。1917年考入北京清华学堂。1923年公费赴美留学,获美国普渡大学硕士学位。1925年,在美国费城桥梁公司工作。本在美国大有可为的梅旸春1928年回到祖国,在南昌工业专门学校任教。1934年,茅以升主持修建钱塘江大桥,他聘请梅旸春为

正工程师。为了能够优化国内钢铁品质、节约资金，梅旸春成为在国内提出采用铬铜合金钢的第一人。开发新钢种的提议得到了有关方面的肯定和支持。1936 年 任武汉市政府工务科长，参与钱塘江桥工程处武汉长江大桥的前期设计工作。

1938 年，武汉沦陷，梅旸春辗转到昆明，担任交通部技术厅桥梁设计处正工程师。1943 年，任湘桂铁路桂南工程局工程师。1944 年，任重庆缆车公司总工程师。1946 年，任中国桥梁公司武汉分公司经理兼总工程师。

1949 年武汉解放，梅旸春随军南下，参加抢修粤汉铁路战时被损毁的桥梁。梅旸春凭借扎实的功底和对战时桥梁多年的了解，妥善地处理了很多粤汉铁路桥梁的特殊技术问题，功勋卓著。

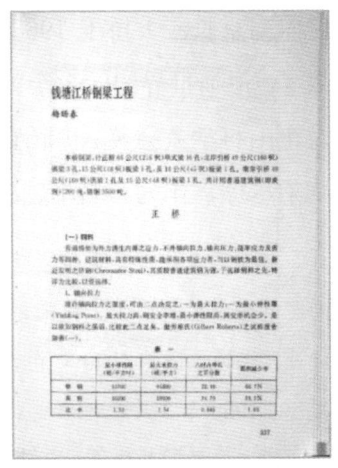

梅旸春编写的钱塘江桥钢梁工程报告
选自《钱塘江大桥史料》（一）

1949 年，任铁道部设计局副局长兼武汉长江大桥测量钻探队队长。1953 年，任铁道部武汉大桥工程局副总工程师。1957 年，任铁道部基建总局副总工程师。1958 年，任铁道部大桥工程局总工程师。

新中国成立之初，由李文骥倡议，茅以升、梅旸春等人签名，向中央上报了《筹建武汉纪念桥建议书》，提议将武汉长江大桥建设为"新民主主义革命成功的纪念建筑"，这个想法与当时中央的宏图不谋而合，很快得到了批准。铁道部成立了"桥梁委员会"开始着手建桥，任命梅旸春兼任武汉长江大桥测量钻探队队长。接到命令，他立即组队在武汉三镇范围内进行大规模的测量、钻探和调查工作。

1953 年，武汉大桥局成立，梅旸春为副总工程师。1958 年，中央政府决定修建南京长江大桥，同时正式将武汉大桥工程局更名为铁道部大桥工程局，梅旸春任总工程师。在南京大桥建设时，已是年逾花甲加上久患高血压症，他常年在工地坚守。1960年夏因脑溢血病倒，之后又有几次发病，仍然策杖而行，坚持工作。1962年5月12日，突发大面积脑溢血，在南京大桥工地一侧与世长辞，享年62岁。

南京长江大桥于1968年建成，曾以"世界最长的公铁两用桥"被载入《吉尼斯世界纪录大全》，1978年获全国铁路科技大会优秀科技成果奖及全国科学大会奖。梅旸春一生辗转于祖国的江河之上，为中国桥梁事业鞠躬尽瘁，作为一名卓越的桥梁专家，他的业绩将永远载入史册。

（梅旸春是李文骥在钱塘江桥工程处工作期间的同事，是1934年—1937年协助茅以升建桥的四大工程师之一。1936年又与李文骥等人一起对武汉大桥作复探、设计。梅旸春还是1949年在李文骥起草的《筹建武汉纪念桥建议书》上签名的专家之一。1950年3月铁道部成立武汉长江大桥测量钻探队，梅旸春为队长，李文骥任顾问佐之，并同赴武汉长江大桥测量钻探工地。）

• 李学海（1894—不详）

李学海在钱塘江桥建设工地 1935年 / 李文骥 摄

字效苏，江苏江都人，1894年出生。1915年毕业于交通部上海工业专科学校（交通大学前身）土木科，曾任上海公务局工程师，1932年他曾在中国工程师学会会刊《工程》杂志第七卷第三号上发表论文《改建沪南黄浦江驳岸工程》。1934年—1937年任钱塘江大桥工程处工程师，是协助茅以升建桥的四大工程师之一。1936年参加过第三次武汉长江大桥的测量设计工作。

新中国成立后，任上海市人民政府公务局工程师，1955年2月3日被铁道部聘请为武汉长江大桥技术顾问委员会委员，这个由政务院决定成立的委员会，由 26 名中国顶尖级桥梁专家组成，独立研究大桥设计、施工中的技术问题，委员均为义务职。

（2017 年，武汉美术馆副馆长、美术文献研究专家刘宇和女儿刘梦盈共同撰写《大桥》一书，其间发现了李学海的三本笔记。李学海作为顾问委员会成员，不仅是亲历者，他的记录最原始、最真实地反映了中国现代桥梁史上一段重要的历程。刘宇有幸偶得李学海用过的旧笔记，他不仅珍藏、研究，并撰文编入《大桥》一书。为表达对李学海先生的敬意，特意将这篇题为《李学海的记录本》的文章收入本书"忆文"部分。编者同时查找相关文献资料，收集到李学海先生的简略生平和生前旧照。）

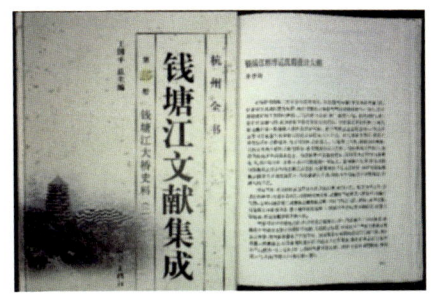

李学海编写的"钱塘江桥浮运沉箱设计大纲"
选自《钱塘江大桥史料》（一）

• 卜如默（1892—不详）

卜如默在钱塘江桥建设
工地 1935 年
/李文骥 摄

荷兰籍，1892 年出生。1934 年至 1937 年任钱塘江大桥工程处工程师，是协助茅以升建桥的四大工程师之一。1936 年参加了第二次武汉长江大桥的测量设计工作。

卜如默参与编写的两篇
钱塘江桥施工报告，选自
《钱塘江大桥史料》（一）

- **唐资生（1900—1968）**

名元堃，字资生，1900 年出生，广西全州白宝乡白宝岭村人。1920 年全县中学毕业。1924 年广东中山大学中文系肄业。1926 年任广西省全县中学校长，1928 年任省立第二师范、第三高中教师。1934 年任广西省教育厅第三科科长（主管小学）、编审室主任。1939 年复任省立全州初级中学校长。在此期间因工作认真，受到省教育厅厅长邱昌渭的赏识。1940 年邱昌渭调任广西省民政厅长，遂将唐资生离教从政。先后担任修仁、全县、融县等县县长，1943 年任灌阳县县长。次年，日军入境，县境沦陷。他组织抗日自卫大队，坚持抗日。光复后，广西省政府授予抗战胜利勋章。

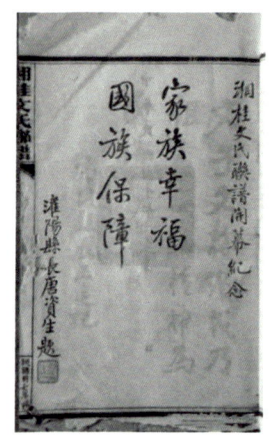

唐资生先生题词手迹 1945

1946 年任全县县长期间，全县发生抢米风潮。唐资生因此事被广西省府以"处理政务失宜"，予以免职。当他免职回故乡白宝岭村时，清湘镇（今全州镇）镇长敬唐为政清廉，率县城千余老人至东门渡口欢送。1947 年 9 月，唐资生调任融县县长，任前，全县爆发武装起义，他暗示侄儿，将其步枪 4 支交付游击队。任后，全县武装起义受挫，他甘冒风险，收容全、灌籍游击队员、中共地下党员 6 人，并安排工作。1949 年，唐坚辞县长职务，改任广西省政府顾问，旋任艺专教授、广西大学中文系副教授。在广西大学任教期间，张先辰介绍他加入中国民主同盟。唐居住桂林期间，将心爱的快机驳壳枪，交桂北游击队；掩护中原解放区情报员在寓所居留，并供给情报；11 月，策动堂侄唐守约，率国民党 515 团全体官兵投诚起义。

桂林解放后，唐资生留任广西大学副教授。1953年秋调任广西师范学院副教授。1955年肃反前夕，被勒令退职。翌年秋被桂林法院以"历史反革命"罪，判处有期徒刑2年（缓期执行），当年11月释放出狱，1968年含冤病故。1986年经桂林中级人民法院复查予以平反。

唐资生被选入民国时期有影响的全州籍人物，他的传记和事迹被收入《全州民国人物》一书（广西师范大学出版社2015年12月）

（1944年初，衡阳陷敌，铁路员工撤退途中，李文骥携家带口，与路局失去联系，被迫退至广西灌阳，贫病交加几陷绝境，幸得灌阳县县长唐资生的帮助，先是邀请他在灌阳县中学教书代课，生活暂得接济；1945年敌人退出县城后，李文骥又应唐资生之约返回县城，担任技士之职，从事地方上恢复交通的工作。李文骥在《自传》中叙述这段经历时，多次提及唐资生，念念不忘他的古道热肠、知遇之恩，和以身报国的感人事迹，并用"高谊可感"四字赞誉这段苦难中的深情厚谊。）

• 唐寰澄 (1926—2014)

中铁大桥局集团公司高级技术顾问，教授级高级工程师，著名桥梁设计专家、桥梁美学家和桥梁史学家。

1926年出生于上海金山，1948年毕业于上海国立交通大学土木系，后投奔茅以升创办的中国桥梁公司武汉分公司。1949年桥梁公司并入铁道部，随即赴北京，在铁道部设计总院工作。1950年3月参加武汉长江大桥测量钻探队。1953年调入武汉大桥工程局，负责大桥桥头和引桥设计、大桥美术方案设计。1955年2月，大桥美术方案经政务院政务会议评审，总理周恩来亲自批示："采用第25号方案"，此方案的设计者就是唐寰澄。此后他还参加了重庆、南京、枝城、九江长江大桥,济南黄河大桥,桂林雉山大桥等设计修建工作。1989年他向中央提出建立沿海高速公路、铁路和研究中国三大海峡跨海交通工程的建议。

著作有:《桥梁工程》、《桥梁建筑艺术》、《桥梁美的哲学》、《中国古代桥梁》、《中国古桥技术史》、《世界著名海峡跨海工程》、《唐寰澄文集》三册等,著述颇丰。

2014年9月4日唐寰澄先生因病去世,逝后骨灰撒进长江,一是不想占用国家土地,二是他对长江、长江大桥有着很深的感情。

(1950年初,唐寰澄、李文骥同时参加了武汉长江大桥前期的勘探、测量和设计工作,两人在武昌文明路14号职工宿舍同住一室,朝夕相处,在短短数月的交往中,大桥历次的测量、设计经验、资料李文骥都毫无保留地传授给唐寰澄,成为一对人尽皆知的"忘年交"挚友。1991年李文骥逝世40周年之际,唐寰澄撰写并发表了《历史上的武汉长江大桥建桥方案——纪念李文骥先生》和《李文骥先生传》。)

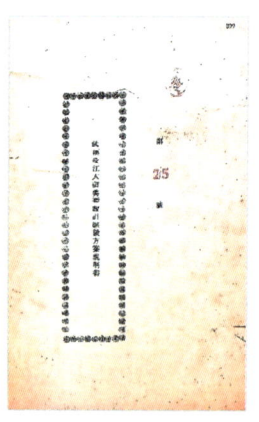

武汉大桥美术应征方案
说明书 第25号

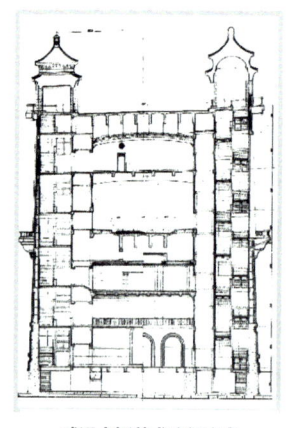

武汉大桥美术应征方案
第25号桥头堡剖面图

附2·有关机构设置沿革（本书涉及时期）

1906年11月至1911年12月，清政府邮传部（尚书：张百熙、林绍年、陈璧、李殿林、徐世昌、唐绍仪、盛宣怀、杨士琦等，铁路事务划归该部路政司管辖）

1912年1月至1912年3月，中华民国南京临时政府交通部（总长：汤寿潜、次长：于右任；总长汤寿潜未到任，由次长于右任代行总长权）

1912年2月至1927年1月，中华民国北京政府交通部（正首领：唐绍仪，总长：施肇基、刘冠雄、朱启钤、叶恭绰等，前后共16人，略）

1927年1月至1928年10月，中华民国南京政府交通部（部长：孙科、王伯群；孙科为武汉民国政府任命，王伯群为南京民国政府任命）

1928年10月至1938年1月，中华民国南京政府铁道部（部长：孙科、连声海、叶恭绰、汪兆铭、顾孟余、张嘉璈；1937年11月国民党政府迁都重庆，铁道部留在武汉办公）

1938年1月至1949年4月，中华民国南京政府交通部（部长：张嘉璈、曾养甫、俞飞鹏、俞大维、端木杰；1938年1月铁道部并交通部，8月迁重庆办公，1948年5月还都南京）

（以上摘自《中国铁路建设史》中国铁道出版社2003年10月）

1949年1月10日，中国人民革命军事委员会成立铁道部（部长：滕代远，副部长：吕正操、武竞天）。

1949年10月1日，铁道部改隶于中央人民政府（部长：滕代远，副部长：吕正操、武竞天、石志仁、郭洪涛、王世泰、赵健民）。

1950年3月，铁道部成立设计局和工程总局，作为职能单位，负责新建、改建和恢复铁路的基本建设工作。

1950年，成立了武汉大桥、黄河大桥两设计组，武汉、潼关黄河、兰州黄河大桥三个测量钻探队。

（以上摘自《中国铁路桥梁史》中国铁道出版社1987年10月）

中国工程师学会

1912年，詹天佑等人在湖北汉口创建了中国第一个工程学术团体——中华工程师会，是我国第一个工程学术团体。

1915年更名为中华工程师学会。

1931年中华工程师学会与中国工程学会合并组成中国工程师学会。

1950年，学会重建，会名改为中国土木工程学会。学会重建时有会员16000余人，团体会员100多个，各地分会50多个，出版学会会刊《工程》杂志约40余卷160余期。

（摘自《中国知网》：史璐霞《中国工程师学会的体制化建设研究》山西大学2014届硕士学位论文）

附3·李文骥生平编年纪事

年度	年号	年龄	生平纪事
1886	光绪十二年	0	农历丙戌年，5月21日出生于广东省番禺县钟村乡沙田街崇礼门内李福庆堂，现广州市番禺区钟村镇二村辖区。父亲李世昌是以教书为业的寒士，大他12岁的姐姐李蕙湘，后在家乡办女塾和公立女子小学。
1901	光绪廿七年	15	15岁以前，随父在家乡习旧学，初通四书五经。
1902	光绪廿八年	16	在广州求学，受业于新旧学皆备的凌仲儒先生。
1904	光绪卅年	18	1月，清政府颁行《奏定学堂章程》（又称癸卯学制）。进入广州开设的高等学堂学习。
1905	光绪卅一年	19	清廷正式废科举兴学堂。以优异成绩考入北京京师大学堂预科学习英语（公费生）。
1908	光绪卅四年	22	在北京京师大学堂预科学习四年毕业，获"奏奖举人"。回家乡广东番禺，后返京继续求学。
1909	宣统元年	23	秋，进入京师大学堂工科土木门学习。
1910	宣统二年	24	在大学期间潜心学问，醉心数理，对文史、地理、哲学、逻辑、宗教均有研究收获，擅长书法和古典格律，爱好摄影。求知欲强，且积累丰厚。

年度	年号	年龄	生平纪事
1911	宣统三年	25	10月，辛亥革命爆发，京师大学堂停课，留在京城办报，激扬文字、评评时弊、鼓吹革命。
1912	民国元年	26	5月，京师大学堂更名为"国立北京大学"。秋，大学复课。大学三年学习期间分别到京张、津浦、京奉、胶济铁路施工现场实习。
1913	民国2年	27	春，大学毕业。德国籍教授米勒向当局建议，修建武汉过江大桥，作为辛亥革命成功纪念，大学付给活动、差旅费用，米勒教授率领包括李文骥在内的13名毕业生前往汉口，进行桥址的勘定、测量和设计，历时四五个月。到汉后曾谒见鄂督黎元洪和汉粤川铁路会办詹天佑。（第一次参加武汉长江大桥勘测设计） 7月，留在汉粤川铁路督办公署工作。与六名同学派往汉宜段局，在德国工程师领导下，在汉口宜昌间负责实测和工程技术工作。
1914	民国3年	28	一战爆发，英德籍工程师陆续回国，李文骥等中国铁路技术人员始得独立工作。
1917	民国6年	31	一战后，四国借款拨付渐少，汉粤川铁路被迫停工，多数人员被遣散。7月李公调往广州的广三铁路局工作。9月，詹天佑签署的资历证明书上评价他："工程熟悉，办事勤能"。
1918	民国7年	32	春，应汉粤川铁路之邀复职，派往测量湖北荆门建阳驿到襄阳老河口支线，升助理工程师。
1920	民国9年	34	调往宜昌，被派往长江上游，在美籍总工程师克劳尔领导下，复测宜夔段路线，任务完成后，负责整理编写川汉线全线（汉口至成都）工程预算，升职为副工程师。
1922	民国12年	36	美籍总工程师克劳尔辞职，宜夔段改为保管处。到1926年李文骥担任宜夔线保管委员，并代理总工程师职，常住宜昌。
1926	民国15年	40	在宜昌工作前后六年，李文骥恪尽职守，极力保护路产不受损失，圆满完成任务，两袖清风离职。期间，曾参与宜昌、当阳线，宜昌、恩施、巴东线等地方当局的公路测量工作。
1928	民国17年	42	1月，借调至韶赣国道勘测规划工作，担任赣州至大庾线路测量队队长。后又到广东财政厅土地处任技正，主持沙茭公路测量、兴建。 冬，铁道部成立，11月，被调往南京，荐任级技士，先后参与了多项铁路、桥梁工程的测量、设计工作。

年度	年号	年龄	生平纪事
1929	民国18年	43	7月,任京(南京)粤铁路测量队队长。 11月,奉铁道部委派遣赴武汉,协同华特尔顾问进行"武汉扬子江大铁桥"计划的测量、设计工作,任武汉大桥测量队队长、钻探队队长。(第二次参加武汉长江大桥勘测设计)
1930	民国19年	44	春,武汉大桥江底钻探前夕,华特尔和其助手韦约翰因事先后回国,李文骥独自挑起重担,克服重重困难,在9月完成主桥江底钻探和测量任务。华特尔在此材料的基础上提出建桥方案和概算。
1931	民国20年	45	李文骥将武汉大桥两次测量中所了解的江上江底情况,以及实践中取得的经验写成论文,提交给1931年中国工程师学会年会,以期对将来建桥有所帮助。
1932	民国21年	46	10月,参加南京铁路轮渡引桥设计。 12月1日,中国工程师学会会刊《工程》第七卷第四号首篇刊载李文骥1930年论文:《武汉跨江铁桥计划》。
1933	民国22年	47	11月,应爱国华侨李清泉之邀,任铁路航空测量队队长,参加漳龙铁路航空测量,沿线拍摄地形图。
1934	民国23年	48	11月11日,在杭州参加钱塘江大桥开工典礼。
1935	民国24年	49	1月15日铁道部部长顾孟余发布总字第09号《指令》:"令技士李文骥着充钱塘江大桥工程处工程师。"从而成为协助茅以升建桥的四位工程师之一。负责大桥工程测量和记录建桥工程实况摄影等技术工作。同年秋,茅以升处长应湖北省政府之邀,派李文骥、梅旸春、李学海、卜如默四位工程师去武汉商洽武汉建桥事宜。
1936	民国25年	50	李文骥在武汉龟山、蛇山桥址再作江底复探。8月,钱塘江桥工程处作出建桥计划书,较之过去,计划更臻完美。(第三次参加武汉长江大桥勘测设计)
1937	民国26年	51	12月,杭州沦陷,铁道部派李文骥前往广州,负责粤汉、广九线的桥梁抢险、抢修工作,冒敌机的轰炸沿线查看、施工,保证抗日军火运输畅通。
1938	民国27年	52	10月,广州沦陷,与抢险工程人员乘最后一班列车北撤至湖南衡阳,此后至1943年底的五年间,李文骥任粤汉铁路局工程师,负责衡阳交通线桥梁抢修,兼任防空工程股股长。

年度	年号	年龄	生平纪事
1942	民国31年	56	在浙赣会战的战乱中,夫人周婉贞病故于家乡江西上饶广丰县五都镇。
1944	民国33年	58	年初,衡阳陷敌,铁路员工撤离衡阳,李文骥撤退途中携家带口,备受艰辛,与路局失去联系,被迫退至广西灌阳境内大山中躲避数月。贫病交加几乎陷于绝境,幸得当地瑶族同胞救助。
1945	民国34年	59	1945年8月日本投降,收到粤汉铁路召集员工复职信,因交通不畅,盘费无着,在广西文市私立中学任英文教师暂维生活,后到桂林养病。
1946	民国35年	60	春,辗转回到广东番禺,在家乡休养数月。10月应茅以升之邀赴"武汉长江大桥筹建委员会"、中国桥梁公司汉口设立办事处报到,再次参加大桥设计计划工作,11月中国桥梁公司汉口办事处提交《武汉大桥计划草案》。(第四次参加武汉长江大桥勘测设计)
1947	民国36年	61	3月,南京交通部在杭州设立"钱塘江桥工程处"和"钱塘江桥管理所",茅以升为处长,李文骥为正工程师兼钱塘江桥管理所主任,负责大桥维护保养事务,及管理征收过桥费,为付息还本之用。
1948	民国37年	62	在杭州编纂因战乱搁置的《钱塘江桥工程》报告,全书七章,李文骥主编并完成其中的六章,共约12万言。
1949		63	4月,配合中共地下党参加钱塘江桥护桥工作,5月3日国民党军南逃,大桥微伤,李文骥现场查看后组织修复,并撰写报告上报。5—9月李文骥草拟《筹建武汉纪念桥建议书》,由茅以升、梅旸春等诸多老专家联名呈送中央。同时又将论文《武汉大桥计划之历史》报送中南局和中原临时人民政府。同年9月,中国人民政治协商会议第一届会议通过了建造武汉长江大桥的议案;10月,李文骥接中央政府铁道部的调令,赴北京报到,在位于王府井大街南口西侧霞公府街的铁道部小红楼办公和居住。
1950		64	1月,中央政府铁道部成立桥梁委员会,李文骥为委员之一。3月,"武汉长江大桥测量钻探队"成立,梅旸春任队长,李文骥任顾问辅佐,即随队赴武汉参加测量工作。7月"武汉长江大桥设计组"在北京成立,他回到北京。(第五次参加武汉长江大桥勘测设计)
1951		65	4月,李文骥因多年的糖尿病,引发尿毒症,病重,住入位于北京佟麟阁路的铁道部铁路总医院。4月23日临终前,他口不能言,颤抖地写下难以辨识的"骥""武汉大桥"五个字,抱憾而逝,享年65岁。安葬于北京朝阳门外东郊公墓。

各點而規定之：

欲求最廉之計劃，務使橋梁之價值與橋基橋柱二者之價值略相等。雖橋基柱之高深不一，此例於尋常深淺均適用之橋之長度，及橋孔之寬窄，又須因當地之航業情形，及其需要而定。按之水性，橋墩築成之後，江流漸逼，水勢必加，故計劃橋身，須有抵禦此增加之力。

水面雖時有高下之不同，而橋身露於水面上之部份，其高與闊應有一適宜之比例以美觀瞻，即於適中水平上，使高與闊略相等，而成正方為宜。

(三)橋式之設計　依上述各節之理由，選定橋式三種(或為懸臂式梁 Cantilever beams，或為連續式梁 Continuous beams)：第一種橋式之主要梁，長一百二十公尺。上下弦平行，有二活動樞紐之柱。此柱從橫面視之，係一橫架，有兩三角架，牢結於橋梁兩端及基柱之間。此橋式主要部份之全體，望之似成二百四十公尺之大梁，而兩活動樞紐細弱之柱不過略為分隔之者。此種橋柱利益有二：不為江中瞭望之障礙一也。保持其最深基礎之橋腳使不受橫來之壓力二也。此橋式之方形，及其均勻之斜角線，極清晰而單簡，且按之以前所述種種需要，無所不備以美觀論，亦莫不可贊議。工精費省之計劃，嘗無逾於此，不寧惟是，此種計劃之橋式，較他式為尤佳者，以能稍事變更，即可於橋面六公尺上建二層路 Second Floor。此種佈置，當研究橫剖面時，或可知其相宜，此計劃於第三圖表明之。

第二種橋式之主要梁，為二百公尺。梁之上弦係曲線式，主要梁之兩旁用鋼柱，其外觀更美，而建築費自較第一種橋式為多。(參觀第四圖)

第三種橋式之主要梁為二百五十公尺，形同懸橋 Suspension Bridge 觀瞻固極壯麗，而所費則亦不貲。當局若不惜巨貲，築此橋以為革命紀念，則此種式樣當為唯一之選。主要梁兩旁之小梁，應用版梁 Plate Girder，抑用格梁 Latticed Girder，尚須再事研究。不過版梁單簡平正,而橋孔寬逾四十公尺,則版梁過重不復適用。然上下弦平行而具交錯平行角線之梁亦僅於四十至八十公尺之橋孔適用之。此橋梁之高度必使恰可容路二層,一在底弦,一在頂弦(參觀第三圖。)

每第三橋脚須建築特強之石墩以傳達橋梁之平施壓力於江底,且使全橋形式不至過於單純,藉以點綴風景。

(四)橋梁基礎。 基礎實含三段。下段建築,先以堅固之混凝石,或混凝石袋,鋪於江底,以齊其高下不平之度。施此工作時,用潛水函 Diving Bell 最佳。或遣善泅者為之亦可。橋基中段即敷於此,其高當在低水平上二公尺至三公尺。可以大塊混凝石築之,否則可用空心鐵筋混凝石於岸上築成,俟小水時引於應設之處而沉之。但此兩法在工事之先,尚未能定其孰佳。第三段位置,露於低水平與最高水平之間。在淺水時期建築,殊非難事。附圖第三幅內有基礎之大致計劃,係每底以一柱承者。至於能否以一大柱代二單柱,則應研究者也。

(五)橋面鋪砌。 建築巨橋選用橋面鋪砌料,亦爲重要問題。雙層木板建築,我雖輕而外觀不雅,且須歲修。新式橋梁多用小方石塊,厚僅八公分,鋪於二公分之混凝土上,其下特鋪瀝青或同類物質一層,以免橋底橫梁 cross beam 及縱梁 Stringers 受路面之水浸入。以上全體以四公分厚之混凝石承之,其下復承以鐵枕 Zores iron。此種敷設,其質雖重而堅固合宜,故爲工程界所許可。

(六)橋面布置(於第三圖內之三種剖面表明之)。

(A種)鐵路線與電車路線各在橋面之一邊,中留餘地以爲尋常車馬交通之用,此爲最廉之設計。惟嫌稍狹,恐不敷用。

(B種)單軌鐵路線居中,兩旁各設電車路及道路。設柵欄於鐵路與道路之間,以分隔上下車輛之往來。其橫過鐵路者須遵確定之地點。惟如此長橋,單線鐵路是否足用,且鐵路交通與道路交通,可否完全隔絕,尚待研究。

（C種）建二層路於鐵路之上，專爲街市交通，使鐵路與道路運輸兩不相妨，至爲便利。惟道路車輛須升高六公尺，此爲不利之點。然較之ＡＢ兩種，實爲完善。牲畜無列車之驚，行人無煙塵之擾，穿行無意外之虞。且此種雙層橋而之計劃較之鐵路道路同在一平面者，尤爲工堅而費省也。

（七）預算 以上各種設計之費用，頗爲緊難。假定荷重及容受壓力，固能預算材料之數量，但材料價値與工貲難可暫定，而事勢轉移，時有漲落。今日之預算，數年之後已難適用。且地方情形及連帶關係之事物，須周諮博訪，方能詳盡。預算曠遺，其所需之時日，或更有甚於橋工之設計也。茲可斷言者，如圖第三幅建築二層路之辦法，已由近世橋工實驗認爲最上之式。此種計劃據現在而論，所需建築費或不能超過一千四百萬也。

按此計劃作于二十年前，當時所謂及新法式，今已不盡然。惟當時注意在武漢三鎭革命首義之區建巨橋以垂紀念，故所擬圖樣策重美觀，不僅求便利交通撙節經費而已。末段謂建築二層路計劃，不能超過一千四百萬元，係當時之約計，在今日經濟狀況而論，或不止此數。

1913年《北京大學之紀念橋計劃》第7頁 / 原件影印
刊載於《工程》第七卷第四號，李文驥論文《武漢跨江鐵橋計劃》内

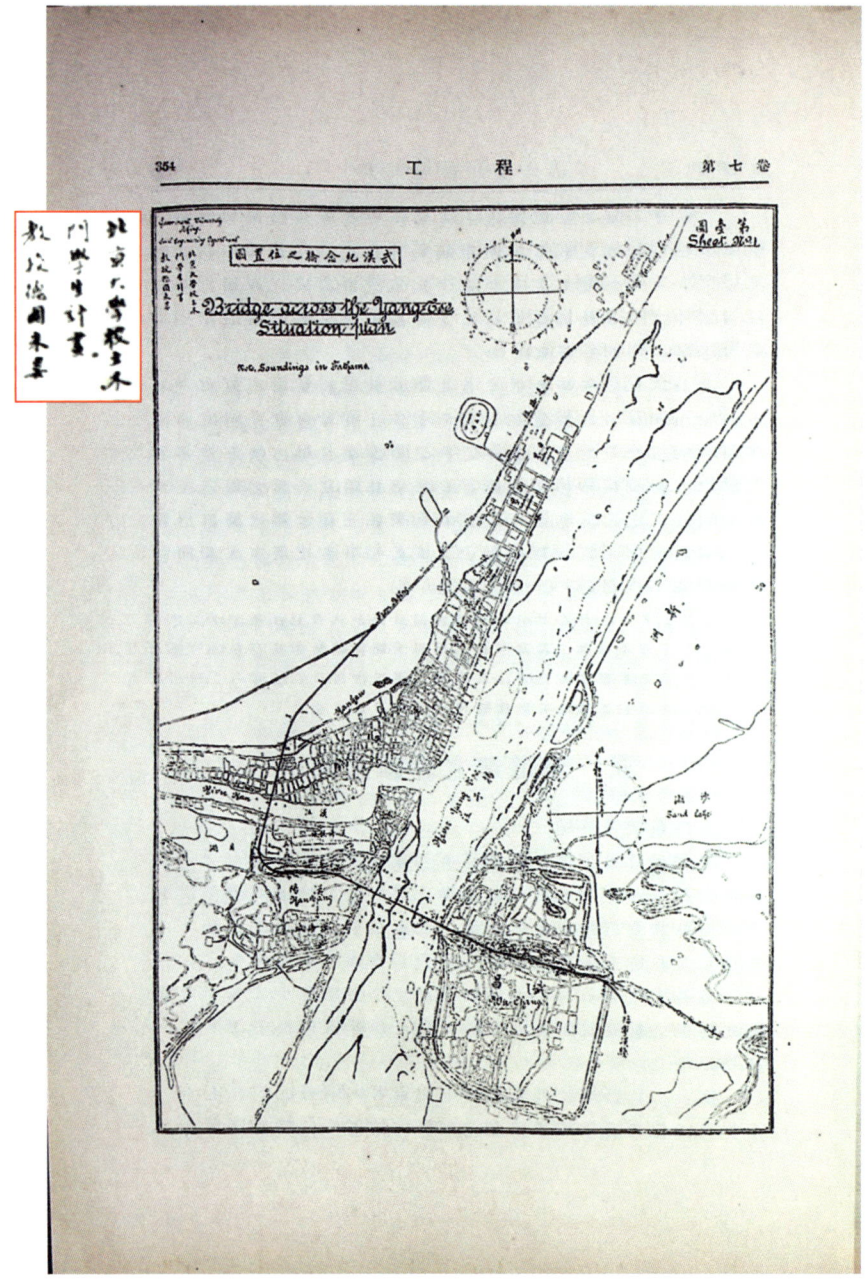

1913年《北京大学之纪念桥计划》附图：第壹图《武汉纪念桥之位置图》／原件影印
中文图头和责任者署名：北京大学校土木门学生计画 教授德国米娄

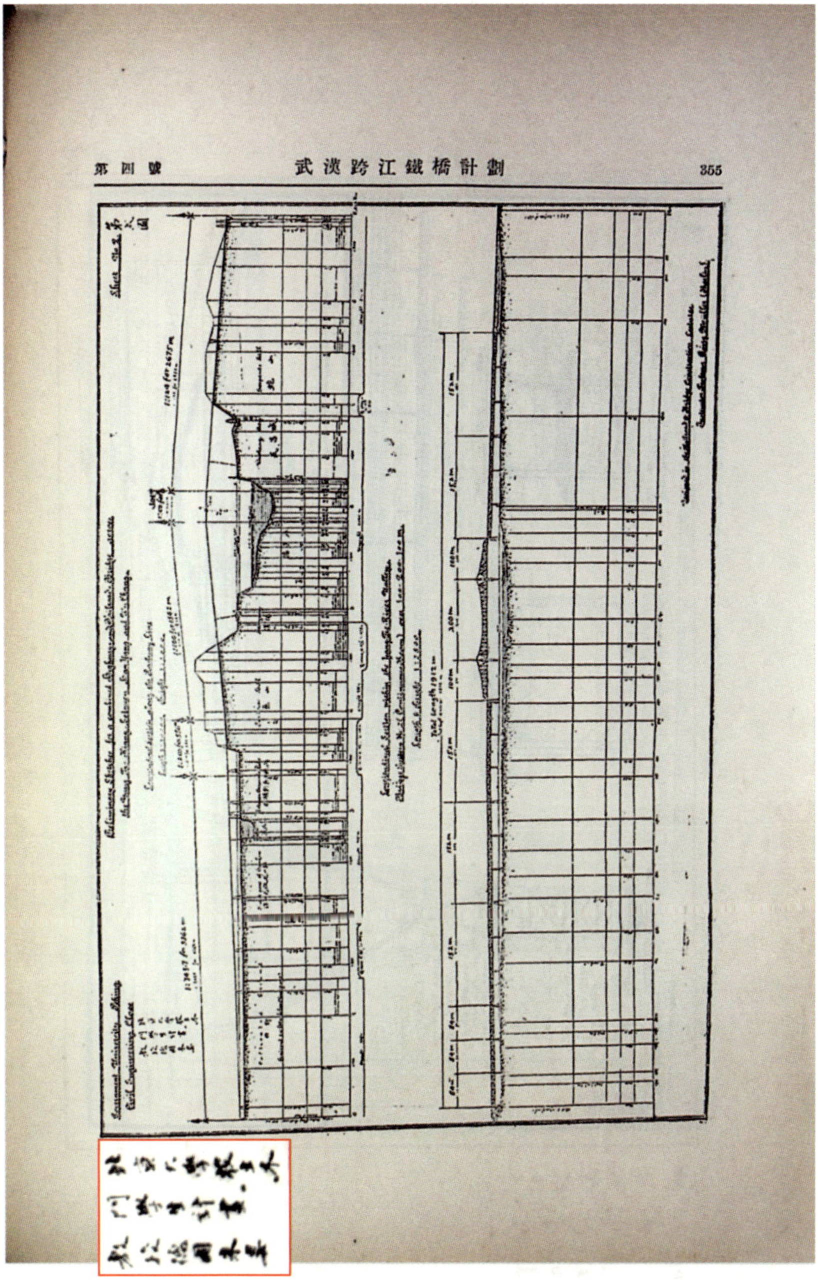

1913年《北京大学之纪念桥计划》附图：第贰图《武汉纪念桥位置剖面图》/ 原件影印
中文图头和责任者署名：北京大学校土木门学生计划 教授德国米娄

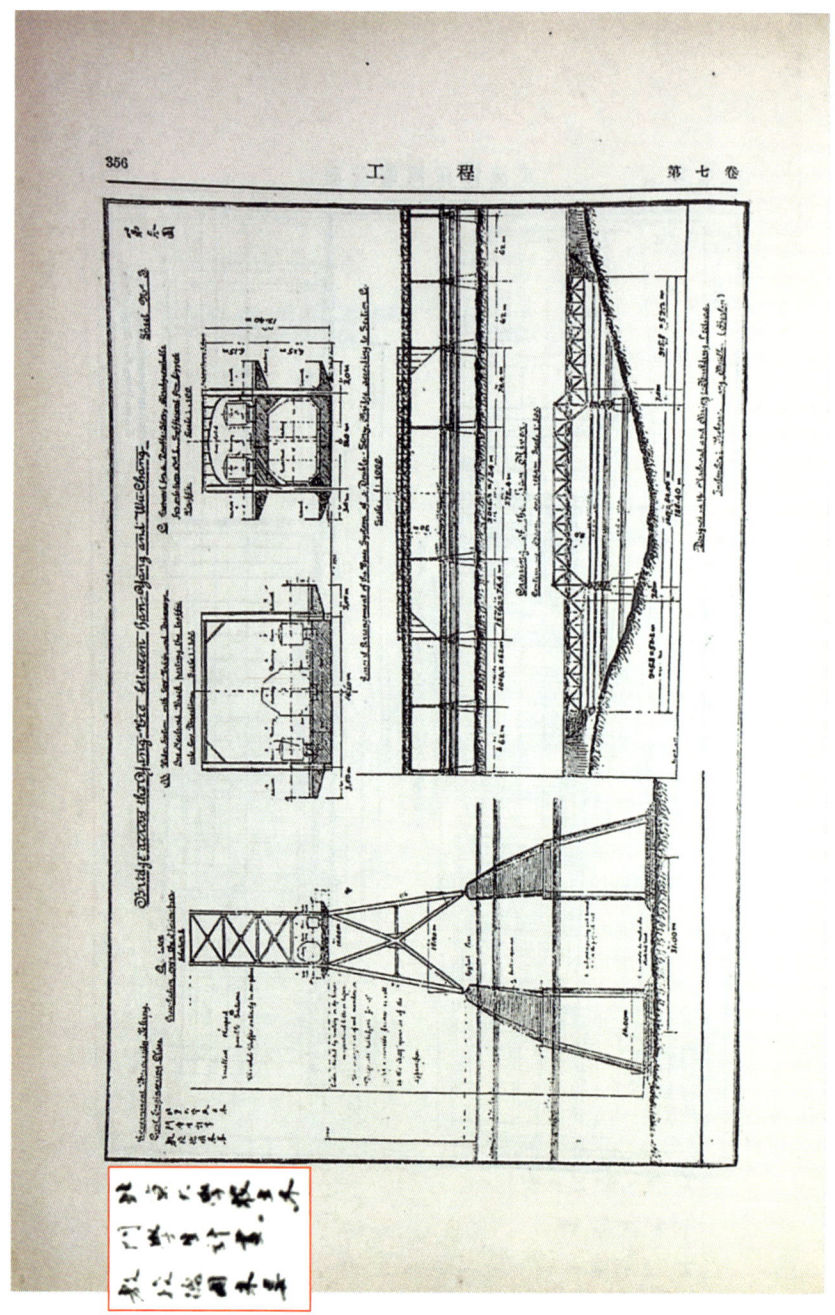

1913年《北京大学之纪念桥计划》附图：第叁图《武汉纪念桥桥式图一》/ 原件影印
中文图头和责任者署名：北京大学校土木门学生计划 教授德国米娄

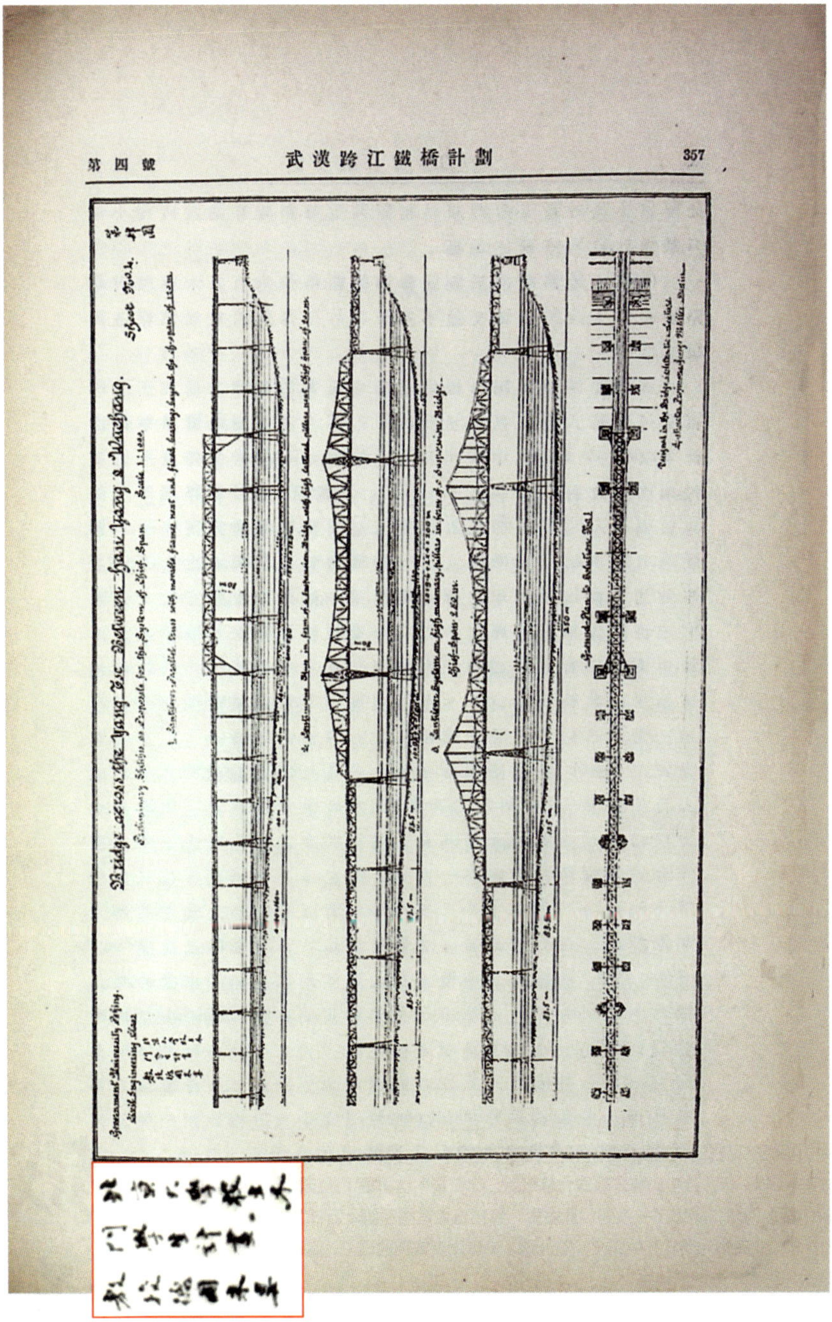

1913年《北京大学之纪念桥计划》附图：第肆图《武汉纪念桥桥式图二》/ 原件影印
中文图头和责任人署名：北京大学校土木门学生计划 教授德国米娄

2、汉粤川铁路时期（1913—1927）

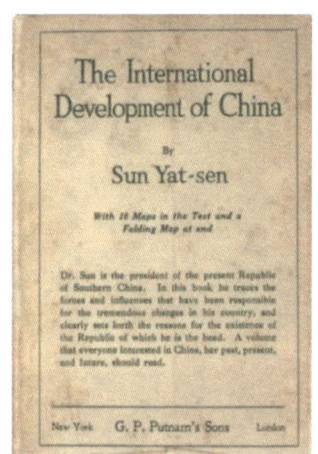
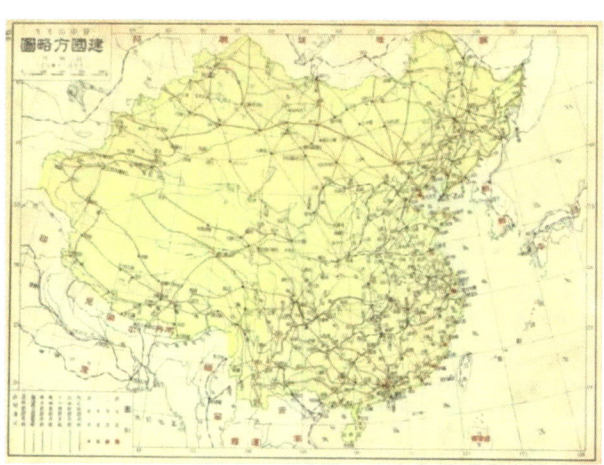

孙中山用英文写成的《实业计划》和《建国方略图》 / 资料
1912—1913 年，孙中山辞去临时大总统后，比较集中地思考了通过发展实业建设中国的问题，提出了一系列实业主张，包括五大铁路系统十万铁路计划。1914 年，詹天佑为落实孙中山《实业计划》修建川汉铁路的设想，重新对川汉铁路进行勘测，选取新线路

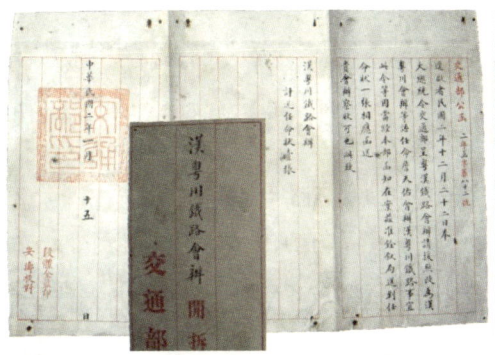

民国二年（1913年）1月15日交通部公函：任命詹天佑为汉粤川铁路会办之事宜

汉粤川铁路总公所设在汉口日租界的中街（今胜利街南段），1944年盟军大轰炸中被夷为平地，旧照出自《詹天佑书信选集》P11 华南理工大学出版社 2006

1913—1927年期间李文骥就职于交通部汉粤川铁路总公所及下属汉宜、宜夔等路段

宜昌川汉铁路宜秭段指挥机构办公楼

/ 李文骥 摄

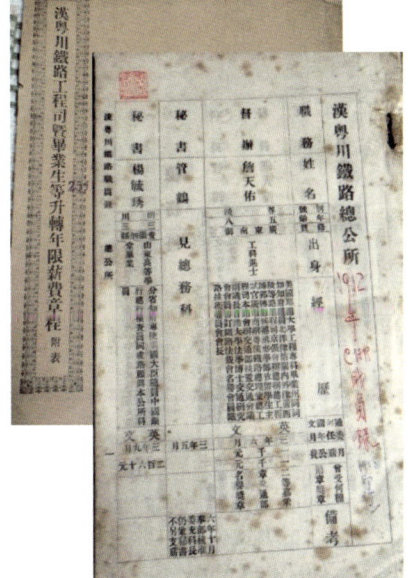

宜昌铁路坝，1909年12月川汉铁路的开工典礼在这里举行

1913—1926年李文骥在铁路坝的办公地和寓所

/ 李文骥 摄

民国七年(1918年)《汉粤川铁路总公所职员录》（局部）和《汉粤川铁路工程司暨毕业生等升转年限薪费章程》（封面）/ 民国铁路正工程师郑治安档案文件 孔夫子旧书网

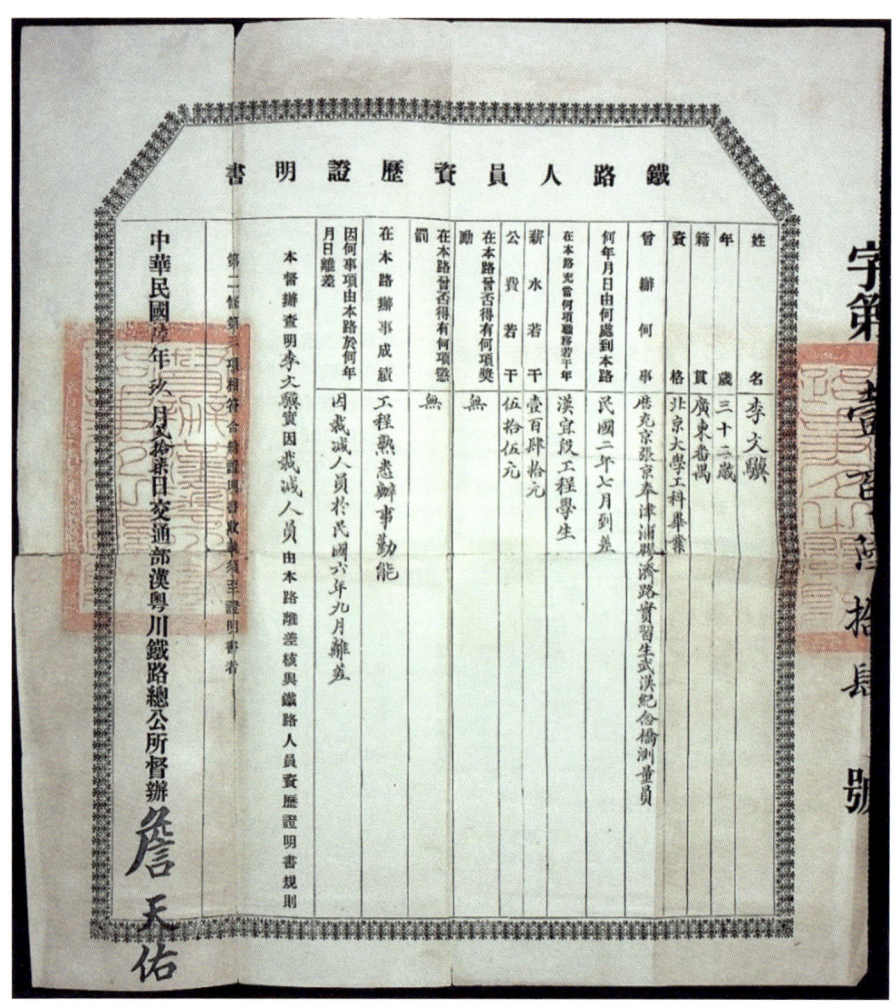

1917年7月李文骥从汉粤川铁路总公所短暂调往广三铁路局工作。詹天佑签署的资历证明书中评价他："工程熟悉，办事勤能"，其中"曾办何事"栏目中写道："历充京张、京奉、京浦、胶济路实习生、武汉纪念桥测量员"，印证了北京大学第一届工科学生在京张等铁路工程中充任实习生，和参加武汉长江大桥首次工程测量设计的历史，红色印章篆刻为"督办汉粤川铁路事宜之关防"   / 原件影印

1920—1922 年 参加川汉铁路勘测工作

川汉铁路测量现场 / 李文骥 摄

川汉铁路施工工地 / 资料

川汉铁路宜秭路段桥梁工地 / 资料

1913—1921 年川汉铁路测量现场,图中人物为工程测量人员、挑夫和武装保安人员
/ 李文骥 摄

1920—1922年，汉粤川铁路宜（昌）夔（州）段美籍总工程师克劳尔（左一 C.J.Carroll），和中国技术人员在复测宜夔段路线的测量现场席地休息

/ 李文骥 摄

1920年，李文骥被派往长江上游，在美籍总工程师克劳尔领导下，复测宜夔段路线，图为江底钻取岩芯的施工现场

/ 李文骥 摄

中国近代工程师群体的"民间领袖"——中国工程师学会

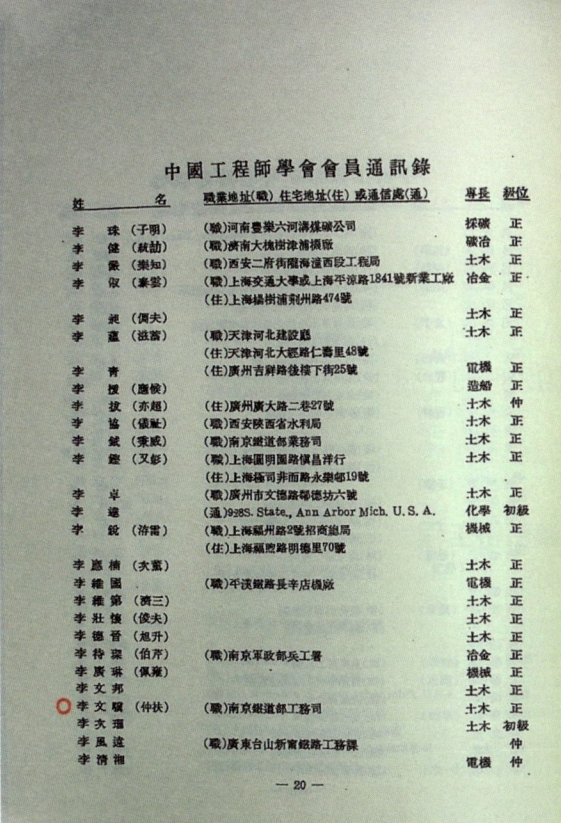

1912年,詹天佑等人在湖北汉口创建了中华工程师会,是我国第一个工程学术团体,后更名为中华工程师学会,李文骥在汉粤川铁路总公所就职期间就参加了这个学会。1931年中华工程师学会与中国工程学会合并组成中国工程师学会,这是民国25年(1936)1月编印的《中国工程师学会会员通信录》P20中李文骥的通讯资料

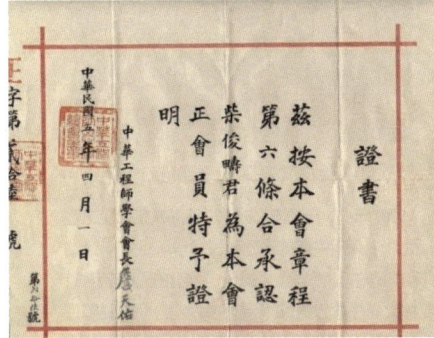

1916年4月中华工程师学会会长詹天佑为柴俊畴(参与京张铁路建设的工程师之一)颁发的会员证书/中国铁道博物馆 詹天佑纪念馆收藏

民国时期"中国工程师学会"詹氏论文奖章 / 资

3、南京铁道部时期（1928—1934）

1930—1933 年南京铁路轮渡引桥工程

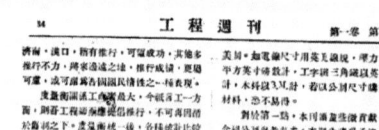

1930 年 11 月铁道部成立"首都铁路轮渡工程处"，采用铁道部设计科长郑华所提的"活动引桥"方案，郑华兼任处长。吴启佑任工务组长，林荣向任总务组长，毛起、梅福强、李文骥等任工程师。这是毛起工程师撰写的《首都铁路轮渡工程》一文，1932 年 1 月发表在中国工程师学会《工程周刊》第一卷第三期　　/ 国家网上图书馆民国期刊，"全国报刊索引"网

桥梁专家李文骥 ·· 文献

1928 年李文骥调往南京铁道部，任工务司技士。参与了南京铁路轮渡引桥设计，该工程始建于 1930 年 12 月 1 日，至 1933 年 9 月全部建成，同年 10 月 22 日正式通航，曾经是亚洲第一条铁路轮渡。图为南京的火车轮渡引桥。在 2007 年—2011 年的第三次全国文物普查中，浦口铁路轮渡栈桥被列为不可移动文物名录 / 资料

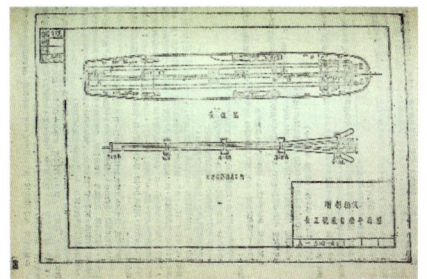

长江号、首都轮渡引桥平面图 /《工程》30 年特刊

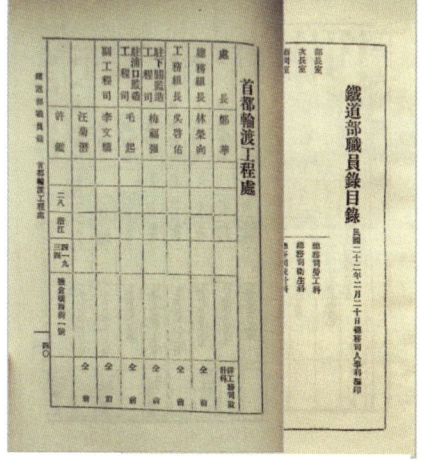

《铁道部职员录》首都轮渡工程处名录 1933 年

火车轮渡栈桥全景远眺 / 资料

1933 年 2 月，施工中的南京火车轮渡引桥工程

从英国进口的"长江"号轮渡船抵达浦口码头 / 资料

1933年10月22日,南京下关到浦口火车轮渡正式通航、通车。通车典礼很隆重,万人空巷。闻名全国的游泳名将杨秀琼为渡轮通航剪彩 / 资料

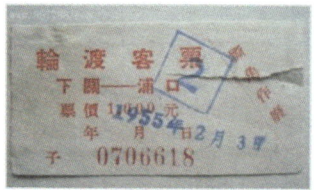

南京下关–浦口轮渡客票 / 资料

下关火车轮渡通航情景 / 资料

1929—1930年第二次参加武汉长江大桥勘测设计

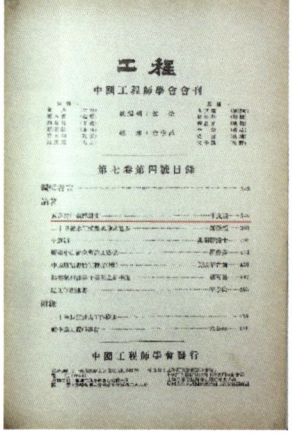

1931年李文骥将武汉大桥两次测量中所了解的江上、江底情况,以及实践中取得的经验写成论文,提交给1931年中国工程师学会年会,以期对将来建桥有所帮助。1932年12月1日,李文骥的论文《武汉跨江铁桥计划》刊载于中国工程师学会会刊《工程》第七卷第四号/ 原载 刘宇 刘梦盈《大桥》 武汉出版社 2017年10月

中国工程师学会会刊《工程》第七卷第四号《编辑者言》摘录：
"本期文字有李文骥君之武汉跨江铁桥计划，堪称钜制。近来限期完成粤汉铁路之说，时有所闻。良以此路关系交通国防，异常重要，必须急起直追，早日完成。而粤汉路告成以后，如何跨江筑桥，与北之平汉路接通，此问题可谓有同等重要。李君于迭次计划，皆躬亲参与，固此文非同一般空泛之计划，且大可为日后实施时之参考。" / 原书影印件

武漢跨江鐵橋計劃

李文驥

一 緒論

武漢三鎮處我國腹部,為南北交通之樞紐,商務興盛,人口繁殖,與滬寧津相比擬。而長江漢水橫亙其間,城市交通鐵路運輸均受莫大之障礙。三十年來,識時之士,恆思跨江建橋以便往來,徒以工艱費巨,遲疑未決。近年粵漢鐵路株韶段積極進行,據最近分段建築程序,至遲於民國廿四年可以完工。而武漢跨江橋梁,工程浩大,非三四年不能蔵事,若不先事籌備,則南北大幹綫完成之後,仍復中隔大江,平粵列車,不能直達,且此處江流又不利舟渡,妨礙交通,寧非淺鮮。是此橋之建築計劃,不容緩也。民國二年北京大學教授米斐 Professor Georg Müller 曾率該校畢業生作武漢紀念橋之計劃及實地測量。民國十八年鐵道部工程顧問華特爾博士 Dr. J.A.L. Waddell 又作此項橋梁計劃。文驥於前後兩次計劃及測量,均獲躬與其列,於當地形勢及建橋地址之選擇,知之頗詳。用特將兩次計劃之大略,及經過之事實,依次彙編,以供海內外專家之參考;且以備當局之採擇焉。

二 隧道及輪渡計劃與橋梁之比較

武漢渡江問題頗有人主張修築江底隧道,以為比較築橋可省工費,殊不知長江深度在最高水平時約四十公尺,而隧道口位

李文驥1931年的論文《武漢跨江鐵橋計劃》刊載於中國工程師學會會刊《工程》第七卷第四號 / 原書影印件

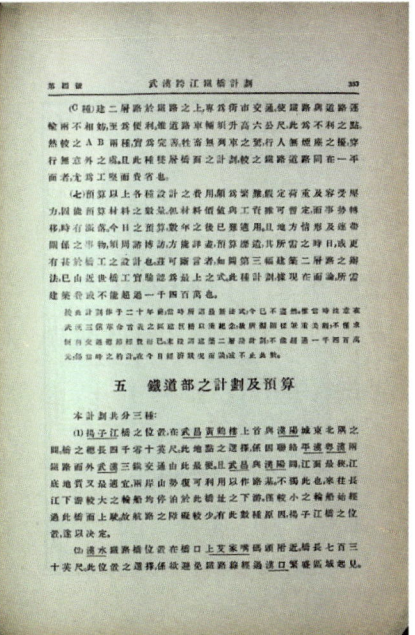
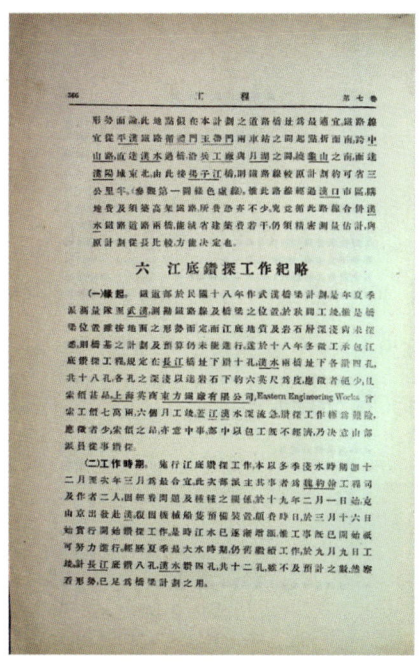
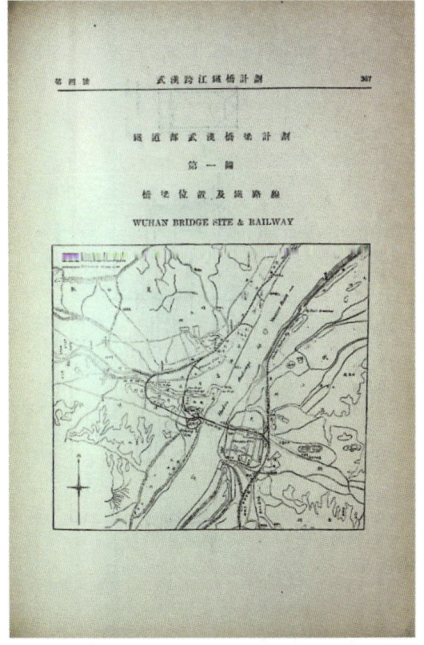

李文骥论文《武汉跨江铁桥计划》共37页，文内附两张长江江底地质钻探现场照片，均为李文骥拍摄
上图：水力钻探进行情形　　下图：钻探工事进行情形

20 世纪初美国著名桥梁专家华特尔博士（J. A. L. Waddell）1930 年 8 月 30 日在纽约市 “中国工程师学会美国分会年会”上的讲演中，回顾了 1929 年 5 至 9 月间，在武汉与中国桥梁工程师的合作经历和具体细节，对李文骥及其工作团队的桥址勘测成果大加赞赏，充分肯定。

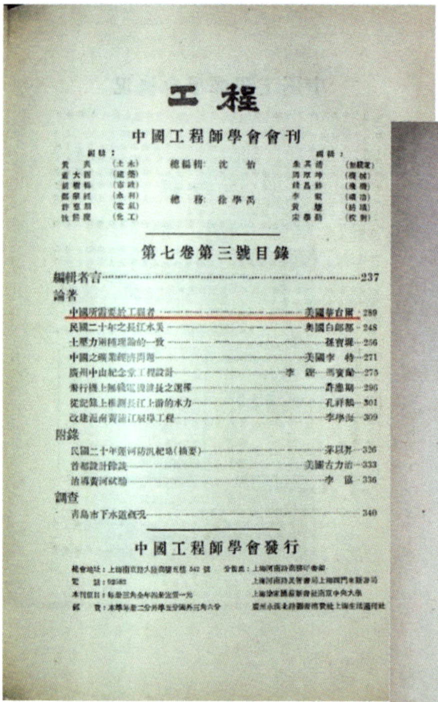
工程

中國工程師學會會刊

總編輯: 沈怡

總務: 徐學禹

第七卷第三號目錄

中國工程師學會發行

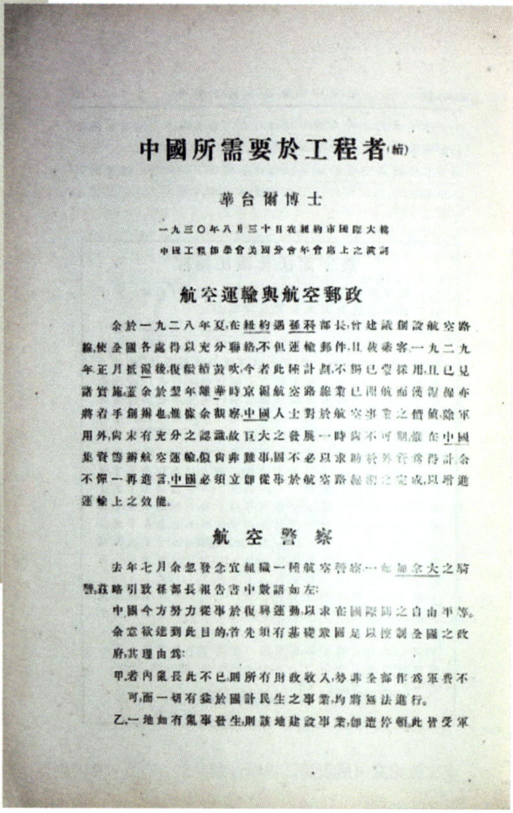
中國所需要於工程者(續)

華台爾博士

一九三〇年八月三十日在紐約市國際大樓

中國工程師學會美國分會年會席上之演詞

航空運輸與航空郵政

余於一九二八年夏,在紐約遇孫科部長,曾建議創設航空路線,使全國各處得以充分聯絡,不但運輸郵件,且載乘客。一九二九年正月抵滬後,復繼續鼓吹,今者此種計劃,不獨已經採用,且已見諸實施。蓋余於翌年離華時,京滬航空路線業已開航,而漢渝線亦將着手創辦也。惟據余觀察,中國人士對於航空事業之價值,除軍用外,尚未有充分之認識,故巨大之發展一時尚不可期。惟在中國集資籌辦航空運輸,似尚非難事,固不必以求助於外資為得計。余不憚一再進言,中國必須立即從事於航空路線之完成,以增進運輸上之效能。

航空警察

去年七月余忽發念宜組織一種航空警察,一如加拿大之騎警。茲略引致孫部長報告書中數語如左:

中國今方努力從事於復興運動,以求在國際間之自由平等。余意欲達到此目的,首先須有基礎鞏固足以控制全國之政府,其理由為:

甲.若內亂長此不已,則所有財政收入,勢非全部作為軍費不可,而一切有益於國計民生之事業,均將無法進行。

乙.一地如有亂事發生,則該地建設事業,即遭停頓,此皆受軍

华特尔博士 1930 年 8 月 30 日在纽约市国际大楼“中国工程师学会美国分会年会”上的演讲《中国所需要于工程者》，发表在 1932 年《工程》杂志，第七卷第三号、第四号上，共 26 页

> 中國所需要於工程者（續）
>
> 華台爾博士
>
> 一九三〇年八月三十日在紐約市國際大樓
> 中國工程師學會美國分會年會席上之演詞

华特尔博士演讲《中国所需要于工程者》（译文节选）

一年以前，余曾遣余之助理工程师魏·约翰 Mr.J.M.Weir 赴粤汉路未成段考察[1]，并有铁道部工程师朱君偕行。魏约翰之报告，除所拟各项工程预算，因需开山及筑隧道多处，数目至巨大外，其余各节，殊堪满意。该路南段北端卅英里间之工程已于去年动工，惟何时完工尚无所闻。

尚有一问题亟需解决者，即如何使平汉路与粤汉路，互相连接，由此得以武汉为中心，由广州可以直达北平。盖粤汉路既为他日南部铁路系统中，干道之一，则此南北二大干路之联络，自有其充分之必要也。武汉系汉口、汉阳与武昌之总称，三者皆位于汉水与长江之交点附近。汉口位于交点之北，武昌在其南，而汉阳则介于两水之间也。水上运输。现惟舢板及渡船是赖。有时风浪险恶，虞二三日不得渡。**因此足知武汉跨江桥梁，无论其性质为铁路桥梁，或普通桥梁均有建筑之需要**。去年五月至九月间，余曾率工程师数人实地考察，**以李文骥君主任工程师，从事于新线路之测量**。拟由此与南北各路联运，并拟设一公路，横跨汉水。**魏李二君，曾在汉水沿岸，钻洞三处**，以考察河底情状，依其所得，余拟具计划三种，其需用材料与经费，现正在估计中，一俟完竣，余将作一总报告呈铁道部也。

---

[1] 重点粗体为本书编者所加。

在此报告书内，拟设计之桥梁凡三：（一）与岸地面相之单轨铁路桥梁一座，长约七英里，将来并可改铺双轨。该桥之位置，距汉水口约二英里半。桥拱系升降式，可吊至离最高水位约一百十英尺。此桥除火车经行时外通常高吊。（二）比较两岸地面稍高之公路桥一座，其位置介铁路桥与汉水口之间。亦为升降式，但其中间孔宽较小，使高桅之船得以经过桥拱为度。（三）于长江上铁路及公路之两用桥，桥底距最高水面约六十英尺，该桥亦升降式，最高吊至一百五十英尺，庶海洋巨轮可以通过。

李君等之测量工作，其成绩，为余从事工程五十五年来所仅见。其定线之准确，与大三角测量及水平测量，皆足稀贵。上下每距二英尺定一等高线，此种等高线，俱用精密之仪器测成，非随手粗定可比也。首尾两线，复依照北极之位置，加以复核，故其差误，竟小至二十秒，而大三角测量之差误，则几等于零。余未见更精密之测量工作有如斯者，诚中国工程师之独长也。

（摘自《工程》第七卷合订本 P433—435"铁路"一节，张任春 译）

美國與中國國土幾相等,美有鐵道三十五萬英里,中國祇有七千英里,此種鐵道,時因軍事上之關係,極為敗壞,尤以軌道及各種車輛為甚。

設能修理完善,增高其效率,並加以良好之管理,則中國各鐵路,俱不難收入與旺,而成獲利之藪。然後以純利之一部作維持與發展已成各路之用,而以大部份撥作測量新路,及建築公路之需,則中國鐵路事業之前途,必將立卽改觀。

鄙意中國目前宜努力將現有鐵路設備整理完善,做到無可訾議之地步,若不此之圖,而欲侈談建築新路,殊非良策。惟此中亦有一例外,卽粵漢鐵路之完成,因經濟及軍事之關係,以愈早為愈佳也。

一年以前,余曾遣余之助理工程師魏約翰 Mr. J.M. Weir 赴粵漢路未成段考察,並有鐵道部工程師朱君偕行。魏約翰之報告,除所擬各項工程預算,因需開山及築隧道多處,數目至為鉅大外,其餘各節,殊堪滿意,該路南段北端約卅英里間之工程,已於去年動工,惟何時完工,尚無所聞。

尚有一問題亟需解決者,卽如何使平漢路與粵漢路互相聯接,由此得以武漢為中心,由廣州可以直達北平,蓋粵漢路旣為他日南部鐵路系統中幹道之一,則此南北二大幹路之聯絡,自有其充分之必要也。武漢係漢口、漢陽,與武昌之總稱,三者皆位於漢水與長江之交點附近,漢口位於交點之北,武昌在其南,而漢陽則介於兩水之間也。水上運輸,現惟舢舨及渡船是賴,有時風浪殊惡,居二三日不得渡,因此足知武漢跨江橋樑,無論其性質為鐵路橋樑,或普通橋樑,均有建築之需要。去年五月至九月間,余曾奉工程師數人實地考察,以李文驥君為主任工程師,從事於新路綫之測量。擬由此與南北各路聯運,並擬設一公路,橫跨漢水,魏李二君,曾在漢水沿岸,鑽洞三處,以考察河底情狀,依其所得,余曾擬其計劃三種,其需用材料與經費,現正在估計中,一俟完竣,余將作一總報告

中国工程师学会会刊《工程》1932年合订本刊载华特尔讲演译文 P434 / 张任春 译

呈鐵道部也。

在此報告書內擬設計之橋樑凡三：（一）與兩岸地面相平之單軌鐵路橋樑一座，長約七英里，將來並可改舖雙軌。該橋之位置，距漢水口約二英里半。橋拱係升降式，可吊至離最高水位約一百十英尺。此橋除火車經行時外，通常高吊。（二）比較兩岸地面稍高之公路橋一座，其位置介鐵路橋與漢水口之間，亦為升降式，但其中間孔寬較小，使高桅之船得以經過橋拱為度。（三）於長江上築一鐵路及公路之兩用橋，橋底距最高水面約六十英尺，該橋亦為升降式，能高吊至一百五十英尺，應海洋巨輪可以經過。

李君等之測量工作，其成績為余從事工程五十五年來所僅見。其定綫之準確，與大三角測量及水平測量皆足稀貴。上下每距二英尺定一等高綫，此種等高綫俱用精密之儀器測成，非隨手粗定可比也。首尾兩綫復依照北極之位置加以覆核，故其差誤竟小至二十秒。而大三角測量之差誤則幾等於零。余未見更精密之測量工作有如斯者，誠中國工程師之獨長也。

關於鐵路機廠，因其所需工作種類繁多，致修理時費用較大，而工作亦不經濟。當余視察北甯路橋樑時曾往山海關機廠一行，返後曾作如下之報告：

余於九月二十四日下午往山海關廠廠，雖為時甚暫，已足使余認識該廠之優劣。但不信其目前之情形，是以應付事實上之需要。且有使余不滿者，即光綫不足。而無電燈設備，以致多靠光綫，陰陽光，而陽光亦極不足。蓋廠中玻璃窗甚少，即有，其上亦滿堆塵垢，致其工作之進，斯誠建交。余意該廠亟需一上等發電機，以供給需要之電光與電力。

蓋各種機廠低級迅速於修理，敦製造上自機車，下至一切之用具，又須凡所出品，均合於經濟，殆未之前聞。廠廠為鐵路所必需，誠如前述；惟欲意一路所屬之廠，但宜專為該路修理各種器具之用。即欲製造橋樑材料，亦祇可限於板樑，工字式橫樑，及其不滿五十英尺之橋架。

至於鐵路機廠製造新橋樑之不經濟，其理由如下：

一。橋樑所用之材料，均須向外洋購得，並有一定尺寸，求必盡合新橋之

1933年任漳龙铁路航空测量队队长

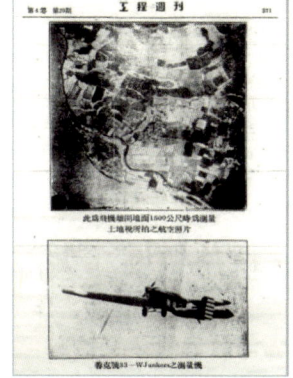

中国新闻网：《著名爱国侨领李清泉》记载了1933年11月漳龙铁路勘探设计人员进行航空测量的经过，印证了李文骥《自传》中的有关叙述

右上图为1935年8月《工程周刊》第四卷第20期曾光亨先生介绍国内外航空测量文章《航空测量》附图

4、杭州钱塘江大桥时期（1934—1937）

2002年3月8日《钱塘江桥工程档案》入选首批"中国档案文献遗产"名单。2015年4月《钱塘江大桥史料》1-3册，收入杭州全书《钱塘江文献集成》出版发行，这是我国第一部完整翔实的桥梁工程史料文献。

钱塘江桥工程摄影1937年 / 李文骥 摄

1934年11月11日，钱塘江桥开工典礼，左起第3人起：罗英、夏光宇、茅以升、李学海、怀德好施、卜如默，后排最右免冠者李文骥

钱塘江大桥筹建时的办公地点

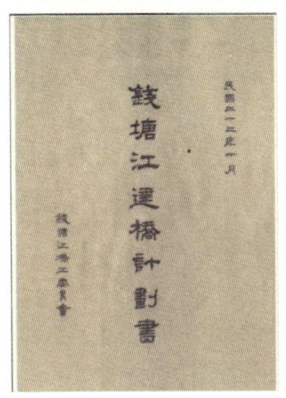

1933年10月《钱塘江建桥计划书》/ 钱塘江大桥纪念馆 提供

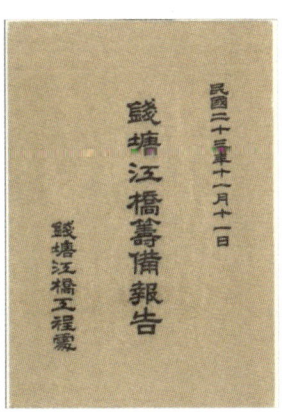

1934年11月《钱塘江桥筹备报告》/ 钱塘江大桥纪念馆 提供

杭州白塔山下的钱塘江桥工程处旧址

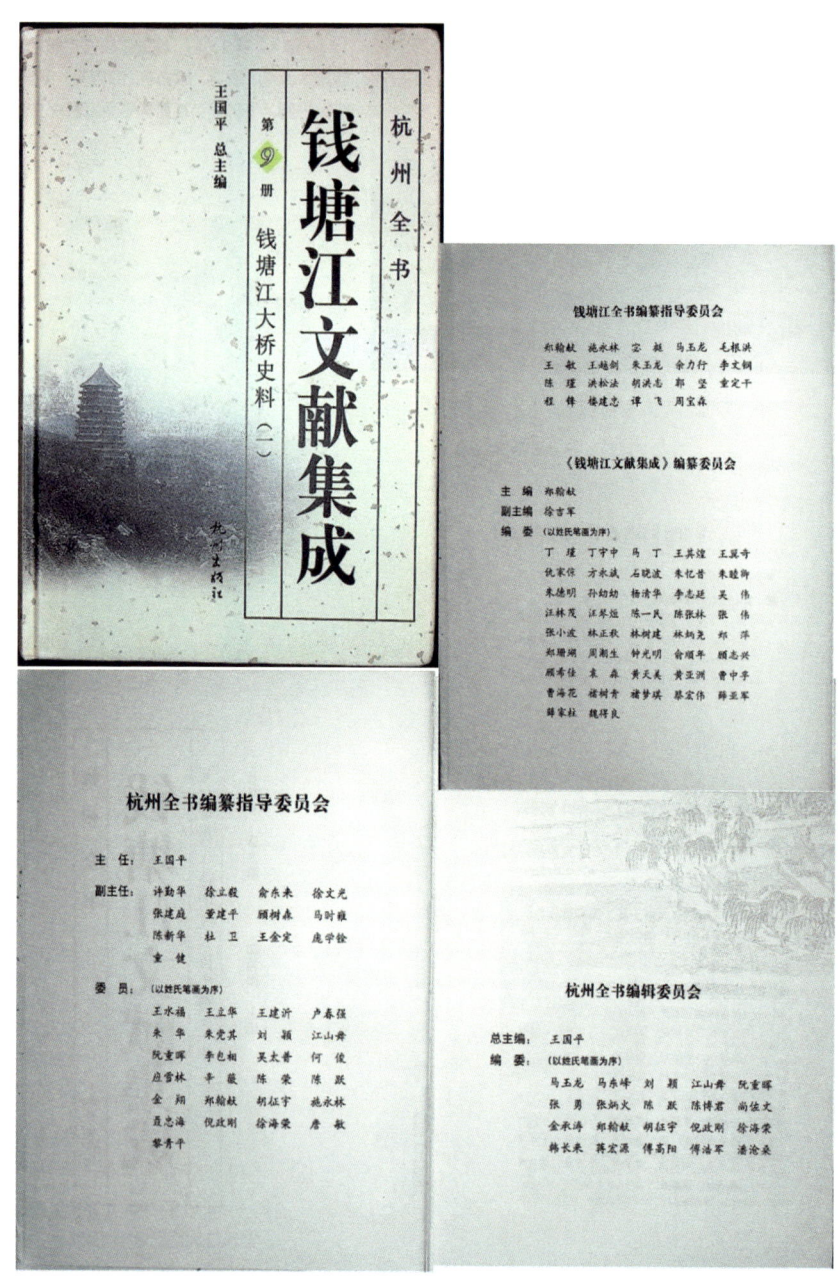

杭州全书《钱塘江文献集成》编纂指导委员会、编纂委员会、编辑委员会名单

钱塘江文献集成(第9册)

钱塘江大桥史料(一)

钱塘江桥筹备报告	钱塘江桥工程处(1)
钱塘江桥建桥计划书	钱塘江桥工程处(9)
建造杭州钱塘江大桥招标简章	钱塘江桥工程处(25)
钱塘江大桥工程规范书	钱塘江桥工程处(29)
钱塘江桥测量工作报告	钱塘江桥工程处(49)
钢桥、钢轨及西门土规范书	钱塘江桥工程处(63)
钱塘江水底隧道计划书	杭州市政府技正室(117)
钱塘江桥开工纪念刊	钱塘江桥工程处(133)
钱塘江桥设计、标单审查联席会议	钱塘江桥工程处(199)
钱塘江桥借款合同	钱塘江桥工程处(209)
东亚工程公司承办钱塘江桥北岸引桥及公路路面工程合同	钱塘江桥工程处(235)
新亨营造厂承办钱塘江桥南岸引桥工程合同	钱塘江桥工程处(259)
钱塘江桥工程进程记录	钱塘江桥工程处(279)
《工程》第十一卷第六号(钱塘江桥工程专号)	中国工程师学会(309)

《钱塘江大桥史料》(一) 目录

桥梁专家李文骥　文献

钱塘江桥测量工作报告

钱塘江桥工程处

钱塘江桥测量工作报告

报告者　李洙　李文骥
日期　廿四年十一月廿二日

一、设计大纲

钱江江面辽阔，两岸相距一公里之遥，非用精密仪器详细测量，难得准确结果，且两岸引桥及正桥桥墩同时兴工，与顺序进行不同，故采用三角测量法。于南北两岸选定基线，成三角网，用三角点，为控制点，在用小三角形勘定各桥墩位置再观测计算以及各墩方位等。计算均于施工前准备妥善，水位测量及地形测量亦于开工前完竣，施工测量为时最久。测量法之演近情形，详述于后。

二、仪器及设备

(1) 经纬仪：蔡司第二号一座。
望远镜放大28倍，最近视距4呎，平度盘之最微分度2分之1秒，立度盘之最微分度2秒。
(2) 水准仪：蔡司第二号一座。
望远镜放大31倍。
(3) 标准钢尺"甲"长五十公尺一盘。每公尺重量0.01769公斤，断面2.239平方公里，弹性系数E，每平方公里20.500公斤，伸缩率每摄氏表一度为0.0000116，标准长度在每二十五公尺支撑九公斤拉力，并在摄氏表二十度情形之下：

　　0—25公尺＝24.9979
　　25—50公尺＝24.9976
　　0—50公尺＝49.9955

51

李洙、李文骥《钱塘江桥测量工作报告》1935年11月22日
／《钱塘江大桥史料》（一）P50-62

李洙、李文骥《钱塘江桥测量工作报告》1935年11月22日 /《钱塘江大桥史料》(一) P50-62

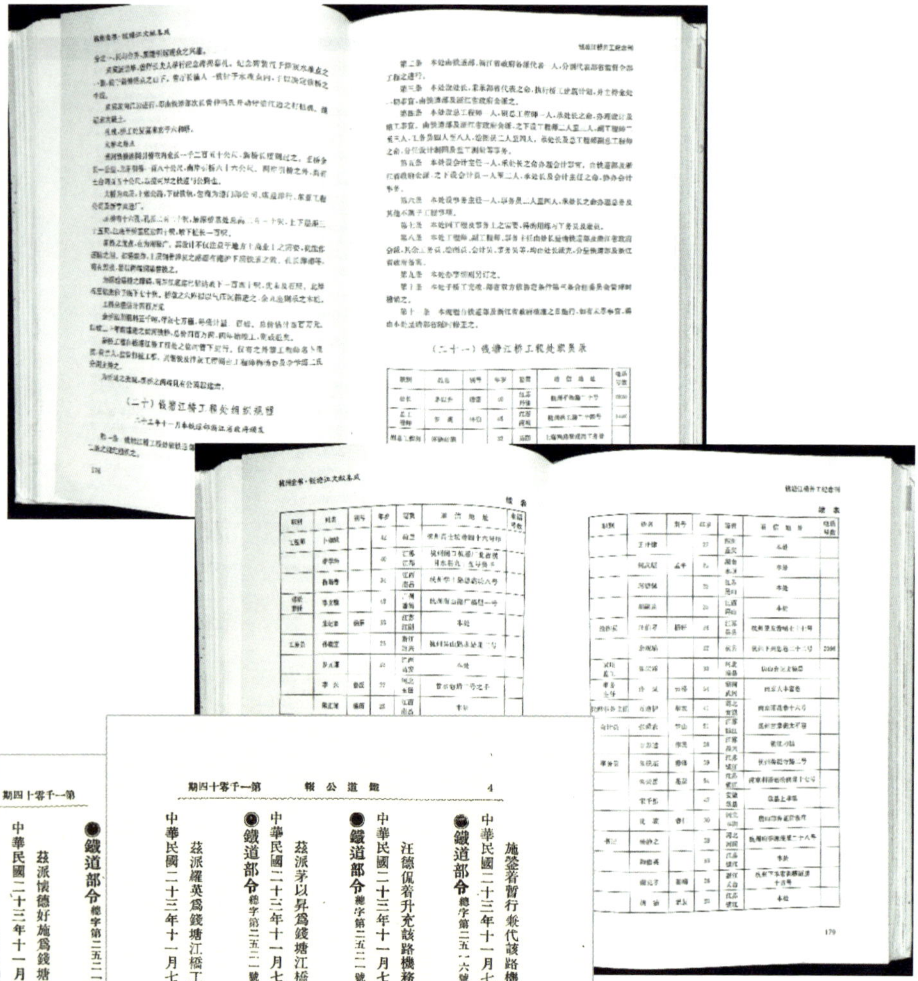

"钱塘江桥工程处职员录"/《钱塘江大桥史料》（一）P177-

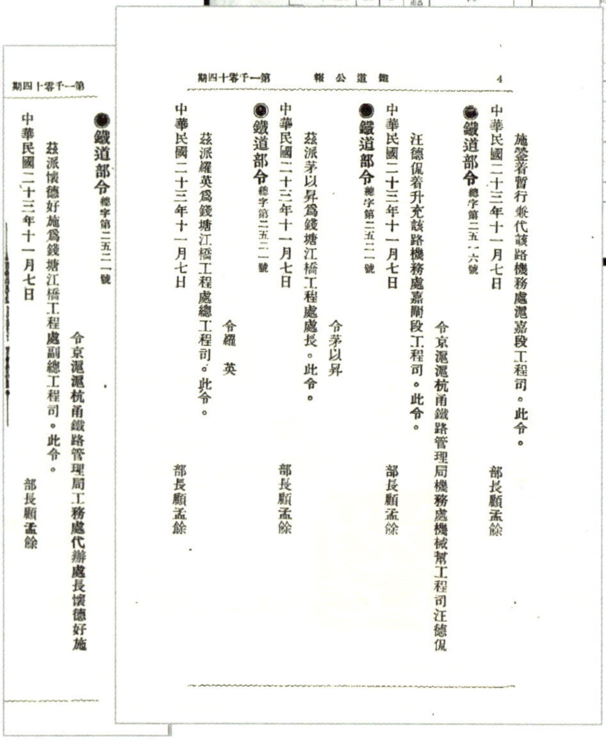

鐵道公報　第一千零四十期　4

施鑒著暫行兼代該路機務處滬嘉段工程司。此令。

中華民國二十三年十一月七日　部長顧孟餘

●鐵道部令 總字第二五一六號

令京滬滬杭甬鐵路管理局機務處機械幫工程司汪德侃

汪德侃着升充該路機務處嘉閘段工程司。此令。

中華民國二十三年十一月七日　部長顧孟餘

●鐵道部令 總字第二五二一號

令茅以昇

茲派茅以昇爲錢塘江橋工程處處長。此令。

中華民國二十三年十一月七日　部長顧孟餘

●鐵道部令 總字第二五二二號

令羅　英

茲派羅英爲錢塘江橋工程處總工程司。此令。

中華民國二十三年十一月七日　部長顧孟餘

第一千零四十期

●鐵道部令 總字第二五二一號

令京滬滬杭甬鐵路管理局工務處代辦處長懷德好施

茲派懷德好施爲錢塘江橋工程處副總工程司。此令。

中華民國二十三年十一月七日　部長顧孟餘

铁道部令 总 2521 号：派茅以升为钱塘江桥工程处处长；派罗英为钱塘江桥工程处总工程司；派怀德好施为钱塘江桥工程处副总工程司 /《铁道公报》第1040期（1934年11月）

桥梁专家李文骥 · · 文献

续表

职别	姓名	别号	年岁	籍贯	通信地址	电话号数
工程师	卜如默		42	荷兰	杭州高士坊巷四十六号甲	
	李学海		40	江苏江都	杭州闸口机器厂北首横甘水巷九十五号癸子	
	梅旸春		34	江西南昌	杭州学士路思鑫坊八号	
部派兼任	李文骥		48	广州番禺	杭州南山路广福里一号	
	朱纪良	伯眉	33	江苏江阴	本处	
工务员	孙鹿宜		25	浙江绍兴	杭州吴山路求是里三号	
	罗元谦		25	江西高安	本处	
	李洙	鲁溪	27	河北玉田	甘水巷后三号之壬	
	熊正坦	浩西	25	江西南昌	本处	
	余权	伯衡	22	浙江绍兴	本处	
	王同熙		25	江苏无锡	本处	
练习工务员	孙植三		24	浙江吴兴	本处	
	黄克塂		25	江西清江	本处	
	熊胤笃		26	贵州贵阳	本处	
	陈德华		23	浙江绍兴	本处	
	丘勤宝		24	广东	本处	
	鲁乃参		25	河北昌黎	本处	
	李伯宁		25	浙江海宁	本处	

（二十一）钱塘江桥工程处职员录

职别	姓名	别号	年岁	籍贯	通信地址	电话号数
处长	茅以升	唐臣	40	江苏丹徒	杭州平海路二十号	2830
总工程师	罗英	怀伯	45	江西南城	杭州岳王路二十四号	1446
副总工程师	怀德好施		32	英国	上海两路管理局工务处	

"钱塘江桥工程处职员录"（部分）影印件 /《钱塘江大桥史料》（一）P177-178

钱塘江桥桥工测量

李文骥

一、桥址选择

钱塘江桥接连铁路及公路，其建筑地点自应以接近城区为宜。南星桥距杭州市区较近，且为渡江码头，若可建桥，自属便利，惜该处江面辽阔，江流无定，潮水影响亦较大，建桥经费恐嫌过巨，故选定闸口沪杭甬铁路终点为建桥地址。其地江面较狭，河身稳定，且正对虎跑山谷，于联络铁路、公路路线比较便利，从形势及经济两方面观察，均最适宜，是以工程处即在此地开始测量，选定最适当之位置，树立标帜，为桥址中线（图二）。

二、三角测量

（一）选点及设标

大桥中心线勘定后，即在江之两岸选 N、S 两点，作为中心线之根据（图一）。N 点在北岸山上，地位甚高，俯视全桥最为清晰。S 点在南岸堤上，亦系最适宜之位置。又为便利测量起见，于 N、S 线上增设 M、A、C 三点，然后在江之南岸选一基线 $E-W$，长约 1250 公尺，略与中线成直角，再在北岸选一基线 AB，长约 450 公尺。又在桥址上游约二公里处、徐村附近江边山上，选 H 点。由此点之视线与大桥中线大致成直角，计所选三角点共 9 点，成三角网，包涵面积约 2 平方公里。

各基点均用混凝土筑成一呎半方、三呎高之石标，中设标心，上建杉木三足架，高出地面约一丈余，中树标杆，其顶尖高出地面约二丈。木架涂白油，标杆涂红白油。标杆与石标之中点用经纬仪测勘，使其相合。

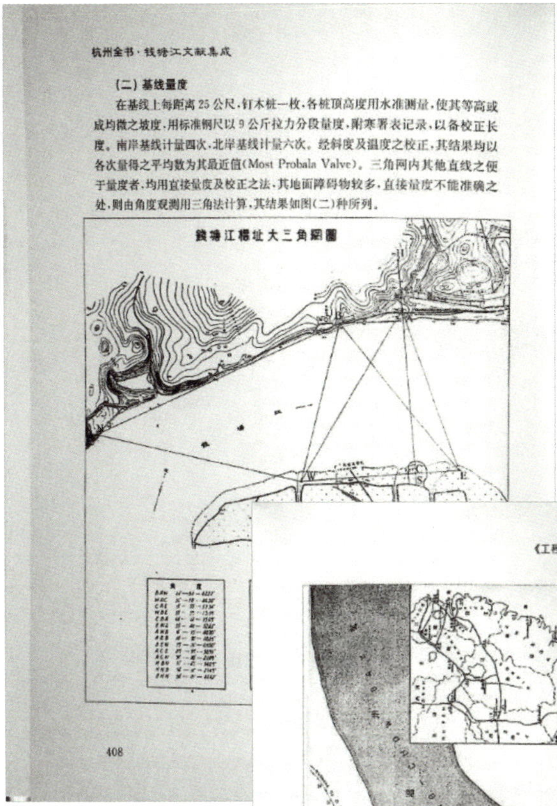

桥梁专家李文骥 · 文献

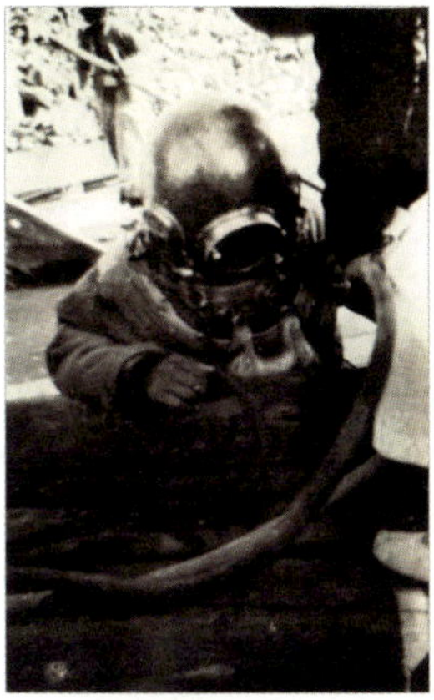

钱塘江桥工程水下施工
潜水员下水 / 李文骥 摄

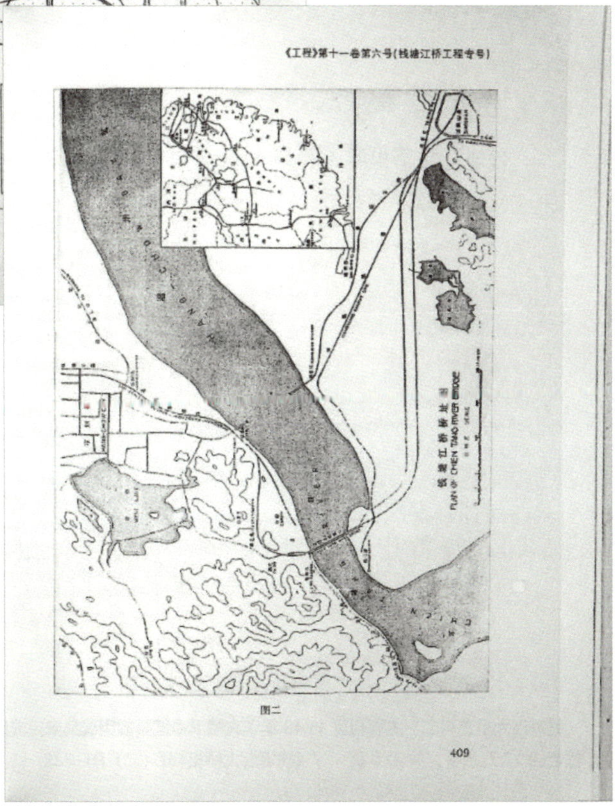

李文骥"钱塘江桥桥工测量"影印件 /《钱塘江大桥史料》(一) P407-414

《钱塘江大桥史料二》主要刊登1948年李文骥承命编纂的因战乱未完成的《钱塘江桥工程》报告，报告约12万余字，共226页　/《钱塘江大桥史料》（二）P1-225

桥梁专家李文骥 ·· 文献

钱塘江桥工程

钱塘江桥工程处

序 言

钱塘江桥于民国二十六年秋，工程将近完成之际，适值日寇侵略，抗战军兴，工程处员工十一月间奉令紧急疏散，以致工程处总报告未及编成。而骥则先期于十月间奉调参与，担任粤汉铁路南段及广九铁路桥梁抢修工作，更无暇作编报告事。抗战期间曾由薛星北先生代编成一部分，其后因事齐未继续办理。三十五年秋本处复员，即从事修复工程，维持铁路及公路桥面通车。三十六年三月成立管理所。嗣奉派驻杭州，担任本桥维持修养事务，承罗英处长命于公务之余从事收拾残缺，编篡报告，历时将及一载始蒇事，计分七章共约十余万言。是为上编，俟正式修复工程完竣后，再出下编。除第五章财务前来启明先生主编，施工图由李效苏先生代作外，其他各章由本人参考以前残缺资料及图件，并就记忆所及，触类而成，遗漏之处在所不免。然同人三载辛勤之成绩，其见于此，其中施工经过之困难，方法之特殊，不无可作工程界借镜者，编者用敢语，希海内外专家有以教之为幸。

民国三十七年二月
李文骥于杭州

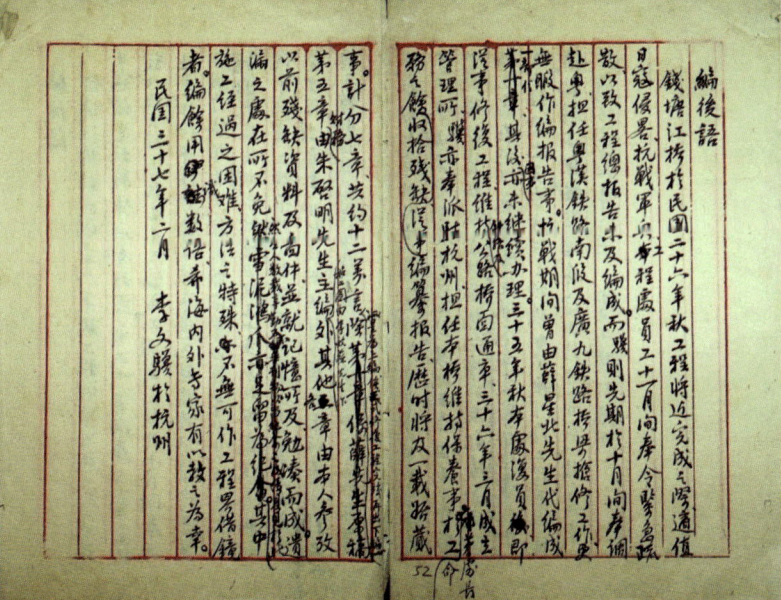

李文骥《钱塘江桥工程》序言 ／《钱塘江大桥史料》（二）P2 影印件
下图：1948年2月 李文骥《钱塘江桥工程》序言手稿（原题：编后语）／原件影印

序 言

钱塘江桥于民国二十六年秋,工程将近完成之际,适值日寇侵略,抗战军兴,工程处员工十一月间奉令紧急疏散,以致工程处总报告未及编成。而骥则先期于十月间奉调赴粤,担任粤汉铁路南段及广九铁路桥梁抢修工作,更无暇作编报告事,抗战期间曾由薛星北先生代编成一部分,其后因事亦未继续办理。三十五年秋本处复员,即从事修复工程,维持铁路及公路桥面通车。三十六年三月成立管理所。骥亦奉派驻杭州,担任本桥维持保养事务,承茅处长命于公务之余从事收拾残缺,编纂报告,历时将及一载始蒇事,计分七章共约十余万言。是为上编,俟正式修复工程完竣后,再出下编。除第五章财务由朱启明先生主编,施工图由李效苏先生作外,其他各章由本人参考以前残缺资料及图件,并就记忆所及,勉凑而成,遗漏之处在所不免。然同人三载辛勤之成绩,具见于此,其中施工经过之困难,方法之特殊,不无可作工程界借镜者,编余用识数语,希海内外专家有以教之为幸。

民国三十七年二月
李文骥于杭州

1948年 李文骥《钱塘江桥工程》序言全文　影印件 /《钱塘江大桥史料》(二) P2

目 录

序 言 2
第一章 成立暨部省合办组织及招标经过 5
    第一节 缘起 5
    第二节 铁道部与浙江省政府合作办法
    第三节 组织经过
    第四节 招标、选标及签约
第二章 测量钻探及设计
    第一节 规划经过
    第二节 测量及钻探
    第三节 华德尔博士设计概略
    第四节 计划研究
    第五节 最后设计概略（即第二计划）
第三章 施工方法及经过情况
    第一节 钢板桩围堰工程
    第二节 正桥基桩工程
    第三节 沉箱浮运工程
    第四节 气压沉箱及墩墙工程
    第五节 护墩柴塌工程
    第六节 钢梁安装工程
    第七节 两岸引桥工程
    第八节 路面及其他零星工程
    第九节 公路衔接线及铁路土台工程
    第十节 全桥美术建筑

    第十一节 施工经过之检讨 122
第四章 材料试验 130
    第一节 总论 130
    第二节 水泥 131
    第三节 沙 135
    第四节 碎石 137
    第五节 混凝土 138
    第六节 水 141
    第七节 钢筋 144
    第八节 钢料 147
    第九节 结论 150
第五章 财务 151
    第一节 筹款经过 151
    第二节 工程支出 160
    第三节 会计事项 176
    第四节 财务补遗：订购水泥经过 187
第六章 开工纪念 191
    第一节 开工典礼 191
    第二节 报告 193
    第三节 训词及祝词 195
    第四节 演说 196
第七章 杂 录 200
    第一节 办公房屋及工场用地 200
    第二节 各方之协助 200
    第三节 各大学毕业生及暑期学生之练习 205
    第四节 工程电影片 207
    第五节 本桥破坏之经过 219

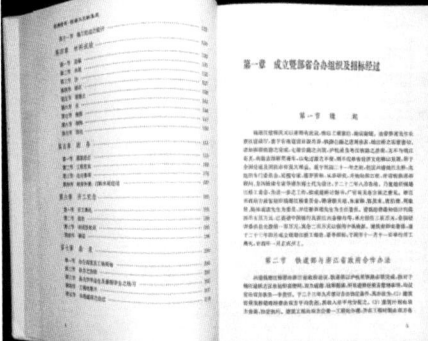

李文骥《钱塘江桥工程》目录 第一章—第七章
影印件 /《钱塘江大桥史料》（二）P3-4

杭州全书·钱塘江文献集成

日开始,至二十六年一月十日完竣,计共钻十四孔,结果探得墩址之西北角与东南角之石层高度相差约二十九呎,西北角为零点下51.78呎,东南角为零点下81.14呎,补救办法见第三章第二节及第四节。

第三节 华德尔博士设计概略

民国廿二年浙江省建设厅倡议建桥之初,曾函请美国桥梁专家华德尔博士Dr. y. A. L. Waddell 代为设计,嗣因桥工委员会成立,重事研究,改订设计原则,故未采用。然华氏之设计形式简单,按照原送标准,自属经济之办法,兹将其设计概要略述如次:

(一)全桥布置

两岸控制线之间,设主要桁梁两孔,各为二百九十三呎。主要桁梁之北,及北岸控制线之间,设一百呎之桁梁三孔。主要桁梁之南至南岸控制线之间,共设一百公尺桁梁廿四孔。以上共计桁梁廿九孔,总长度三千二百八十六呎(1002公尺)。北岸控制线之外,设四十九呎之钢梁十五孔。即北岸引桥,长七百三十五呎(224公尺)。南岸控制线之外铁路,设二十呎之钢筋混凝土桩架八十二孔,即南岸引桥,长一千六百四十呎(500公尺)。另公路混凝土桩架桥二十四孔,每孔二十呎(共146公尺)。全桥总长度六千一百四十一呎(1872公尺)。

桥面布置 桥面为单层式,铁路与公路并列。设单线铁路,宽十八呎,双线公路,宽二十呎,人行道在公路之旁,宽十呎,用翅臂式建筑,伸出桁梁之外。

净空及坡度 两主要桁梁下之净空,在高水位时,约二十三呎,中水位时,约三十七呎。路面坡度在主要桁梁及北岸引桥上,均系水平,从主要梁以南第三孔旁梁起,作百分之0.6坡度,向南下降。(但公路桩架桥上路面坡度为百分之四)。

(二)桥梁设计

主要梁两孔,系柏拉脱式下承桁梁,上弦弯曲,跨度约二百九十呎,分为九节,每节三十二呎二又八分之五吋。桁梁均采用铆钉结构,并采用精钢以期减少重量。两桁梁中心距四十一呎,铁路与公路面并列,铁路轨道系普通疏底式,公路之面用钢筋混凝土建筑,厚八吋半。人行道用钢翅臂建筑,伸出桁梁之外,上铺工字纵梁,再筑钢筋混凝土路面。

旁梁共廿七孔,俱为上承式华伦桁梁上下弦平行,桁梁高十一呎一吋半,跨度九十七呎六吋,分为八节,每节十二呎二又四分之一吋,每孔用桁梁三架。靠边两架分承铁路、公路,中间一架兼承铁路及公路之面,在铁路轨道下,桁梁中心距为八呎,在公路之面下,桁梁中心距为二十二呎,故两靠边桁梁中心距为三十

76

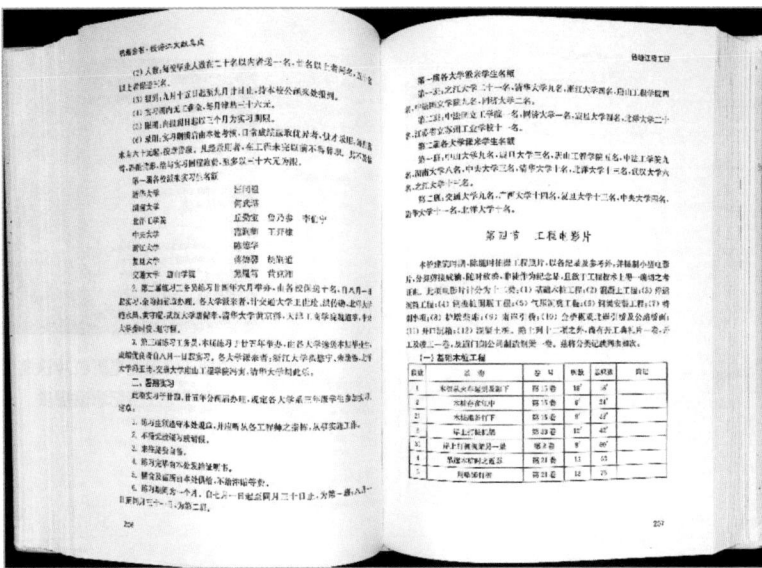

第四节 工程电影片

本桥建筑时期，除随时拍摄工程照片，以备纪录及参考外，并摄制小型电影片，分类剪接成轴，随时放映，非徒作为纪念品，且欲于工程技术上得一确切之考证也。此项电影片计分为十二类：(1) 基础木桩工程；(2) 混凝土工程；(3) 浮运沉箱工程；(4) 钢板桩围堰工程；(5) 气压沉奠工程；(6) 钢梁安装工程；(7) 特别事项；(8) 护墩柴席；(9) 南岸引桥；(10) 全桥概观北岸引桥及公路桥面；(11) 开口沉箱；(12) 混凝土桩。除上列十二项之外，尚有开工典礼片一卷，开工及竣工一卷，及道门朗公司制造钢梁一卷。兹将分类记载列表如次：

(一) 基础木桩工程

段数	景物	卷号	呎数	总呎数	附记
1	木桩从火车运到及卸下	第15卷	18′	18′	
2	木桩存在江中	第15卷	6′	24′	
21	木桩准备打下	第15卷	8′	32′	
3	岸上打桩机架	第33卷	10′	42′	
31	岸上打桩机架另一景	第2卷	8′	50′	
4	吊起木桩时之近影	第21卷	13	63	
5	用坠锤打桩	第21卷	13	76	

207

李文骥《钱塘江桥工程》"工程电影片" 影印件 /《钱塘江大桥史料》(二) P207—219
第七章 第四节

钱塘江桥工程电影胶片铁盒
／钱塘江桥纪念馆提供

李文骥《钱塘江桥工程》60 卷 8000 英尺 "工程电影片分类纪录" 影印件／《钱塘江大桥史料》（二）P207—219 第七章 第四节

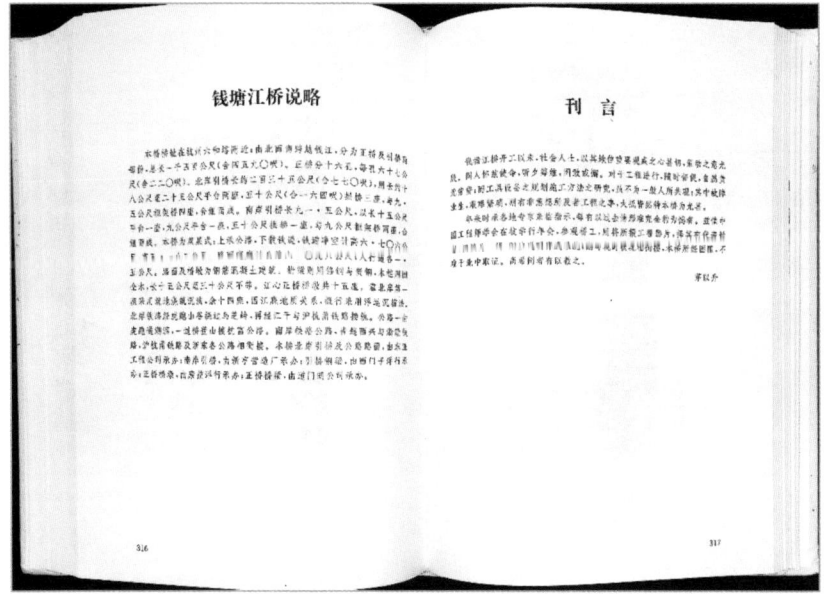

1936年5月《钱塘江桥工程摄影》第一辑 刊言：茅以升　摄影·负责：李文骥
/《钱塘江大桥史料》（二）　P316—351影印件

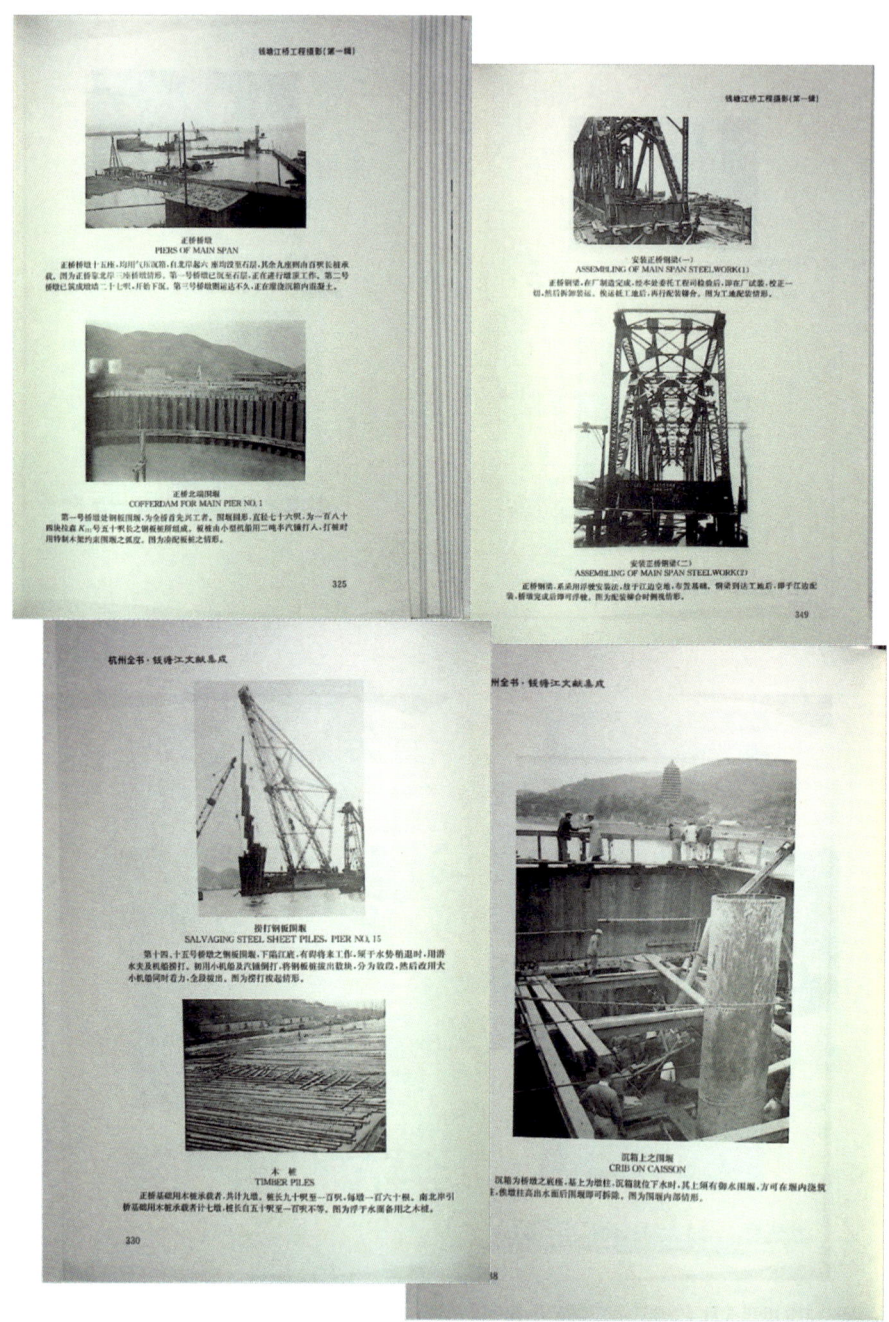

1936年5月《钱塘江桥工程摄影》第一辑 刊言：茅以升　摄影·负责：李文骥
/《钱塘江大桥史料》（二）　P316—351 影印件

1937年5月《钱塘江桥工程摄影》第二辑 摄影·负责:李文骥 / 《钱塘江大桥史料》(二) P354-393

钱塘江桥

钱塘江桥工程纪实

本桥总长一千四百五十三公尺,分为正桥及引桥两部分。正桥十六孔,每孔六十七公尺。北岸引桥二百八十八公尺,南岸引桥九十三公尺。全桥结构采用双层式,上承公路,下载铁道。铁道净空高六·七一公尺,宽四·八八公尺。载重古柏氏五十级。公路路面宽六·○九六公尺,载重 H 十五级,人行道宽一·五二公尺。桥墩及公路路面为钢筋混凝土建筑,引桥拱梁为炭钢,正桥桁梁则为含铬之合金钢。江中正桥桥墩十五座,六座筑至江底石层,九座下为三十公尺长之木桩,每墩一百六十根,下达石层。最深之桥墩,自桩底石层,上至钢梁路面,共高七十一公尺,超出两墩间之孔距。桥墩分上下两部,上为墩柱,承托钢梁,下为墩座,亦名沉箱。墩柱高低不一,最高者二八·三公尺。其断面上狭下广,顶面长九·七五公尺,宽二·六公尺,以下断面沿柱长展放,倾斜十八分之一。墩座长方形,如有底之空箱,长十七·七公尺,宽十一·三公尺,高六·一公尺,厚○·五○八公尺,重六百余吨。均系在岸上浇筑,用特制吊车移至江边落水,浮运至桥址就位,然后用气压沉箱法,将墩底泥沙逐渐挖出,使墩座徐徐下降,同时在墩座上浇筑墩柱,高出水面,旋降旋筑,至墩座抵达石层为止。其有木桩承载之九墩,则于墩座在岸上浇筑时,即将木桩于墩位击至石层,其桩顶送至江底冲刷线下,使整个木桩深埋土中。然后将墩座浮运就位,下沉至桩顶,并筑造墩柱而全墩告成。凡邻近两墩完成时,即架设其中一孔之钢梁。各孔钢梁形式一致,每梁长六十七公尺,宽六·一公尺,高一○·七公尺,重二百六十吨。先于岸上将钢梁全部配装铆合,用特制托车运至江边,然后以木船两艘,将钢梁浮运至桥址,利用潮水涨落,安装于墩顶。再于梁上筑造公路路面,俟全部钢梁装妥时,敷设铁路,而正桥完成。引桥工程系为承载公路而设。北岸桥墩十六座,其中临江两座用开口沉箱法,筑至石层,共高二十五公尺;再北两座用十五公尺至三十公尺长之木桩,此外则用开挖式之基础。北岸桥梁自江边起系三孔双枢式之钢拱梁,每孔五十公尺,再用钢筋混凝土框架桥十座,每座长九·一公尺,连接原有之公路。南岸桥墩五座,临江两座,深四十三公尺,用钢板桩围堰法,内打三十公尺长木桩八十五根,其余两座用二十公尺长木桩,一座用开挖式。南岸桥梁自江边起,初为一孔双枢式之钢拱梁,孔长五十公尺,次为两孔钢筋混凝土框架,然后用土台通达江南公路。

本桥于民国二十三年十一月十一日举行开工典礼,筹备工具,并与承办正桥桥墩之康益洋行签订正式合同。十二月六日与承办正桥钢梁之道门朗公司,二

71

茅以升 "钱塘江桥工程纪实" 1946 年 5 月 17 日 /《钱塘江大桥史料》(三) P71 影印件

十四年二月十一日与承办北岸引桥工程之东亚工程公司，与承办南岸引桥之新亨营造厂，四月十二日与承办引桥钢梁之西门子洋行分别签订正式合同，积极施工。至二十六年九月二十六日全桥安装就绪，铁路通车，计实际施工九百二十五日。在此期间，无假期，无昼夜，在事员工，不分本处或包商，悉力奔赴，艰危不辞。总工程师罗英君策划指挥，承办包商康益君，匠心巧运，厥功尤巨。本处副总工程师怀德好施，工程师梅旸春、李学海、李文骥、卜如默及工务人员李洙、朱纪良、李仲强、余权、孙鹿宜、王同熙、熊正珌、罗元谦、鲁乃参、陈德华、熊胤笃、孙植三、何武塔、杨克刚、王世玿、洪传勋、胡国桎、李伯宁、蒋德馨、丘勤宝、胡嗣道、王开棣、黄克绁、鲍永昌、陈祖闳、姜时俊、赵守恒、张宗安、唐储孝、瞿懋宁、冯寅、丁瑞伦、王纯伦，绘图人员汪伯琴、余观瑞。监工杨桂圃、张庆霖、来者佛、王立生、董全和、叶泽廉等，行政事务人员朱复、史都亚、石道伊、许试、朱积基、张舜农、吉彭述、宋千里、沈骥、包荣爵、杨静之、黄华、陶伯英、谢克孝、胡洁，承包商康益洋行白莱塔、德法施，道门朗公司司考德，东亚工程公司钱昌淦、夏彦俦，新亨营造厂徐巨亨等，均始终其事，各有贡献。而在施工期间，更有东亚公司监工王贤良，机匠袁明祥，工人王听元、陆才明四人，因公忘身，遇难殉职。康益洋行工人王庆林、鲍文龙等六十余人，于上工时乘船倾覆，惨遭灭顶。本桥遭遇万难，而卒底于成，全体员工之努力，足征见之。

本桥于民国二十六年九月二十六日通车，而上月十三日，淞沪抗日战争先已开始。翌日，本桥即为敌机侦察，此后不时轰炸，情势日紧，工作亦愈形艰苦。然幸能誓群工，兼昼夜，而卒克完成大业者，实赖我淞沪守土将士，屹立前军，效死不去之故。其后通车三月，发挥本桥之使命，及今胜利归来，又获重整旧工，皆我抗战将士牺牲之后果。工程成败，有视军事，于本桥为益信。本桥之成，实我抗战胜利之纪功建筑矣。

茅以升　三十五年五月十七日

茅以升"钱塘江桥工程纪实"1946年5月17日／《钱塘江大桥史料》(三) P72　影印件

钱塘江大桥文论

俞次文、曾养甫、李文骥等 撰

目 录

钱江铁桥和水灾 俞次文 / 198
建筑钱塘江大桥之意义 曾养甫 / 200
钱塘江大桥概述 李文骥 / 202
爆破钱塘江大桥 李文骥 / 214
钱塘江桥正桥桥墩报告 鲁乃参 / 217
钱江水势与钱江大桥之关系 来者佛 / 228
钱塘江桥开工志感 吴绍曾 / 237
参加钱塘江大桥开工典礼记 古 月 / 241
钱塘江建桥计划 · 佚 名 / 243
钱江大铁桥筹备之经过 茅以升 / 254
钱塘江桥设计及筹备纪略（上） 茅以升 / 261
便利钱江南北联运之钱塘江桥 茅以升 / 271
杭州钱塘桥工程处实习报告 郭文岗 / 279
钱塘江铁桥实习报告 叶乃彬 李堆临 王樱华等 / 304
钱塘江桥施工情形见习报告 咸希颐 / 351
由钱桥实习归来 唐贤珍 / 414
钱江大桥工程概况 薛正斗 / 421
钱塘江桥沉箱工程情形 李伯宁 / 424
由西湖说到钱塘江大桥 吴启中 / 431
钱塘江桥工程志略 郭懋诚 节译 / 434
钱塘江大桥近况 张民政 撮 / 438

钱塘江桥 唐 臣 / 440
钱塘江大桥的灵魂——桥墩 困 龙 / 446
钱塘江桥之意义及其工程概况 周汉雄 / 451
钱塘铁桥考察经过 赵汉业 / 455
钱江大桥工人覆舟记 庆 记 / 472
忆炸钱江大桥 应子雄 / 475
保护钱江大桥 毛 雷 整理 / 477

《钱塘江大桥文论》目录/《钱塘江大桥史料》（三） P196—197 影印件

钱塘江大桥概述

李文骥

甲、兴 建

（一）工程概况

钱江桥在杭州闸口沪杭甬铁路闸口站终点，邻近六和塔。此桥系民国廿四年一月开始建筑，廿六年完成通车。建桥之主要目的为：(1)使东南铁路系统衔接一气,京沪杭路线接浙赣路线,更接粤汉路线,使上海、广州间直接通车。(2)使沪杭甬铁路得以接轨,由宁波直达上海。(3)使浙东、浙西各公路路线互相连贯,以通各省公路。故桥为铁路公路联合式,分为两层,上层通公路,下层通铁路。

全桥总长四千七百一十六呎,约合一千四百三十八公尺,两岸控制线之间用二百二十呎。跨度华伦式,上下弦平行。桁梁十六孔组成,计长三千五百二十呎。北岸引桥长约八百九十二呎,用一百六十四呎双枢式钢拱桁三座,五十呎平台一座,三十呎平台一座,三十呎钢筋混凝土框架二座组成。

桥上层公路桥面宽二十呎,两旁人行道各宽五呎。下层单线铁路轨道系普通疏底式。本桥工程之特殊点,为基础工程之困难及桥梁安装用浮运法。兹略述如次：

(1)基础木桩工程。钱塘江底岩石层甚深,处在寻常水位下一百七十余呎,其上均系淀泥细沙,不堪作桥基之用,故除近北岸之六座桥墩可将基础于岩石层外,从第七号墩直至南岸之几座桥墩,均须打九十至一百呎之基础木桩,每墩各一百六十根承托,桩木用美国松。打桩方法用特制打桩机船,其吊架高达一百二十呎,五·八吨单击式汽锤。长六十五呎之钢制圆筒式送桩,及射水管等协助进

202

爆破钱塘江大桥

李文骥

爆破准备

钱塘江大桥于民国二十四年（一九三五年）一月开始建造。钱塘江江面辽阔，潮汐及洪水激荡，江底淀泥流沙甚厚，基础工程非常艰巨。经过克服许多困难，一九三七年大桥将近竣工时，日本发动侵华战争。抗战兴起，大桥工程处加紧施工，以配合抗战军事行动。是年九月完成铁路通车，十一月公路桥面完成，能通行各种车辆和行人。这对当时军队调动、军用品转运、物资供应等，发挥了很大作用。进入十一月，杭州局势日渐紧张，大桥工程处为不使这座大桥为敌所用，在军事当局决定下，不得不作爆破的准备。当初在设计大桥时已在第十四号桥墩设置炸药室，此月中旬装炸药二十二箱（四百四十公斤）；又在该桥墩两端，用外部装药法，各装炸药八箱（两端共装十六箱，三百二十公斤）；又在第十三号桥墩两端装炸药十四箱。桥梁四孔也准备炸断。

一九三七年十二月二十三日，日寇进犯武康，威胁富阳，杭州局势更为紧张。南京浦口一带北路已不通，逃难的人群只能往浙东方面撤退。我军事当局准备作战略转移，部队全部开往钱塘江南岸防御。当时，车流、人流日夜不断由杭州过桥南迁，大量物资亦疏散过桥而去。据两路局（浙赣、沪杭）统计，那时经由大桥撤退的铁路机车至少有两百辆，客货运车在三千辆以上。公路车辆物资抢运过桥，则无法估计。防守在杭州、嘉兴一带的刘建绪部队以及辎重等，也都靠这座大桥得以及时陆续撤退过江。

忍痛爆破

一九三七年十二月二十三日午后，军事当局派兵一排在北岸担任警戒，准备

214

李文骥《爆破钱塘江大桥》/《钱塘江大桥史料》（三）P214 影印件

钱塘江大桥文论

爆破。因逃难的人流仍不断蜂拥而至,无法制止。延至下午五时,这时天色渐晚,恐有汉奸混入难民之中过桥,才下令禁止通行,忍痛点火爆炸大桥。随着几声惊天巨响,顿时六和塔畔风起尘飙,波涛汹涌,这座由中国人自己设计、自己建造的第一座铁路大桥,在完成战时紧急使命后,为了阻止敌人的进犯,自己动手炸毁了。

爆破结果:第十四号桥墩损坏最严重,除沉箱以上高约六公尺的墩身尚属完好外,其余大部被炸毁,仅有高约四公尺的圆端残留其上,已完全折断,且向外倾斜。第十三号桥墩顶部被炸毁,墩壁及残缺呈犬齿状,残余部分有裂缝十余条,呈垂直状,伸展至水位以下约四公尺。第九号墩因受第十孔钢梁下坠时影响,墩墙南壁被擦伤,有两条宽约一公尺、高约六公尺半、深四公分之混凝土脱落,钢筋稍有显露。钢桁梁在实施爆破时曾特别装药,炸断桁梁杆多处。第十二、十三、十五孔,一端坠入江中,第十、第十四两孔全部坠入江中。其中,第十孔系在炸后两天南端先坠入江中,其后北端也一并坠下。这五孔钢梁因爆炸及坠落,杆件颇多损坏。

日军占领大桥后,我游击队又先后对第五、第六两个桥墩进行破坏。游击队的炸药系装在船上,夜间偷驻至桥墩旁,装置用延期爆炸法,待士兵离开才爆炸。这样虽难以做到彻底破坏,但这两个桥墩受损状况也很严重。第五号桥墩在一九四四年三月二十八日夜爆破,墩身距寻常水位以上有四处成水平向裂缝,墩身南北方向各炸有垂直向下裂纹四条。第六号桥墩爆破系在一九四五年二月四日子夜三时,当时正下雨,日军戒备森严,游击队士兵机智勇敢,偷袭至桥墩旁,成功地进行了爆炸破坏。第六桥墩在寻常水位附近炸成水平向裂缝三条,墩身北面垂直向裂缝五条,南面垂直向裂缝四条,内各有两条伸展至墩顶。墩壁南北面中部均碎裂,钢筋外露。

战后修复通车

日军占据钱塘江两岸后,从一九四〇年九月起,桥上架设军用木桥面,开始通行汽车。一九四三年年底,设立"钱塘江桥复兴局",拆除军用木桥面,开始修复桥墩钢梁,一九四四年十月竣工,十月七日通行火车。第六桥墩于一九四五年一月初被国民党别动军忠义救国军爆炸破坏后,日军经过三个月仓促修理才勉强通车。

日军修桥是为了维持两岸交通,便于加紧其侵略行动,当然不会把大桥恢复到完好程度,仅是应付凑合而已。抗战胜利后,全桥只能在下层铁路勉强通行火

215

李文骥《爆破钱塘江大桥》
/《钱塘江大桥史料》(三) P215 影印件

1947年大桥修复后,火车限速每小时10公里,汽车限速每小时15公里 / 钱塘江大桥纪念馆

车，公路不能行车。当时闸口、南星桥一带渡江依靠轮渡，而轮渡设备极为简陋。因此大桥公路面急待修复，以适应两岸交通需要。

一九四六年我大桥工程处复员，即从事大桥修复工程。是年九月，在曾遭破坏的五孔桁梁上层，铺设临时木质公路桥面，在公路纵梁上铺上二公寸高的横枕和七公分半厚的桥面板，两旁架设临时木栏杆，单线通行汽车。此项工程于同年十二月完成。

同时，对完好的各孔桁梁杆件加涂油漆，又在桥的南北岸建筑临时房屋，作公路通车管理站之用。

一九四七年三月一日，成立钱塘江桥管理所，正式开放公路桥面，通行各种汽车，酌收车辆过桥费，作为桥梁保养经费之用。

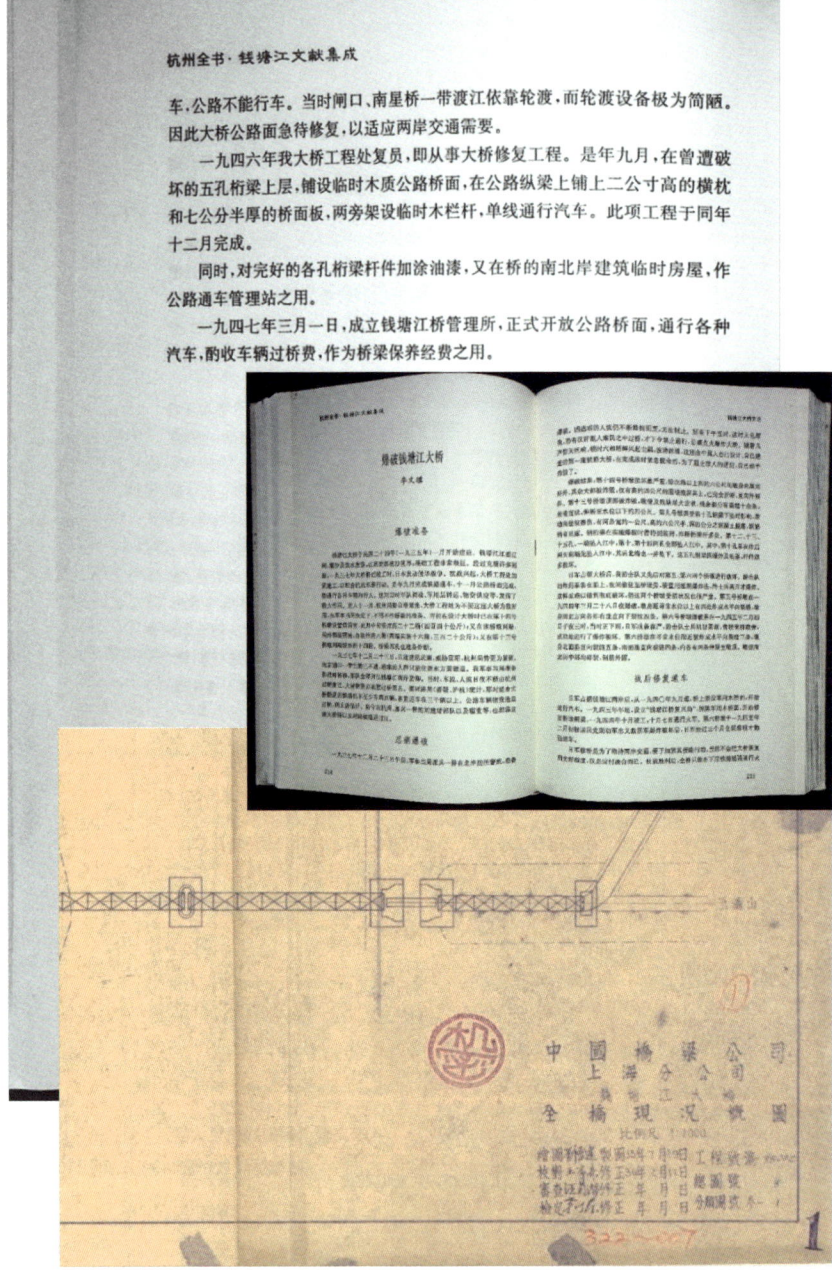

《爆破钱塘江大桥》李文骥 影印件 /《钱塘江大桥史料》（三）P216
下图：1946—1947 年 钱塘江桥维修工程图纸 / 钱塘江大桥纪念馆 工程资料

钱塘江大桥学生暑期实习《实习报告》1936年 / 《钱塘江大桥史料》(三) P304—305　影印件

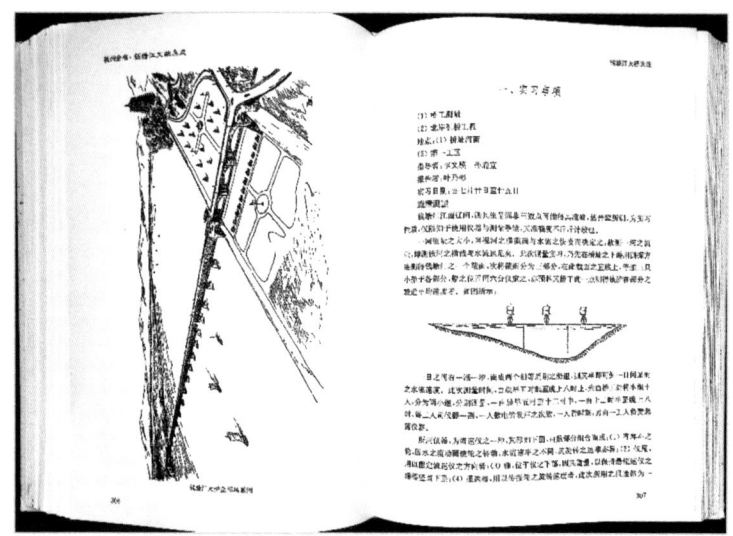

钱塘江桥学生暑期实习《实习报告》1936年/《钱塘江大桥史料》(三) P302—350 影印件

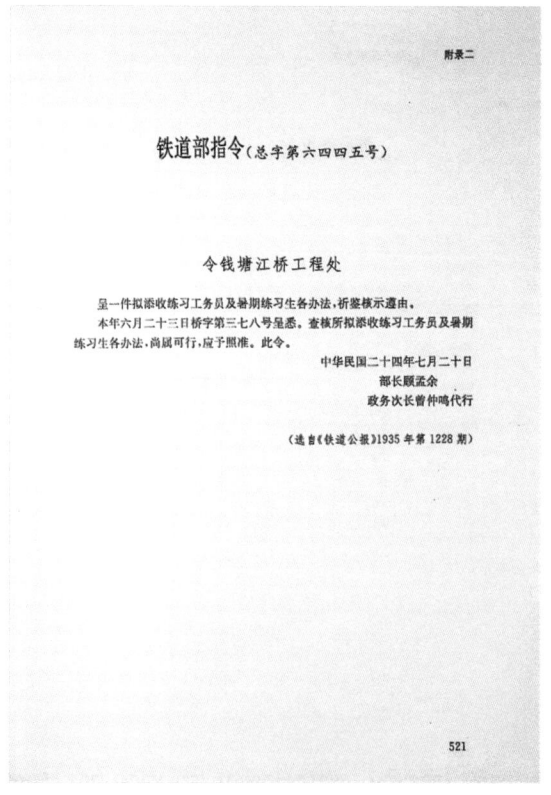

附录二:《铁道部指令》(总第六四四五号)《添收练习公务员及暑期练习生各办法》,铁道部部长顾孟余1935年7月20日 签署/《钱塘江大桥史料》(三) P521 影印件

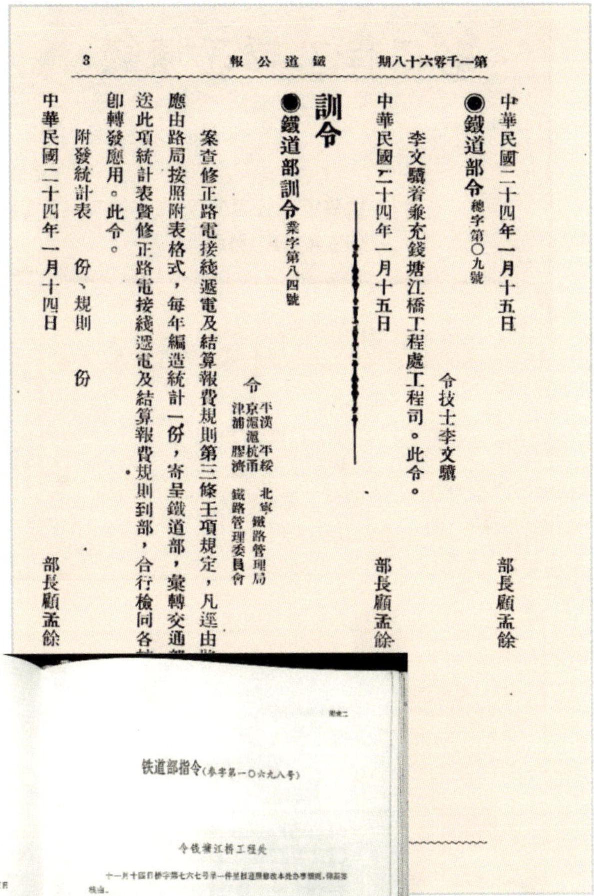

第一千零六十八期　鐵道公報　3

中華民國二十四年一月十五日　部長顧孟餘

●鐵道部令 總字第〇九號

令技士李文驥

李文驥着兼充錢塘江橋工程處工程司。此令。

中華民國二十四年一月十五日　部長顧孟餘

訓令

●鐵道部訓令 業字第八四號

令 平漢 京滬滬杭甬 津浦 膠濟 平綏 北寧 鐵路管理局 鐵路管理委員會

案查修正路電接綫遞電及結算報費規則第三條壬項規定，凡運由路[illegible]應由路局按照附表格式，每年編造統計一份，寄呈鐵道部，彙轉交通部[illegible]送此項統計表暨修正路電接綫遞電及結算報費規則到部，合行檢同各[illegible]即轉發應用。此令。

附發統計表　份、規則　份

中華民國二十四年一月十四日　部長顧孟餘

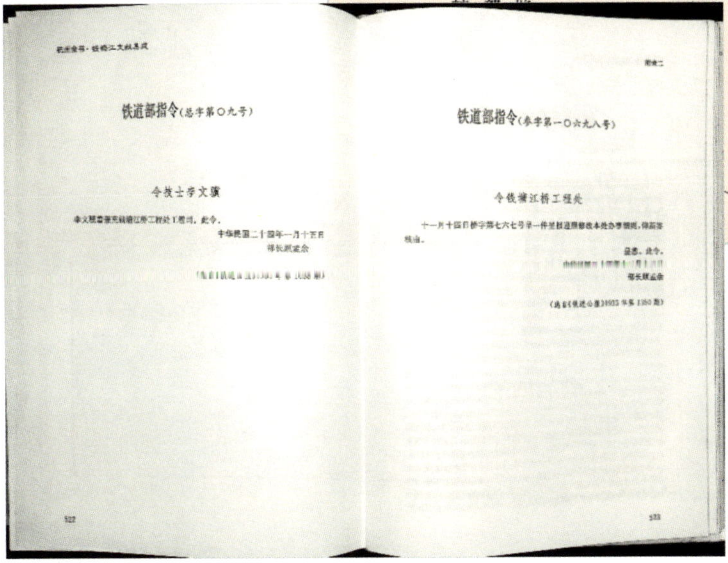

杭州全书·钱塘江文献集成

铁道部指令（总字第〇九号）

令技士李文骥

李文骥着兼充钱塘江桥工程处工程司。此令。

中华民国二十四年一月十五日

部长顾孟余

（载自《铁道公报》1935年第1068期）

522

附录二

铁道部指令（参字第一〇六九八号）

令钱塘江桥工程处

十一月十四日桥字第七六七号呈一件[illegible]

[illegible]

呈悉。此令。

[illegible]

部长顾孟余

（载自《铁道公报》1935年第1350期）

523

上：民国期刊《铁道公报》第 1068 期 原件影印件　/ “全国报刊索引”网

下：《铁道部指令》（总第〇九号）李文骥着兼充钱塘江桥工程处工程司。部长 顾孟余
民国 24 年 1 月 15 日（1935 年）　/《钱塘江大桥史料》（三）P522

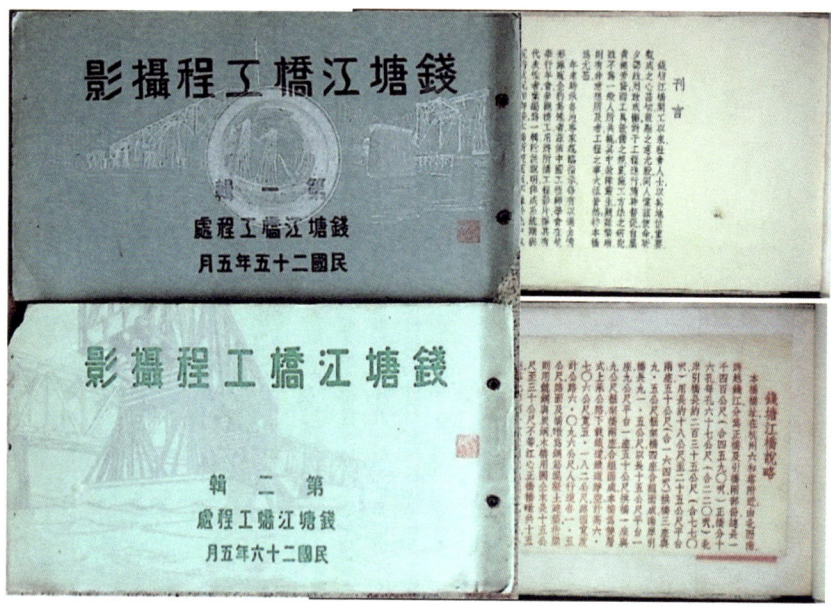

1936—1937 年李文骥负责摄影和编辑的《钱塘江桥工程摄影》第一辑、第二辑，封面上均加盖李文骥的私章　／原件影印

1936 年第三次参加武汉长江大桥勘测设计

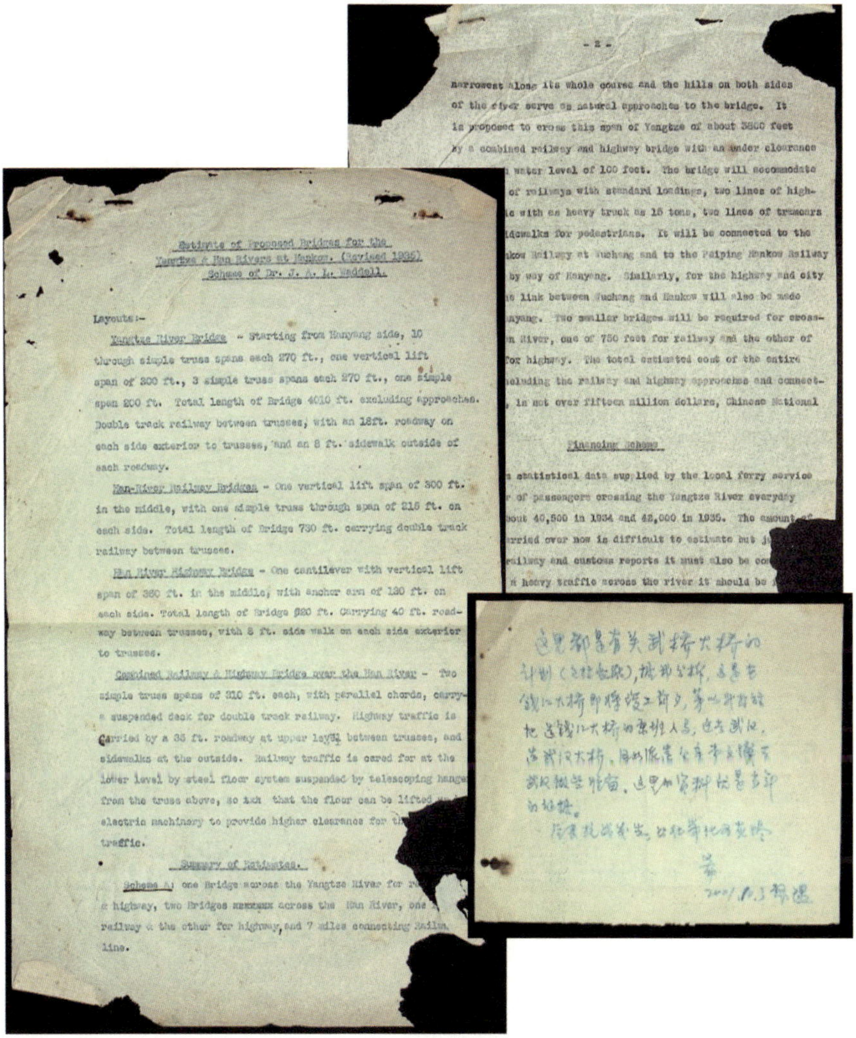

Estimate of Proposed Bridges for the
Yangtze & Han Rivers at Hankow. (Revised 1935)
Scheme of Dr. J. A. L. Waddell.

Layouts:-

Yangtze River Bridge - Starting from Hanyang side, 10 through simple truss spans each 270 ft., one vertical lift span of 300 ft., 3 simple truss spans each 270 ft., one simple span 200 ft. Total length of Bridge 4010 ft. excluding approaches. Double track railway between trusses, with an 18ft. roadway on each side exterior to trusses, and an 8 ft. sidewalk outside of each roadway.

Han-River Railway Bridges - One vertical lift span of 300 ft. in the middle, with one simple truss through span of 215 ft. on each side. Total length of Bridge 730 ft. carrying double track railway between trusses.

Han River Highway Bridge - One cantilever with vertical lift span of 360 ft. in the middle, with anchor arm of 130 ft. on each side. Total length of Bridge 620 ft. Carrying 40 ft. roadway between trusses, with 8 ft. side walk on each side exterior to trusses.

Combined Railway & Highway Bridge over the Han River - Two simple truss spans of 310 ft. each, with parallel chords, carry- a suspended deck for double track railway. Highway traffic is carried by a 35 ft. roadway at upper level between trusses, and sidewalks at the outside. Railway traffic is cared for at the lower level by steel floor system suspended by telescoping hange[rs] from the truss above, so that the floor can be lifted [...] electric machinery to provide higher clearance for th[e] [...] traffic.

Summary of Estimates.

Scheme A: one Bridge across the Yangtze River for r[...] & highway, two Bridges across the Han River, one [...] railway & the other for highway, and 7 miles connecting Railw[ay] line.

- 2 -

narrowest along its whole course and the hills on both sides of the river serve as natural approaches to the bridge. It is proposed to cross this span of Yangtze of about 3800 feet by a combined railway and highway bridge with an under clearance [...] water level of 100 feet. The bridge will accommodate [...] of railways with standard loadings, two lines of high- [...]ic with as heavy truck as 15 tons, two lines of tramcars [...]idewalks for pedestrians. It will be connected to the [...]kow Railway at Wuchang and to the Peiping Hankow Railway [...] by way of Hanyang. Similarly, for the highway and city [...]e link between Wuchang and Hankow will also be made [...]nyang. Two smaller bridges will be required for cross- [...]n River, one of 750 feet for railway and the other of [...]for highway. The total estimated cost of the entire [...]cluding the railway and highway approaches and connect- [...], is not over fifteen million dollars, Chinese National

Financing Scheme

[...] statistical data supplied by the local ferry service [...]r of passengers crossing the Yangtze River everyday [...]bout 40,500 in 1934 and 42,000 in 1935. The amount of [...]rried over now is difficult to estimate but j[...] [...]ailway and customs reports it must also be co[...] [...] heavy traffic across the river it should be [...]

1936 年 8 月，钱塘江桥工程处做出《武汉建桥计划书》，这是李文骥保存的几份英文打字函件共 16 页，其中有华特尔 “汉口长江、汉江拟建桥评估”（左图），及其他效益分析和资金需求报告，是此计划书的部分附件，中文便签是李文骥长女李希对这几份文件的说明：“这里都是有关武汉大桥计划（包括图纸），据我分析，这是在钱塘江大桥即将竣工前夕，茅以升打算把钱塘江大桥的原班人马，迁去武汉造武汉大桥，因此派遣父亲李文骥去武汉做一些准备，这里的资料就是当年的证据。后来抗战发生，此壮举化为灰烬。 希 2001.10.3” / 原稿影印

钱塘江桥工程处《武汉建桥计划书》封面 1936 年 8 月 / 钱塘江桥纪念馆 提供

李文骥《武汉大桥计划之历史》报告（1946 年）中专门介绍了 1936 年"钱塘江桥工程处作建桥计划"并附设计样图，李文骥报告手稿 / 原件影印

桥梁专家李文骥　文献

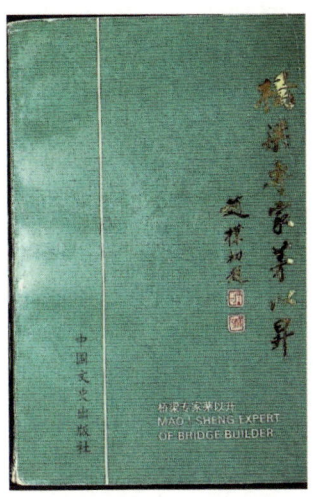
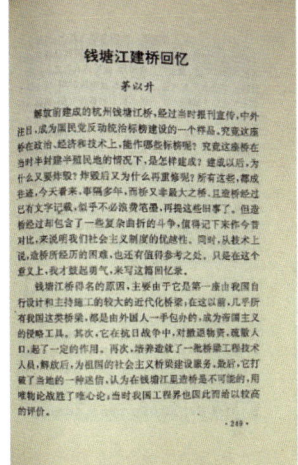

纪念文集《桥梁专家茅以升》（中国文史出版社 1992 年 12 月）茅以升在旧作《钱塘江桥回忆》中叙述了钱塘江桥工程处 1936 年做出武汉建桥计划书的起始过程

切例假都不停工，这样，包商就要增加职工，加大开支。因有提前完工的奖金，这事例不难解决。桥工处为了监督工程，也要陪同日夜不停地工作，同工人们一样既无星期日，也无例假。负责人员不易轮班，格外辛苦，主要负责人还要额外加班。由此可见，桥工处的职工，在建桥的三年中，也是付出了莫大的辛勤劳动的。

应当附带提一下，在全部造桥期间，桥工处全体职工，当然都是非常忙碌的，然而大家精神特别好，还在钱塘江桥的本身任务以外，鼓其余勇，又接受了一些其它桥梁的设计任务：如应广州市政府之聘，罗英去接洽，带回了广州"六二二"桥的设计任务；应福建建设厅的邀请，派了一个测探队去，作了峡兜乌龙江建桥的测量钻探工作，并代作初步设计；南昌赣江桥和长沙湘江桥的设计，也都有过接洽。一九三五年秋，我也应湖北省政府之约，前去接洽武汉造桥事，经过桥工处多人努力，于一九三六年八月，作出武汉建桥计划书，其大意是在武昌蛇山和汉阳龟山之间的长江上，建造单线铁路和双线公路的联合大桥；另在汉水上分别建造一座铁路桥和一座公路桥。全部预算为当时法币一千一百万元，约为钱塘江桥的两倍，施工期限定为三年。当时南京铁道部、湖北省政府，曾与中英银公司、国内银行界，分别协商借款，也按钱塘江桥办法，以"过桥费"作抵，发行建桥公债。到一九三七年春间，商谈有了眉目，准备这年十月间在武汉举行开工典礼，后因抗战军兴，全部作罢。一九四六年桥工处迁回杭州后，我们也曾重温旧梦，将原设计修改，加以说明，作出武汉大桥计划草案，于该年十二月送与湖北省政府

茅以升在《钱塘江桥回忆》一文中记述"一九三五年秋，我也应湖北省政府之约，前去接洽武汉造桥事，经过桥工处多人努力，于一九三六年八月，做出武汉建桥计划书，其大意是在武昌蛇山和汉阳龟山之间的长江上，建造单线铁路和双线公路的联合大桥；另在汉水上分别建造一座铁路桥和一座公路桥。全部预算为当时法币一千一百万元，约为钱塘江桥的两倍，施工期限定为三年。当时南京铁道部、湖北省政府，曾与中英银公司、国内银行界，分别协商借款，也按钱塘江桥办法，以'过桥费'作抵，发行建桥公债。到一九三七年春间，商谈有了眉目，准备这年十月间在武汉举行开工典礼，后因抗战军兴，全部作罢。"

5、抗战时期和胜利后（1937—1948）

钱塘江桥通车89天，到1937年12月23日被迫炸毁，抢运各类物资总价值已超过建桥投资，有100多万生命从桥上逃难撤离

/ 钱塘江桥纪念馆 提供

被日军炸毁垮塌变形的铁路
/ 资料

桥梁专家李文骥 ·· 文献

1937年12月，杭州沦陷，铁道部派李文骥前往广州，负责粤汉、广九线的桥梁抢险、抢修工作，冒敌机的轰炸沿线查看、施工，保证抗日军火运输畅通。这幅资料照片，记录的正是当时粤汉铁路的桥梁抢修场面　／资料

"抗战军兴，廿六年秋（1937）战事紧张，杭州已不稳，钱塘江桥工程处准备疏散员工，我奉铁道部派驻广州，担任粤汉南段及广九线桥梁抢险工作。我十月间遣返广州，从此后一年之间我的工作紧张了。敌机不断地空袭，轰炸粤汉和广九线，因为这时期抗战军火的运输，主要是由九龙起运转粤汉线北上的……我们在敌人不断轰炸之下，几乎每夜都要抢修，我每晚偕同铁路员工乘工程车或手摇车出发查勘路线、桥梁、涵洞破坏状况，立即设法抢修……"

　　　　　／摘自：李文骥《自传》手稿

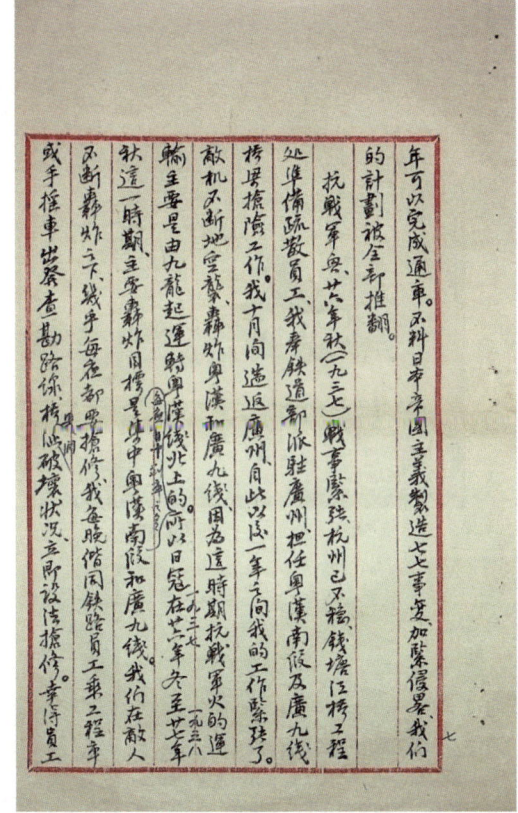

1938年到1943年底的五年间,李文骥负责衡阳交通线桥梁抢修,兼任防空办事处工程股股长,图为民国时衡阳老照片

/ 资料

民国时衡阳老照片 / 资料

广西灌阳 / 百度图片
1944年初,衡阳陷敌,撤退途中李文骥携家带口,备受艰辛,与路局失去联系,被迫退至广西灌阳

广西灌阳瑶山 / 百度图片
李文骥带一子一女在灌阳境内大山中躲避数月。贫病交加几乎陷于绝境,幸得瑶族同胞救助

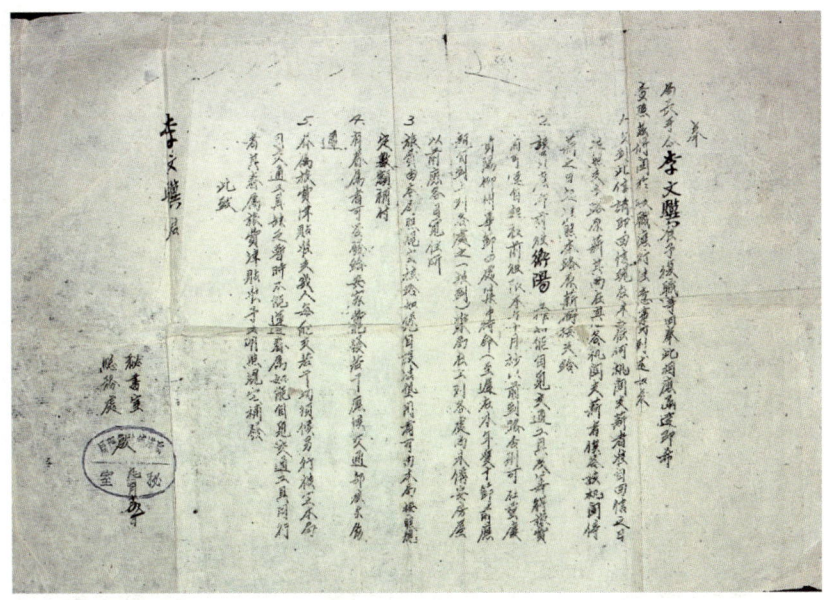

1945年9月日本无条件投降，李文骥在广西桂林，接到番禺老家转来的粤汉铁路召集员工复职信函，他因病和交通困难，一时仍无法去衡阳报到 / 原件影印

广西桂林 老照片 / 百度图片

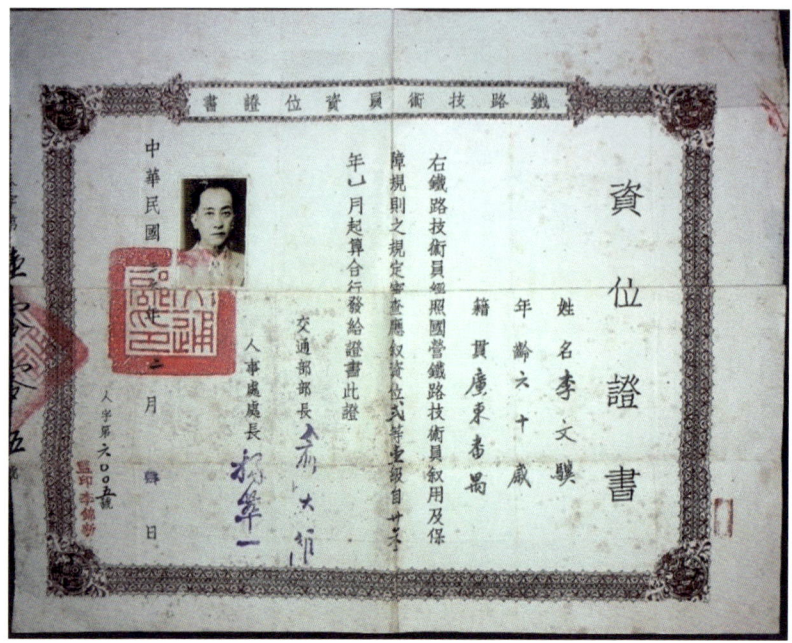

1947年2月,交通部部长俞大维为李文骥签发的"铁路技术员资位证书" / 原件影印

1946年第四次参加武汉长江大桥勘测设计

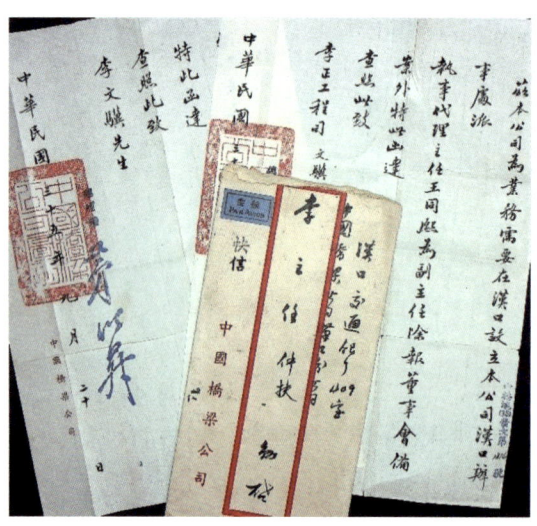

1946年10月,李文骥应邀赴"武汉长江大桥筹建委员会"、"中国桥梁公司"汉口办事处,再次参加大桥设计测量工作,这是当时保存的信函 / 原件照片

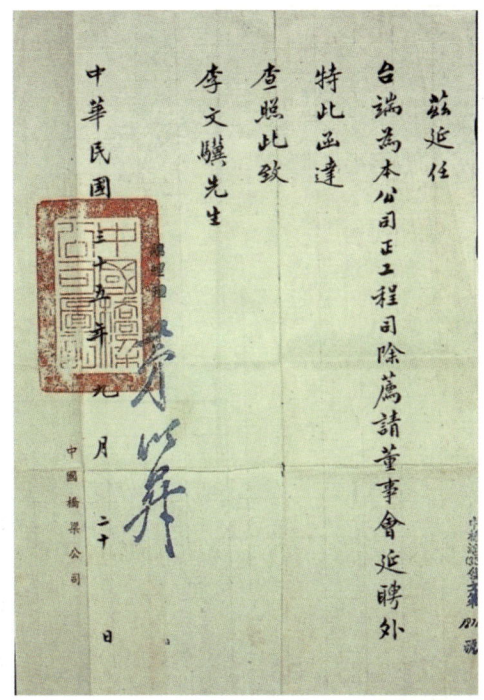

1946年9月，茅以升代表中国桥梁公司给李文骥聘书 / 原件影印

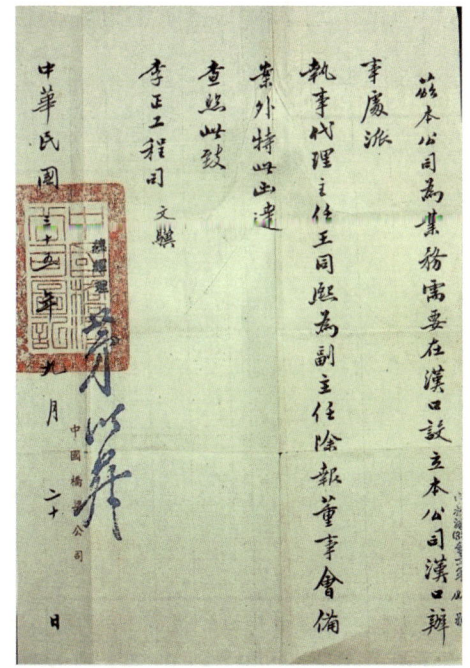

1946年9月，为王同熙任命一事，茅以升代表中国桥梁公司致函汉口办事处主任李文骥 / 原件影印

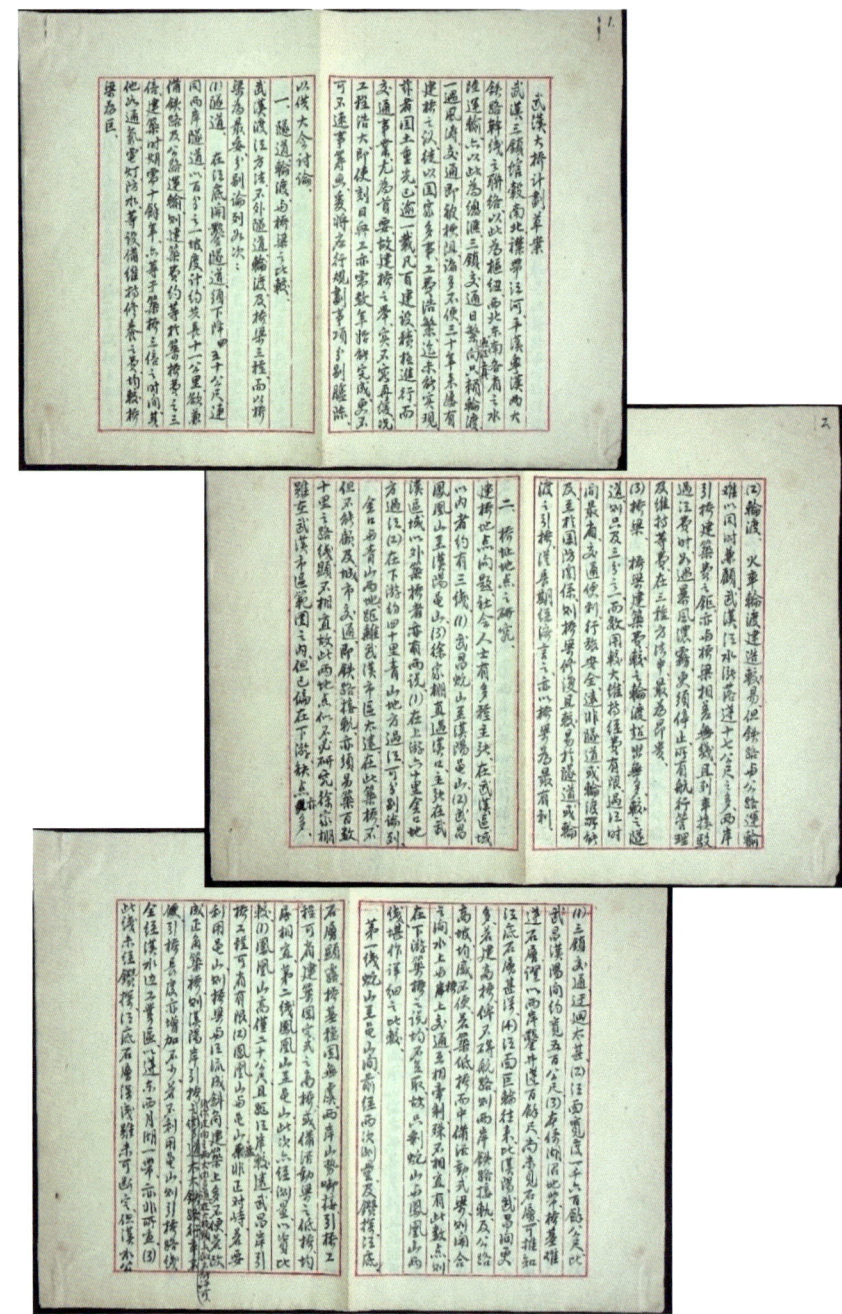

抗战胜利后，1946年10月李文骥赴"武汉长江大桥筹建委员会"、"中国桥梁公司"汉口办事处报到，再次参加大桥设计测量工作。当年11月中国桥梁公司汉口办事处提交《武汉大桥计划草案》，图为李文骥起草的文件手稿 ／ 原件影印

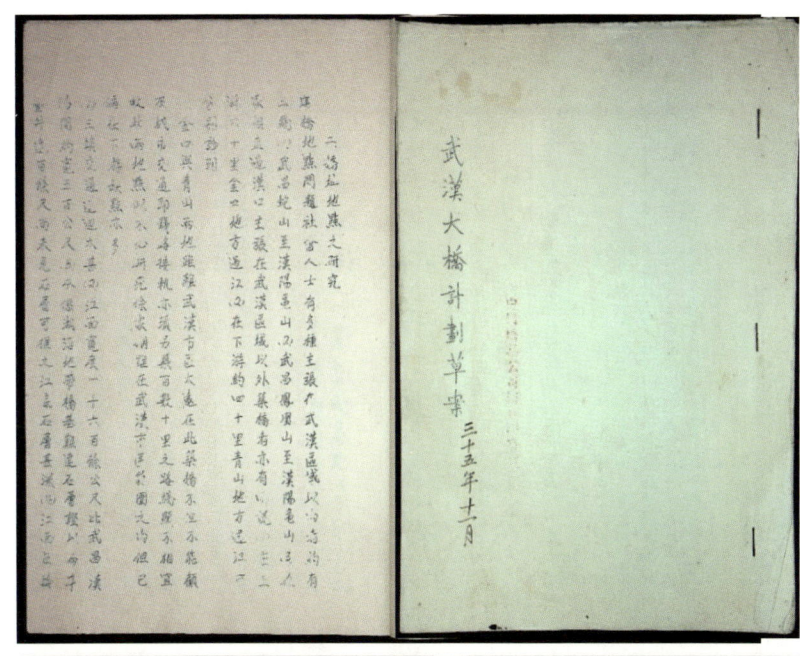

1946年11月中国桥梁公司汉口办事处提交《武汉大桥计划草案》油印件共9页4张附表，图为该报告的封面和1-3页 / 原件影印

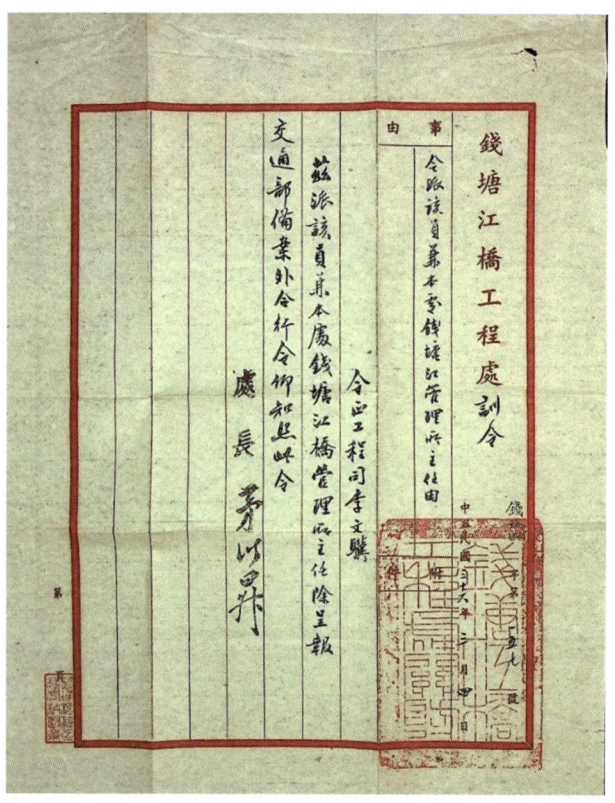

1947年3月,钱塘江桥工程处处长茅以升签发训令。任命李文骥为钱塘江桥管理所主任 / 原件影印

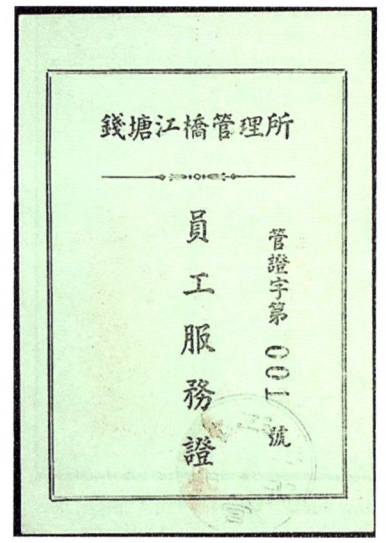

1948年7月,李文骥的钱塘江桥管理所员工服务证 / 原件影印

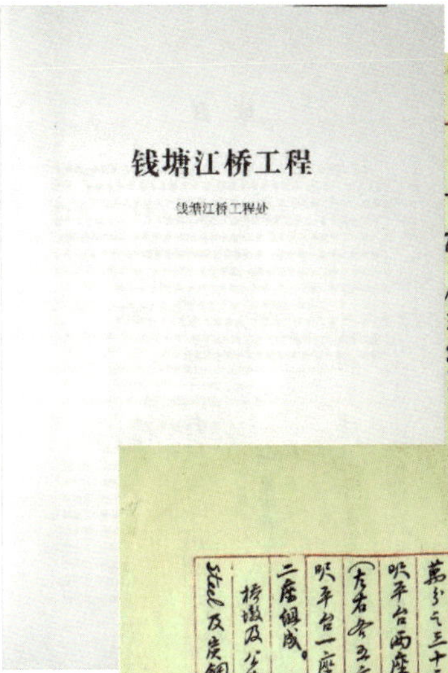

钱塘江桥工程

钱塘江桥工程处

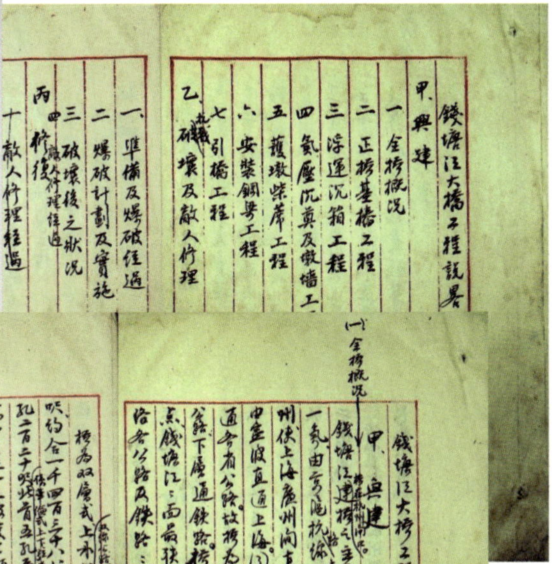

钱塘江大桥工程说略

甲、興建

一 全桥概况

二 正桥基椿工程

三 浮運沉箱工程

四 氣壓沉箱及墩牆工程

五 護墩柴排工程

六 安装鋼梁工程

七 引橋工程

乙、破壞及敵人修理

一、準備及爆破經過

二 爆破計劃及實施

三 破壞後之狀況

四 敵人修理經過

丙 修復

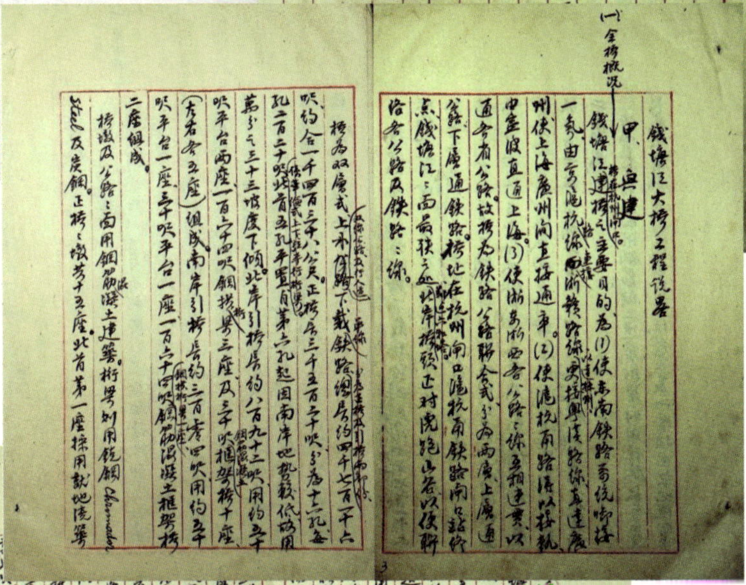

钱塘江大桥工程说略

甲、興建

(一)全桥概况

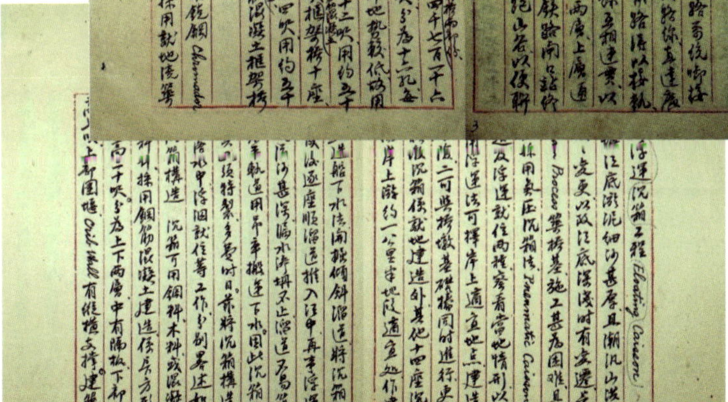

1947—1948 年，李文骥任钱塘江桥管理所主任期间，在杭州编纂完成因战乱搁置的《钱塘江桥工程》报告，全书七章，李文骥主编完成六章，共约 12 余万言，图为《钱塘江桥工程》部分手稿 / 原件影印件

李文骥 / 1948 年杭州

1947 年初，时年 60 岁的李文骥在杭州撰写《自传》共 7000 言 / 手稿影印件

> 自傳
>
> 李文驥
>
> 我生於光緒十四年，我生於珠江三角洲距廣州市約四十里的一小市鎮鍾村地方我家數代業儒我父是以教書為職業的寒士我自少随父讀書。至十五歲粗通四書五經十六歲至廣州受業於淩仲儒先生之門時清廷開始維新淩先生是舊學家而兼研科學的除教歷史古文之外兼教算學力學我對於造兩門功課甚感興趣那時候科舉尚未廢連年承父喻參加考試一次翌年(光緒三十年一九○四)清廷廢科舉，興學校，廣州設立高等學堂我考入肄業，各種學科相當於現在的初中程度。那時候我對於算學特感興趣集同學數人作課外的研究資料是中國古算書天元開方四元玉鑑和繙譯的代數難題等書

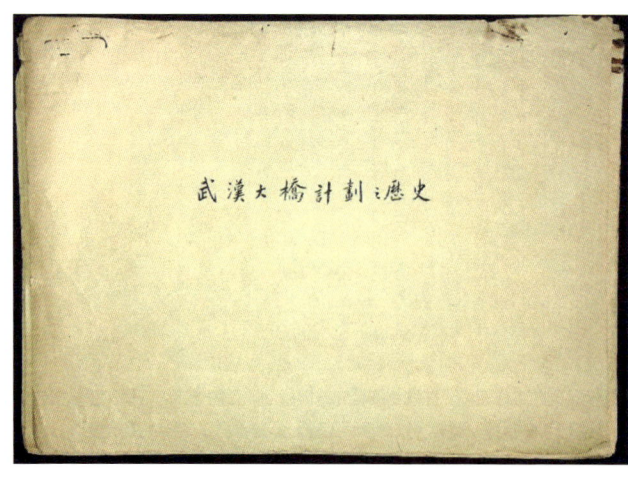

1947 年—1948 年，年过 60 岁的李文骥着手整理、编写《武汉大桥计划之历史》一文，图为此文手稿的封面

/ 原件影印件

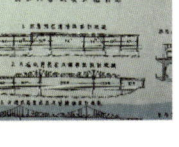

1947年—1948年，李文骥着手整理、编写《武汉大桥计划之历史》一文，共12页11张附图，图为部分手稿和附图
/ 原件影印

1947年—1948年，李文骥着手整理、编写《武汉大桥计划之历史》一文，共12页11张附图，图为部分透明纸附图和蓝图的原件影印件

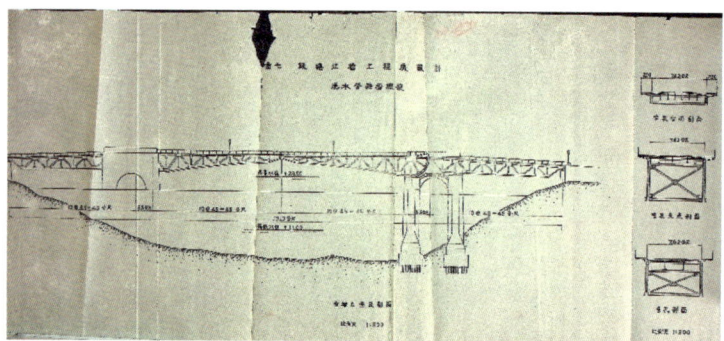

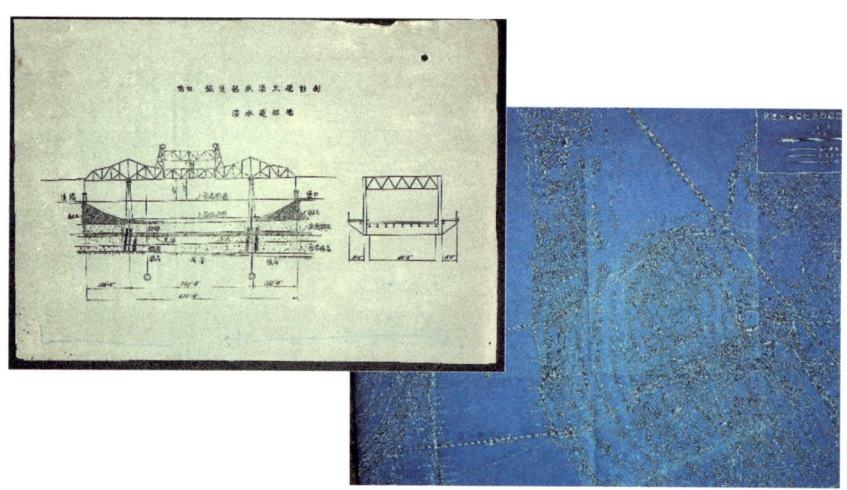

1948年《武汉大桥计划之历史》附图：武汉大桥桥址及联络图、汉水公路桥概观图等

劃迄未能实現。

统観民國成立以来，武漢大橋曾经多次计劃，而不得实現，其经過情形实與國内政潮相表裏。政局澄清之際，即有是項计劃應时而生，不旋踵而政局又呈紛乱之象，计劃又成泡影。觀此項计劃之歷史，可以占我國政局波瀾起伏之迹，如寒暑表之於天氣也。有心人於此，當不勝感慨繫之矣。

武漢大橋在國内固係空前之巨大橋工，但歐美諸邦橋梁工程之偉大尚有數倍於此者。以建築費論，不過等於一二百里之鐵路耳，而其地位实等於吾國之心臟，扼大動脉之樞机，其效用之大，豈一二百里边遠鐵路所可比擬。大肢體受傷固須治療，而心臟衰弱亦應及早調理。即以營業論，亦係公私兩利之企業。武漢大橋完成通車，徵收過橋費，公路方面因武漢间城市交通甚繁，車輛行人在橋上往来，當如闹市；鐵路運輸數量~~亦必~~比錢塘江~~橋為多~~亦必有過之無不及，過橋費收入必甚可观，數年间清還工款本息之預期當可達到。

附圖十一張

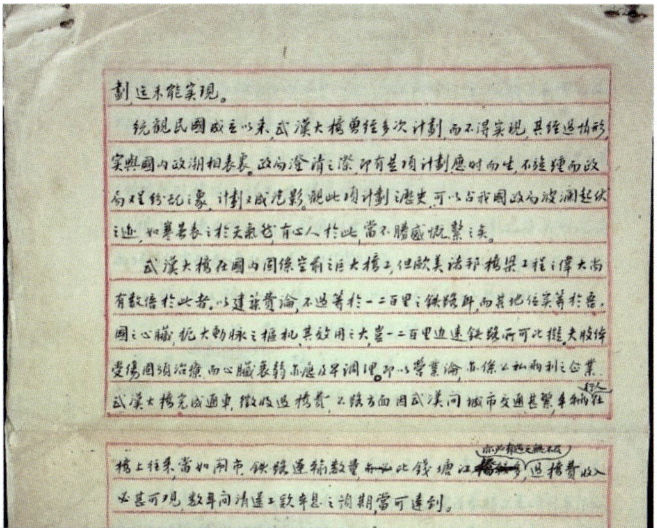

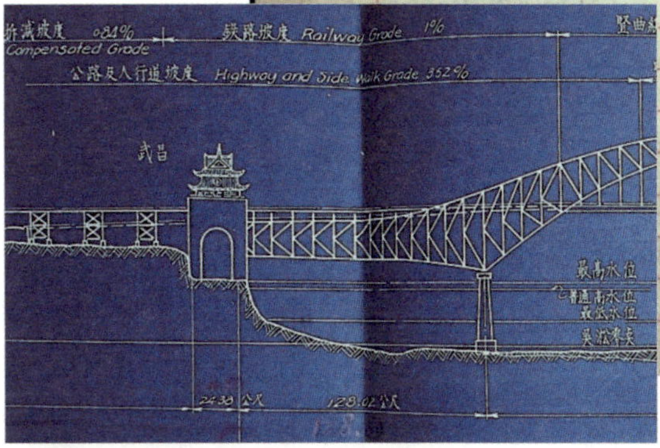

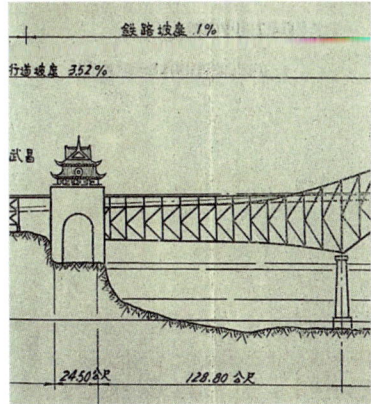

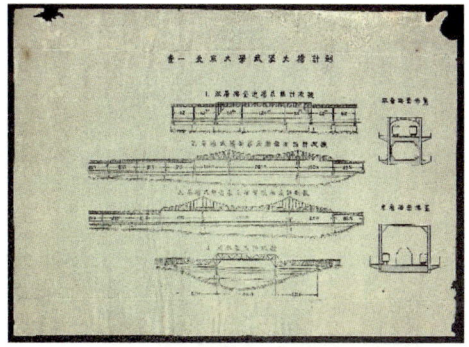

1948 年李文骥编写《武汉大桥计划之历史》，共 12 页 11 张附图，图为部分手稿和附图的原件影印件

6、新中国成立前后（1949—1951）

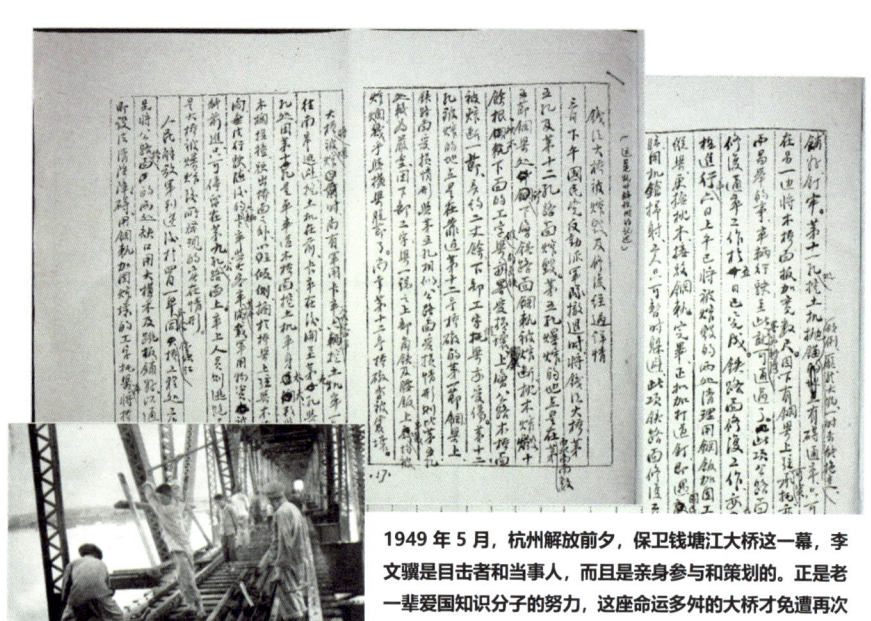

1949年5月，杭州解放前夕，保卫钱塘江大桥这一幕，李文骥是目击者和当事人，而且是亲身参与和策划的。正是老一辈爱国知识分子的努力，这座命运多舛的大桥才免遭再次祸害，得以幸存。图为：李文骥当时草拟的《钱江大桥被炸毁及修复经过详情》报告手稿和工人修复大桥的现场照片

1949—1951年第五次参加武汉长江大桥勘测设计

筹建武汉纪念桥建议书

(根据李文骥1949年5月—9月手稿整理)

武汉三镇居于中国之心脏地位,轮轨四达,为南北交通之总枢纽,而长江汉水交汇于此,将城市分隔为三部分,大江南北各铁路公路系统之运输,汇集于此,以一江之隔,不能畅通。譬诸人身之血脉,至此而停滞,对于一国之健康大受影响。是筑桥以利交通使物资的交流不受障碍及三镇城市间的联贯,实为当前极重要问题。方今新民主主义革命以告成功,中央人民政府即将成立,系中国有史以来最大盛世,不可无规模宏大的建筑物以作革命纪念。武汉大桥以建筑之宏伟,地点的适中而论,均为最适合,最足以作为永久纪念。同人等不揣菲薄,勇敢建议筹建此项上大桥,以加强中国之心脏,为建设新中国之开端,并以作新民主主义革命成功的纪念建筑。

查建筑武汉长江大桥的计划,辛亥革命以来曾经过四次的筹办。第一次在辛亥革命推翻清朝专制政体后之次年,即一九一三年,第二次在一九二九年至一九三〇年,第三次在一九三七至一九三八年,第四次在一九四六至一九四七年。各次均测量桥址,拟有具体计划,第二次及第三次并经钻探桥址江底地质,作详尽的研究。但各次因国内情况不良,计划终未能实现。考其原因,或因军阀官僚政治之腐败无能(如第一、二次计划之未能实现),或因帝国主义之压迫、侵略(如第三次之功败垂成),或因反动政府之忙于内战,无暇建设(如第四次之工款无着),回忆前事,曷胜感慨。

今者在中国共产党与毛主席领导之下,各民主党派、各方面民主人士联合一起互助合作,努力建设新中国,各种建设事业将第次展开,而武汉大桥之建筑主要作用是加强全国物资之交流,实兴各项生产之配合不可或缺的。此项计划必须实行。而且必可成功,而作为人民共和国的永久纪念,可无异议。一般人以为武汉大桥固展重要但工艰费钜,恐非目前国内财力所能担负,恐须使国内经济情形转好后能实现。此种看法是不正确的,此大桥在国内固系空前之巨大工程,但在国外,桥梁工程之浩大尚有数倍于此者。以建筑费而论,不过相当于两三百公里的普通铁路之工费,而其效用之大,断非二百里铁路可比。况且建设事业是互相联络的,建设须从整个国家着想,各部分互相配合,需时间较长的建设事业,要尽先着手进行,方可与需时较短者相照应。工款可由多方面筹措,分期拨付,就期计工,当亦不难。兹将计划的内容,与筹款的办法略述如次。

甲、计划内容:

1、武昌汉阳间扬子江大铁桥一座(铁路公路联合桥)

2、汉口汉阳间汉水公路桥一座

3、汉口汉阳间汉水铁路桥一座

4、武昌黄鹤山与蛇山间跨过中正路之旱桥一座

5、汉阳与武昌两方面铁路联络线约七公里

6、公路联络线约三公里

以上六项全部建筑费,照目前预算,1949 年 9 月约需人民币六百亿元。

乙、筹款程序:实施程序以五年为期,第一年为筹备及作详细设计时期,第二年至第五年为建筑时期。

丙、筹款办法:此项建设既与多方面的利益有关,建筑费用自应由各有关方面分担。约可分为,大江南北各铁路公路系统湖北省及武汉市等方面分担,可由中央拨款若干及特别捐款作为纪念建筑之美术点缀,按建筑程序分四年或五年拨款。筹款之办法,铁路及公路分别酌量,由客货运输征收建桥附加费,湖北及武汉市政府

方面可征收各项建桥附加税，储存备用。以涓滴聚集，集腋成裘之法，工款当不虞无着，预置每年筹得之款作分年建筑之程序，则大桥之完成自不成问题。

发起人：

○○○、○○○、○○○、○○○、○○○、○○○、○○○

1949 年 5 月—9 月 李文骥草拟《筹建武汉纪念桥建议书》（第 1 页）/ 原件影印

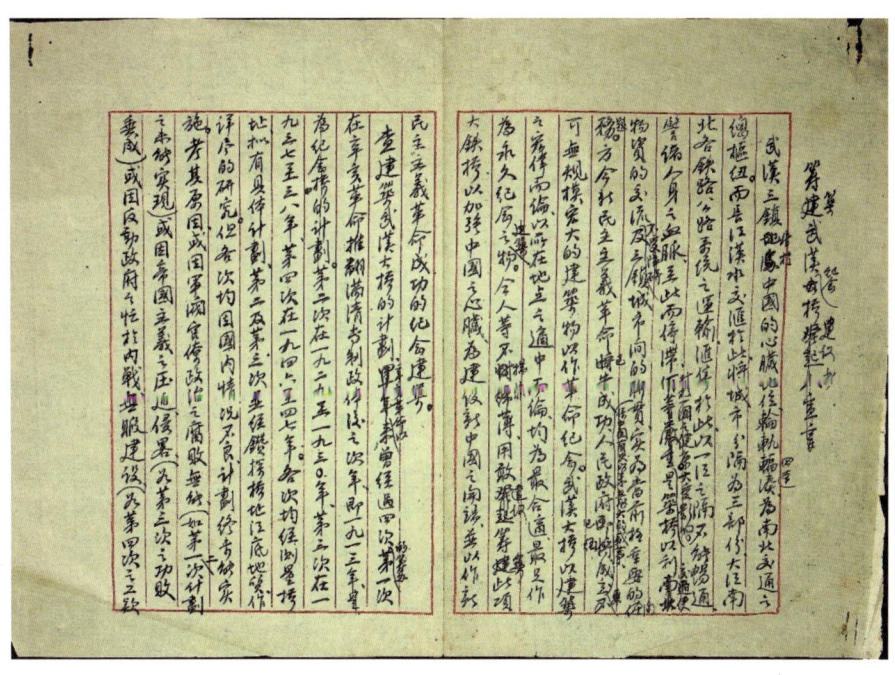

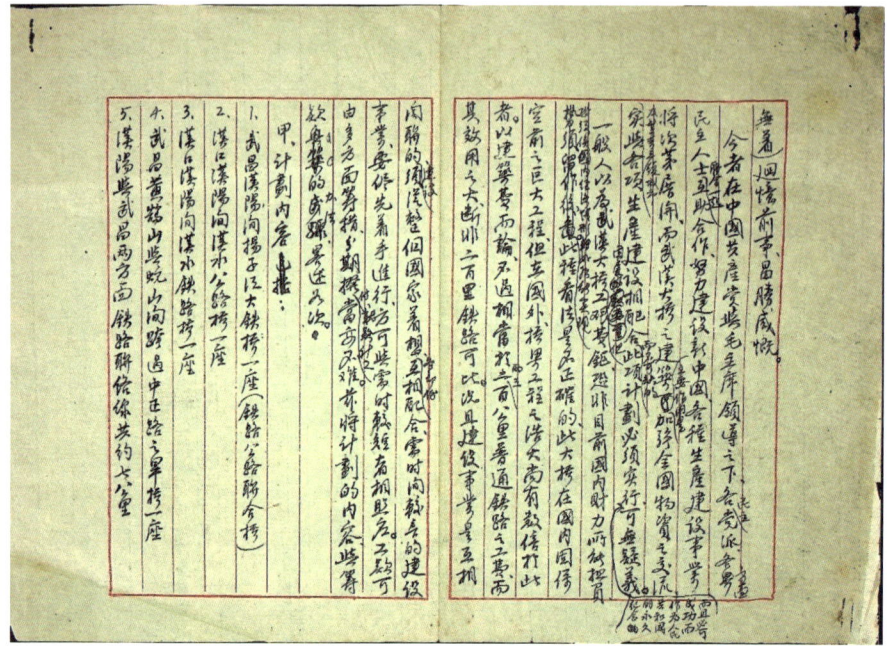

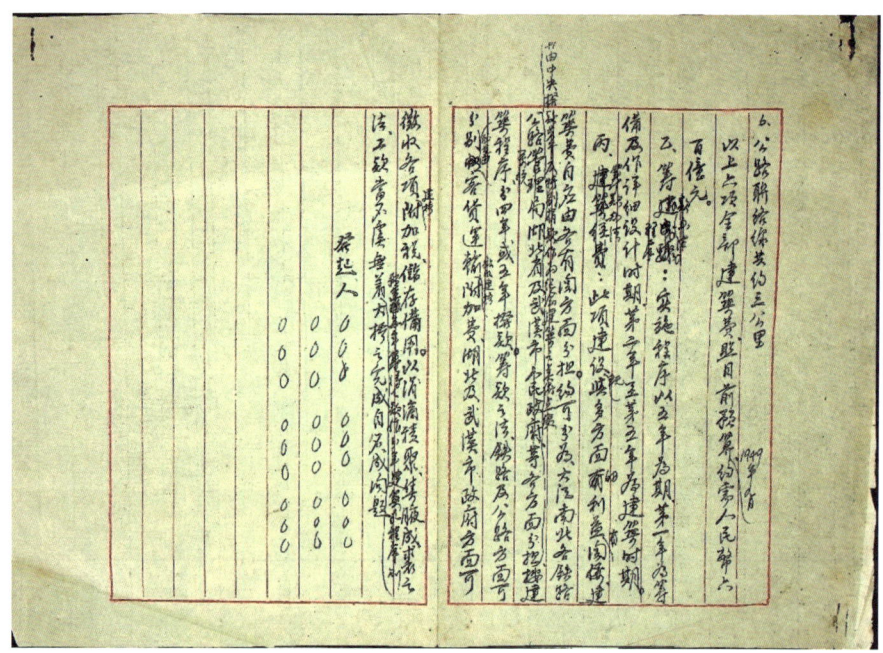

1949年5月—9月 李文骥草拟《筹建武汉纪念桥建议书》，由茅以升、梅旸春等诸多老专家联名，送呈中国人民政治协商会议。这是《建议书》草稿手迹的第2、3页。该建议书1949年9月21日经中国人民政治协商会议第一届全体会议审议通过 ／原件影印

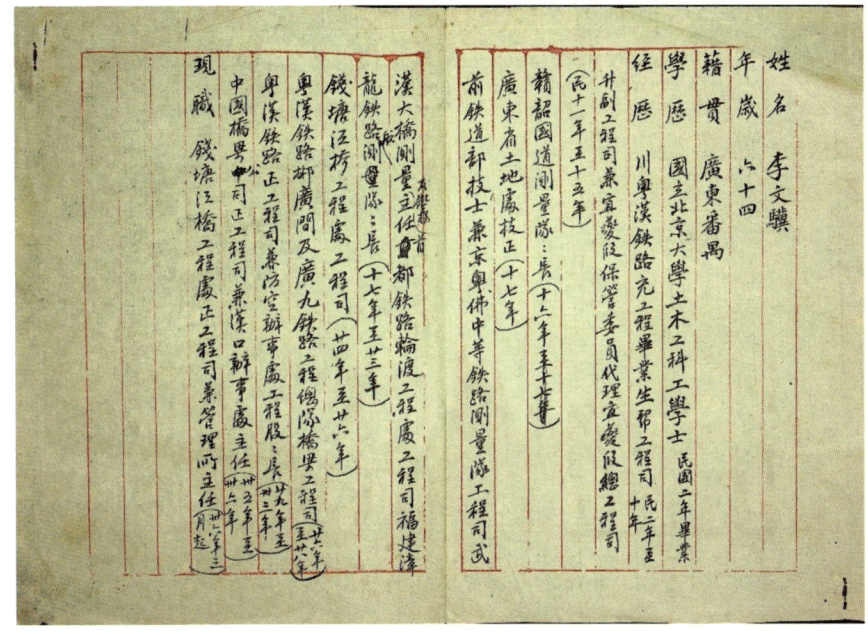

1949年5月—9月 李文骥草拟《筹建武汉纪念桥建议书》附件：李文骥个人简历 / 原件影印

委托转呈《筹建武汉纪念桥建议书》的信函

李文骥1949年9月写给茅以升等发起人的信函草稿（据手稿整理）

我作此项建议的原因有二：

因为新民主主义革命成功是我国旷古以来的最大盛世，不可无伟大的建筑物作永久纪念，而武汉跨江大桥无疑是最适合为革命纪念的建筑物。

因为我与此桥有特别关系，自从一九一三年以来，此桥的测量、河床的钻探和桥式的设计等工作共经过四次之多，每次我都参加并且担任主要工作，对于此桥的计划知道得很详细，获得不少的经验。以上每次测量计划国家所费的人力物力和时间不少,而实地经验都由我个人获得,固我自认为"老马识途",甚愿有机会将此项经验贡献于人民,他人重新研究可省去初步研究的工作与时间。因此兹将去年所编大桥计划之历史和建议书送呈,恳请转向中央建议及早组织武汉纪念桥筹备委员会共策进行。

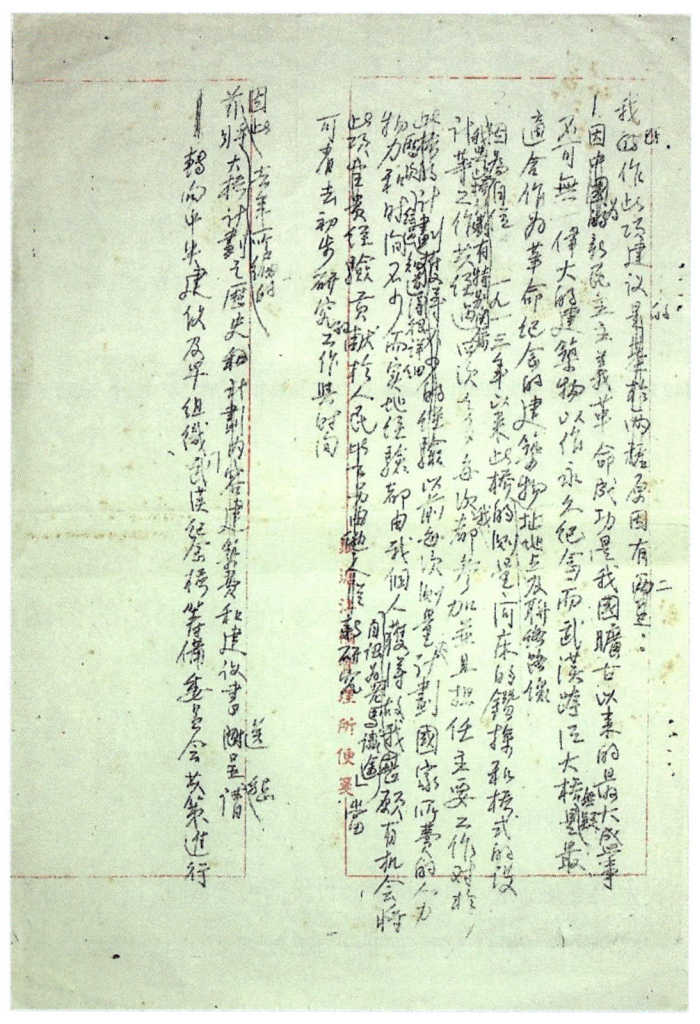

委托转呈《筹建武汉纪念桥建议书》,1949年9月李文骥写给建议书发起人的信函手稿
/ 原件影印件

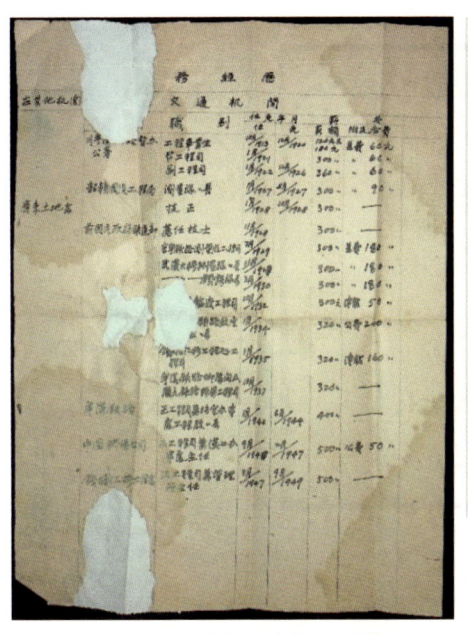

1949年9月 李文骥"职务经历"手稿

先父文骥公職業經歷（抄件）

單位	職務職稱	任期	待遇（圓/每月）
川粵漢鐵路督辦公署	工程畢業生	1913.10～1920.01	100~180 巡費 60
	邦工程司	1921.01～1922.01	300
	副工程司	1922.01～1926.12	360
韶贛國道	測量隊隊長·工程司	1927.01～1927.08	300 巡費 90
廣東土地處	技正	1928.01～1928.10	300
鐵道部	兼任總技師	1928.11	300
	京粵鐵路測量隊長	1929.07	300
	武漢大橋測量隊長	1929.11	300 巡費 180
	武漢大橋鑽探隊長	1930.08	300 巡費 180
	南京輪渡工程師	1932.10	300 巡費 180
	鐵路航空測量隊長	1934.01	300 津貼 50
	錢塘江橋工程處·工程師	1935.01～1937.09	300 公費 240
	粵漢鐵路株廣段及廣九路橋樑工程師	1937.10	320
粵漢鐵路局	正工程師兼防空辦事處工程組長	1940.01～1944.06	400
中國橋樑公司	正工程師·兼漢口辦事處主任	1946.09～1947.02	500 公費 50
	錢塘江橋工程處·管理所 正工程師兼大橋管理所主任	1947.03～1949.09	500

李文骥"职务经历"抄件 / 李希 整理

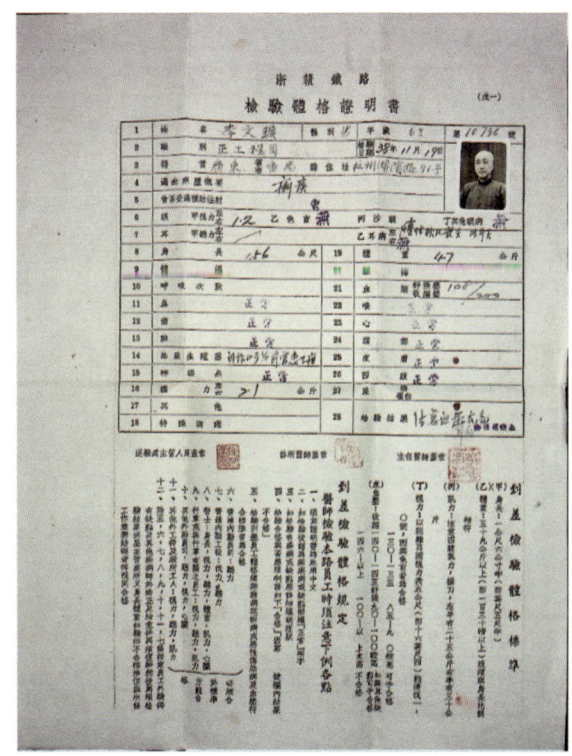

1949年11月19日 李文骥赴北京铁道部报到前，在杭州做的体检报告，当时的体重仅94市斤，血压 200/108
/ 原件影印

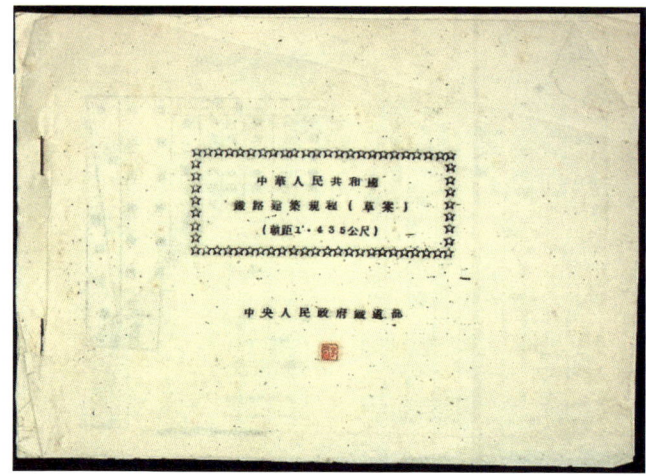

李文骥遗物中仅有的一件新中国的铁路资料:一本盖有私章的1949年12月中央人民政府铁道部印发的《铁道建筑规程(草案)》
/ 原件影印

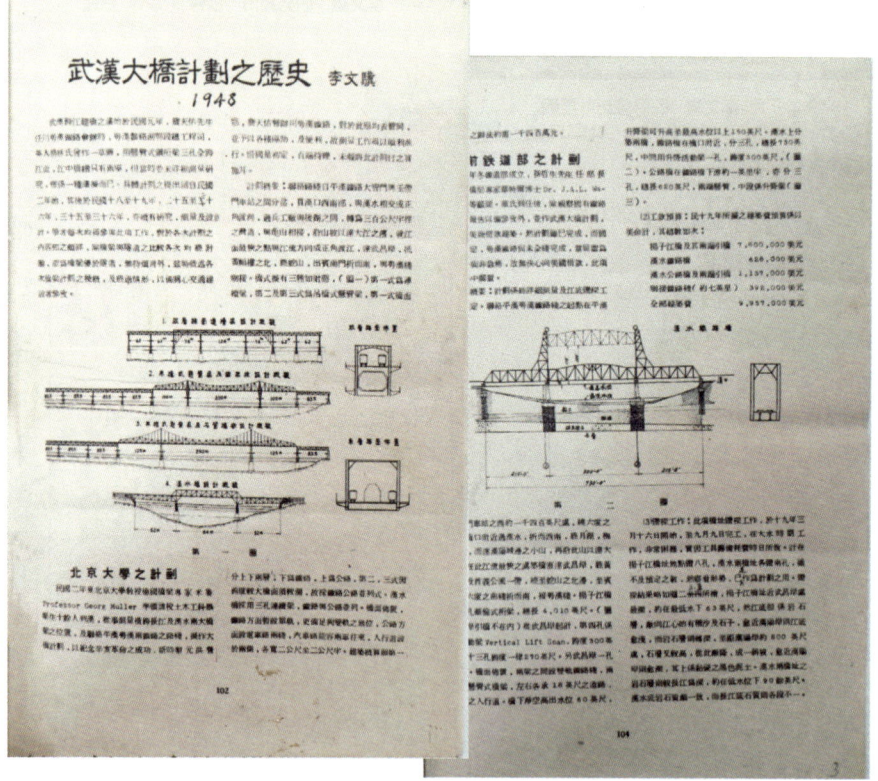

1948年李文骥文稿《武汉大桥计划之历史》影印件(共10页),原件1998年李文骥长女李希捐赠给北京大学档案馆收藏

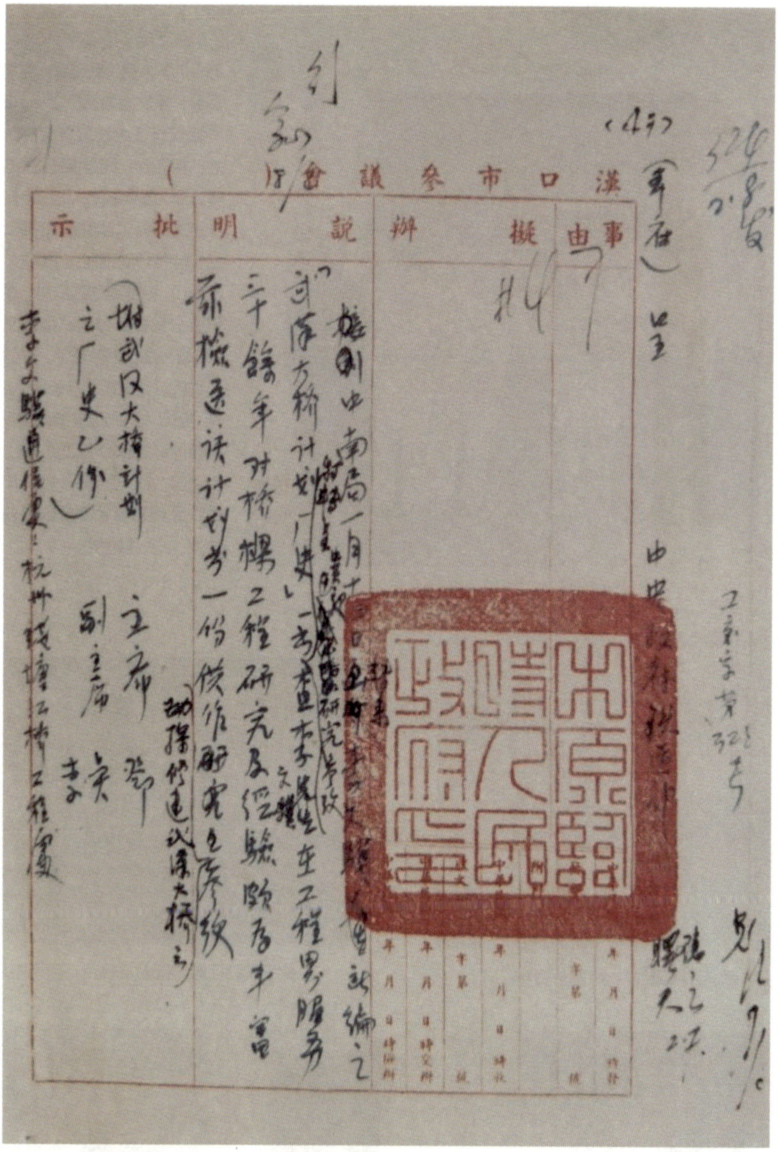

漢口市參議會（　　）

事由	擬辦	說明	批示
		接到中南局一月十四日转来李文骥新编之武汉大桥计划历史一书，特转呈贵部研究参考。查李文骥在工程界服务三十余年，对桥梁工程研究及经验颇为丰富，兹检送该计划书一份，供作勘探修建武汉大桥之参考	（附武汉大桥计划之历史一份）主席 邓 副主席 吴 李 李文骥通信处：杭州钱塘江桥工程处

1949 年 9 月李文骥草拟《筹建武汉纪念大桥建议》送呈中国人民政治协商会议。同时又将《武汉大桥计划历史》报送中南局和中原临时人民政府，这是中原临时人民政府收到李文骥建议书后发文函的草稿　/ 图片资料，中建深圳钢结构博物馆收藏

推荐函原文如下：“接到中南局一月十四日转来李文骥新编之《武汉大桥计划历史》一书，特转呈贵部研究参考。查李文骥在工程界服务三十余年，对桥梁工程研究及经验颇为丰富，兹检送该计划书一份，供作勘探修建武汉大桥之参考。(附武汉大桥计划之历史一份）李文骥通信处：杭州钱塘江桥工程处。”函件具名“主席 邓，副主席 吴、李”，应分别指邓子恢、吴芝圃、李一清，并加盖“中原临时人民政府印”红色印章

1950年1月，铁道部成立桥梁委员会，李文骥为委员之一。3月，"武汉长江大桥测量钻探队"成立，梅旸春，胡世悌任正副队长，李文骥为顾问辅佐。唐寰澄1987年撰文记载："武汉既为三镇，测量钻探队便分别设在三个地方。总部在汉口，驻原德明饭店对面的汉口铁路分局办公楼内。武昌文明路14号是测量队的基地。钻探队的基地则设在汉阳洗马长街。人员组成，技术人员有原参加过钱塘江桥建设的老工程师李文骥、周昱、何武堪等……"图为：1950年4月武汉大桥测量钻探队部分成员合影 / 张发先提供

武昌江滩老照片 / 图片资料

位于武昌江滩附近的文明路/ 现场照片

文明路14号两层小楼 / 现场照片
1950年时是武汉大桥测量钻探队职工宿舍

文明路14号两层小楼内景，1950年李文骥、唐寰澄曾在此同居一室 / 现场照片

鐵道部武漢大橋測量鑽探隊職工家屬調查表

本人姓名	李文驥		服務處所	武漢大橋測量鑽探隊	職別	正工程師
家屬稱謂	名氏	年齡	存歿	技能	服務或求學情形	須否本人撫養
祖父	春元		已歿			
祖母	盧氏					
父	世昌					
母	陳氏					
兄	無					
弟						

						出生年月
配偶	陳詠洲	61				1889 12
子 偉德		七音 34		土木工程	台灣鐵路工務段	1917 1
子 慧境		19		中學生	杭州師範中學畢業	1934 1
子 術境		18			辭世	1933 5
女 楚甦		29		文學系	現未有工作	1922 10
女 楚珊		26		無線電廣播	現在中南廣播電台	1925 7
女 楚琴		22		文藝	北京市文藝處服務	1929 7

本人應領米盒如不能親領時由本人之子女具領。

| 永久住址 | 廣東番禺鍾村 | 現在住址 | 武昌大明路14號 |

1950年7月8日填　本人簽名蓋章

表列家屬人口與該職工家庭具係
情況確屬相符本人等願負責證明　　證明人：(1)　　　(2)

附註：(1)須用墨筆正楷填寫清楚 (2)證明人由本隊職工二人蓋章

1950年7月8日李文骥在武汉填写的"武汉大桥测量钻探队职工家属调查表"／原件影印件

1949 年 9 月，第一届政治协商会议通过了武汉长江大桥建桥的议案；10 月，接中央政府铁道部的调令，李文骥赴北京报到，1950 年春、秋、冬和 1951 年春，在位于王府井大街南口的铁道部三层小红楼办公和居住。

小红楼原是京汉铁路局办公楼，始建于 1906 年，位于王府井大街南口西侧霞公府东口，即老北京饭店东侧，此地清末为温郡王府址。这个办公楼为西洋式连廊建筑，用红砖建成，又称"铁路局红楼"。1937 年被日军霸占，成为日军在华北的铁路局办公楼。1945 年 8 月 15 日日本无条件投降，小楼被国民政府铁道部接收，由平津铁路局使用。1949 年 2 月被解放军军委铁道部接收，10 月定为政务院铁道部所在地。1955 年铁道部机关搬走后，小楼交由北京铁路局使用。1972 年建设新北京饭店，该小楼被拆。

／图片：老北京网，后两张照片出自 1958—1959 年梁思成近代百年建筑研究项目存档照片

位于北京佟麟阁路的铁道部铁路总医院（1950年），李文骥1951年4月病逝于此医院。京汉铁路1906年4月1日通车，京汉铁路局于1914年在王府井康家胡同2号购置房屋，修建医院，同年年底医院建成，4月开业时定名为北京京汉铁路医院，在铁路局小楼的西边。1945年日本投降后，医院由国民政府接管，更名为"平津区平津铁路管理局铁路总医院"。1948年，医院迁入西城石驸马大街（现佟麟阁路）新址，床位增至200张左右。1949年，北平和平解放，医院由解放军交通指挥部接管，1950年定名"铁道部铁路总医院"。1958年6月，北京铁道医学院在羊坊店成立后，医院成为北京铁道医学院附属医院，也搬到羊坊店。1958年8月医院迁入现址，当时设计床位600张。医院几经更改，最后定名为"铁道部北京铁路总医院"即现在的"北京世纪坛医院"。　　　　/ 北京世纪坛医院，医院历史资料

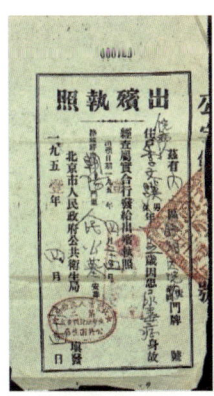 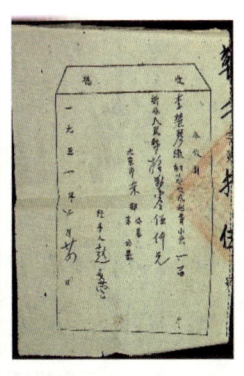 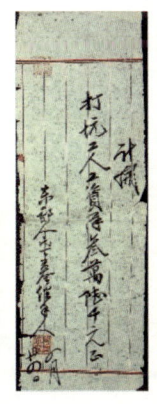 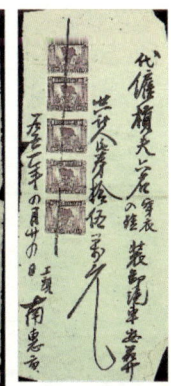

"父亲两袖清风地走了，他没有任何财产留下。他一生的心血，化作了一座座大桥，一条条道路，留在祖国的大地上" / 先父李文骥安葬手续和收据（1951年4月）李希 收藏

武汉长江大桥 / 资料

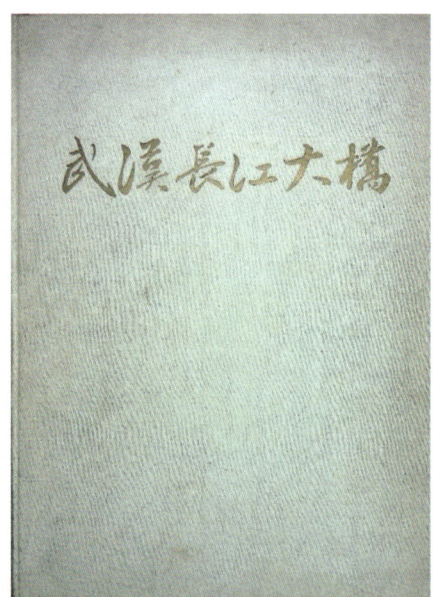

1956年10月铁道部武汉大桥工程局编写《武汉长江大桥》一书，用中、俄、英三种文字介绍有关武汉大桥建设的资料 / 原件图片

序　論

　　解放后的新中國，在中國共產黨和中華人民共和國政府的領導下，大規模地開始了有計劃的經濟、文化和國防建設，因之要求大力發展交通運輸事業。但是溝通大江南北廣大地區的交通干線，仍因長江一水之隔，迄今尚未互相銜接，現有的輪渡設備，對於日益繁重的運輸任務，未能適應客觀形勢的要求。

　　為了配合國家在社會主義建設中所面臨的宏偉任務，為了大力改進武漢三鎮的交通聯系，我國政府政務院早在1950年就已責成鐵道部進行武漢長江大橋的勘測設計工作。

　　修建這座宏偉的大橋，是具有深長的政治意義的。這是人民政府對於全面發展國民經濟竭意經營的明証。這是中國人民解放以來在科學知識水平和技術力量上獲得顯著提高的表現。

　　武漢長江大橋早經動議修建，遠在1913年就開始了最初的勘測和設計工作，在1950年以前，先後共有四次嘗試以確定橋址和編制設計。由於種種原因，這些企圖一一均歸泡影。

　　在人民政府決定修建武漢長江大橋之後，開展了橋址綫的勘測和研究工作。在技術設計經過最后批准以前，先後共作了八个橋址綫方案，如圖1所示，並進行了縝密的研究。所有這些方案的共同特點係利用長江兩岸的山丘，以縮短引橋和路堤的長度。

　　茲將編制初步設計及技術設計時所研究的八个橋址綫比較方案按下列三類分述如下：

　　1. 第一方案，利用左岸（漢陽）龜山及右岸（武昌）鳳凰山，該兩山系屬同一斜層的褶皺。

　　2. 第二、四、五、七及八方案，利用左岸龜山及右岸蛇山，即由一个斜層的褶皺過渡到另一个斜層的褶皺。

　　3. 第三及六方案，利用左岸鳳凰山及右岸蛇山，這兩个山系屬同一斜層的褶皺，其位置與第一方案幾乎平行，但在第一方案的上游。

　　第一方案，由於引橋過長和江底岩盤過深，未被採用。

　　第三方案與地質部建議的第六方案，原認為這二个方案的岩盤石質較好，但鑽探結果，

5

该书中《序论》特别对1913年到1950年38年间，大桥的四次勘测设计做了简短概述："武汉长江大桥早经动议修建，远在1913年就开始了最初的勘测和设计工作，在1950年以前，先后共有四次尝试以确定桥址和编制设计。由于种种原因，这些企图一一均归泡影。在人民政府决定修建武汉长江大桥之后，开展了桥址线的勘测和研究工作。在技术设计经过最后批准以前，先后共作了八个桥址线方案，并进行了缜密的研究。所有这些方案的共同特点系利用长江两岸的山丘，以缩短引桥和路堤的长度。"

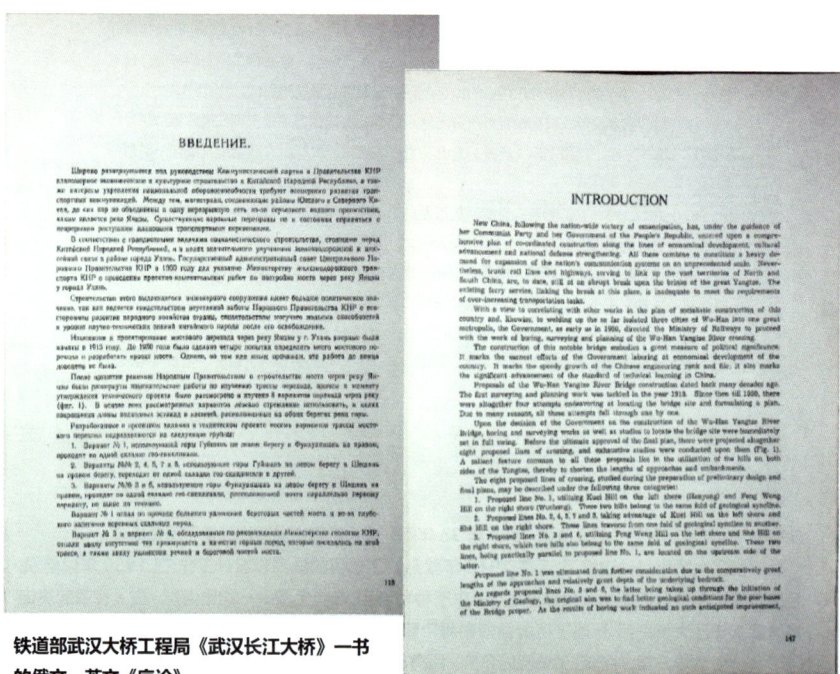

铁道部武汉大桥工程局《武汉长江大桥》一书的编者说明和目录

铁道部武汉大桥工程局《武汉长江大桥》一书的俄文、英文《序论》

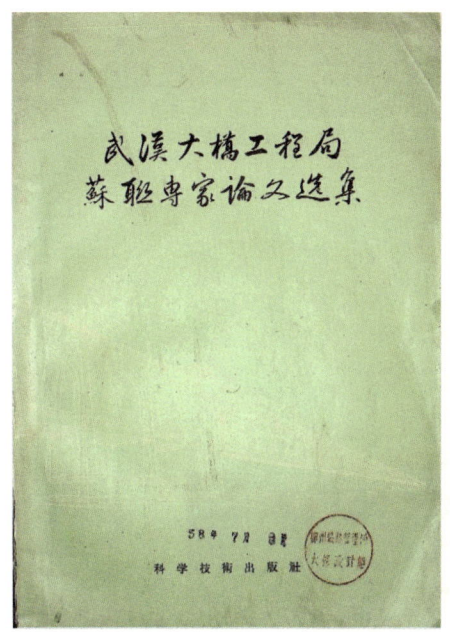

1957年5月 武汉大桥工程局编写的《苏联专家论文选集》

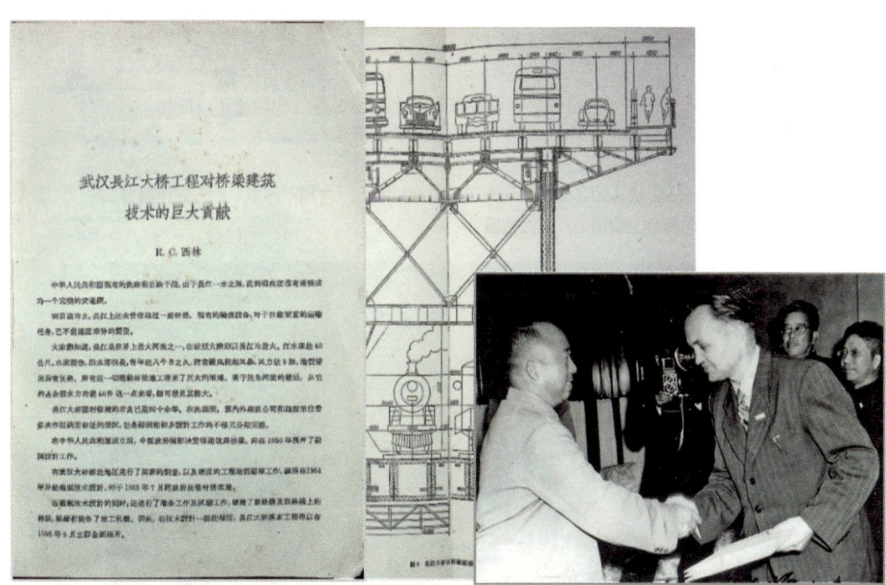

苏联专家组组长康斯坦丁·谢尔盖耶维奇·西林的论文　　铁道部部长滕代远和西林总工程师 1957年10月

附：西林1996年去世后，人们惊奇地发现，在他的墓碑后面，刻的就是著名的武汉长江大桥

【庆祝武汉长江大桥通车 60 周年】桥史专家说桥

2017-10-17 16:58

提示：

"若有人问我对武汉长江大桥的印象，我的回答是：'那是一瞬间就能征服一个人灵魂的建筑！'" 10 月 15 日，正是武汉长江大桥通车 60 周年纪念日，桥梁史专家、国家一级作家、湖北省有突出贡献专家余启新，应邀出席武汉汤湖图书馆名家论坛，以"说说武汉长江大桥"为题进行讲座。

余启新在讲述武汉长江大桥的故事。

余启新以自己的亲身经历及多年对武汉长江大桥的研究，讲述了 1957 年 10 月 15 日——武汉长江大桥通车的日子为什么值得我们纪念，武汉长江大桥建设期间，党和国家领导人为何多次到访，为何武汉长江大桥如此坚固，武汉为何成为"建桥之都"。

60 年光阴如梭，武汉长江大桥依然矗立在龟山蛇山之间的江面上，为武汉市民服务。余启新表示，武汉长江大桥不仅是一座桥梁、一座建筑，它更是时代的坐标、民族的骄傲、百姓的偶像。

说明：武汉各界群众纪念武汉长江大桥建成 60 周年，《大桥的故事》一书的作者余启新在纪念集会上演讲　/ 网页截图

武汉长江大桥夜景

默克尔游览长江大桥，获悉选址由德国科学家建议

从天河机场到华中科技大学的途中，默克尔及随行代表团于 2019 年 9 月 7 日上午 11 时经过武汉长江大桥，并在桥上短暂停留。

默克尔在武汉长江大桥上眺望两江四岸，感慨江城之美，并聆听中方人员关于武汉长江大桥的介绍。当了解到武汉长江大桥选址由德国科学家建议、1955 年建造时，默克尔表现出很大的兴趣，并好奇地询问武汉长江大桥离三峡大坝的距离和长江的流向等问题。

武汉长江大桥位于武汉市蛇山和龟山之间，是万里长江上的第一座大桥，也是新中国成立后在长江上修建的第一座公铁两用桥，被称为"万里长江第一桥"。武汉长江大桥建成伊始即成为武汉市的标志性建筑。2018 年 1 月，入选中国第一批工业遗产保护名录。武汉建设长江大桥的设想很早由清湖广总督张之洞提出。

1913 年在詹天佑的支持下，国立北京大学（今北京大学）工科德国籍教授乔治·米勒带领 13 名土木专业学生，来到武汉对长江大桥桥址进行初步勘测和设计实习，这是武汉长江大桥的首次实际规划。

（长江日报记者潘茜）

廉南宁油画作品：古今中外桥梁名人

（中铁大桥局 桥梁博物馆 收藏）

古今中外桥梁名人 一、中国 50 人

廉南宁，（1955—），辽宁沈阳市人。1982 年毕业于吉林艺术学院，1989 年在中央美术学院油画系进修。 中国美术家协会会员 （图中，中国近代桥梁名人的姓名，编者做过处理）

廉南宁油画作品：古今中外桥梁名人

（中铁大桥局 桥梁博物馆 收藏）

古今中外桥梁名人 二、国外 50 人

附·李文骥文稿、手稿、藏品清单

1. 北京大学工科土木系第一届毕业生测量设计武汉大桥桥址在汉口合影(德籍教授米勒摄)/1913年/照片/翻印
2. 《北京大学之纪念桥计划》全文(7页,附图4)/《工程》第七卷合订本P247/1913年/书稿/原件
3. 詹天佑为李文骥签发的资历证明/1917年9月/证件/原件
4. 4.华特尔博士在纽约市国际大楼"中国工程师学会美国分会年会"上的讲演《中国所需要于工程者》(26页)/《工程》第七卷第三期P239,第四期P430 /1930年8月/书稿/原件
5. 李文骥论文《武汉跨江铁桥计划》(37页)/《工程》第七卷合订本P345/1932年12月/书稿/原件
6. 李文骥工程报告《钱塘江桥测量工作报告》(12页)、《钱塘江桥桥工测量》(8页)/《钱塘江大桥史料》(一)P51、P407/1935年/书稿/编印件
7. 李文骥负责摄影和编辑的《钱塘江桥工程摄影》第一辑/1936年5月/实物/原件
8. 李文骥负责摄影和编辑的《钱塘江桥工程摄影》第二辑/1937年5月/实物/原件
9. 《钱塘江桥桥工处武汉大桥建议书》英文函件等(9页)/1937年5月/函件/原件
10. 《钱塘江桥桥工处武汉大桥建议书》华特尔英文函件"汉口长江、汉江拟建桥评估"(7页)/1936年/函件/原件
11. 李文骥摄影遗作《钱塘江桥工程纪录影片》/1934—1937年/光盘卡书/复制
12. 抗战胜利后粤汉铁路局致李文骥的复职函/1945年9月/函件/原件
13. 中国桥梁公司汉口办事处《武汉大桥计划草案》李文骥手稿(9页)/1946年10月/手稿/原件
14. 中国桥梁公司汉口办事处《武汉大桥计划草案》油印件(12页)/1946年11月/油印/原件
15. 中国桥梁公司给李文骥任命函/1946年9月/函件/原件
16. 中国桥梁公司给李文骥的王同熙任命函/1946年9月/函件/原件
17. 中国桥梁公司给李文骥信函(信封)/1946年9月/函件/原件
18. 李文骥《抗战以来之钱塘江大桥》李文骥手稿(18页)/1947年/手稿/扫描件
19. 李文骥《自传》手稿(36页)/1947年/手稿/原件
20. 交通部部长俞大维签发的李文骥铁路技术员位证书/1947年2月/证件/原件
21. 李文骥证件照片/1947年/照片/原件

22. 茅以升签发李文骥为钱塘江桥管理所主任的任命函/1947 年 3 月/函件/原件

23. 李文骥《爆破钱塘江大桥》(3 页)/《钱塘江大桥史料》(三) P214/1947 年 5 月书稿/编印件

24. 李文骥《钱塘江大桥概述》(12 页)/《钱塘江大桥史料》(三) P202/1947 年 8 月书稿/编印件

25. 李文骥《钱塘江大桥概述》(21 页)/1947 年 8 月/手稿/扫描件

26. 李文骥《武汉大桥计划之历史》手稿(12 页, 附图 11 张)/1948 年/手稿/原件

27. 李文骥《武汉大桥计划之历史》铅印稿(9 页)/1948 年/书稿/复印件

28. 李文骥《钱塘江桥工程报告》手稿(50 页)/1948 年 2 月/手稿/扫描件

29. 李文骥《钱塘江桥工程报告》文稿(《钱塘江大桥史料》(二) P1/共 226 页, 约 12 万余字) 1948 年 2 月/书稿/编印件

30. 钱塘江桥管理所员工服务证/1948 年 7 月/证件/原件

31. 李文骥《钱塘江大桥被炸毁及修复经过详情》手稿(2 页)/1949 年 5 月/手稿/扫描件

32. 李文骥《筹建武汉长江大桥建议书》手稿(3 页)/1949 年 5 月/手稿/扫描件

33. 李文骥为转呈《筹建武汉长江大桥建议书》写给茅以升等发起人的信函手稿(1 页)/1949 年 9 月/手稿/扫描件

34. 李文骥自书任职履历表/1949 年 9 月/手稿/原件

35. 李文骥在浙赣铁路医院的体检报告/1949 年 11 月/表格/原件

36. 铁道部印发的第一本铁路建筑规程(加盖李文骥私章)/1949 年 12 月/油印/原件

37. 李文骥填写的铁道部武汉大桥测量钻探队职工家属调查表/1950 年 7 月/表格/原件

38. 铁道部财务给李文骥家属的收付清单/1951 年 4 月/表格/原件

39. 北京市公共卫生局填发的李文骥出殡执照/1951 年 4 月/证件/原件

40. 李文骥下葬手续收据/1951 年 4 月/实物/原件

41. 李文骥在钱塘江桥管理所任职时的名片/1947 年 4 月/实物/原件

42. 李文骥老相册(钱塘江大桥工程摄影照片)/1934-1937 年/照片 201 张/原件

忆 文

REMEMBRANCE

寸 草 心

——谨以此文纪念我的父母并献给大弟慧培

李楚翘（李 希）

写在前面

1989年5月，在小弟术培夫妇的陪同下，我第一次来到山西太原市大弟慧培家中。这是一个温馨的家庭，一个贤淑能干的弟媳，三个都已立业成家的侄儿女，和三个活泼可爱的第三代，我庆幸慧培有一个如此称心如意的晚景。

近半个世纪，我们六兄弟姐妹天南地北，仅以鱼雁互报平安，极少相会。这次虽然大妹楚兴，小妹楚琴未能同来，大哥德培又远在美国，但我非常珍视这次得来不易的姐弟会晤。

"我们六兄弟姐妹" 1936 年夏 南京

我们在一起，自然而然地回忆起我们共同度过的童年，回忆着逝去多年的父母。我们不约而同地想到应该为父亲写传记。我们的父亲李文骥，他的一生绝对是不平凡的。他耗尽心血，为国家的交通建设做出卓越的贡献，本应载入史册，而他却终生无闻。他的业绩将会让历史的烟尘湮没，而我们的后代应该知道曾有这样一位可敬的祖先。因此，我们决定留给后人一份有关父亲的文字。

我希望由慧培执笔完成这一任务，我负责补充，而慧培认为应由我来完成，他来补充。我想也对，他和父亲在一起生活的日子毕竟太少了。

我允诺下来了，但并没有及时动笔，认为来日尚长。

1991 年初夏，父亲当年在武汉大桥工作时的同事唐寰澄先生（比父亲小 40 岁），通过友人许宏儒先生（父亲在钱塘江桥工程处的同事，又名许声甫），来信向我们索要有关父亲的资料。唐先生信上说："我觉得李先生这样的前辈，工作做的多，风头出得少，就此默默无闻，非可以勉后人之道，所以想为之传……"。在父亲已辞世 40 年之后，竟然还有人记着他，要为他立传，这使我们做儿女的能不感动，能不伤心？

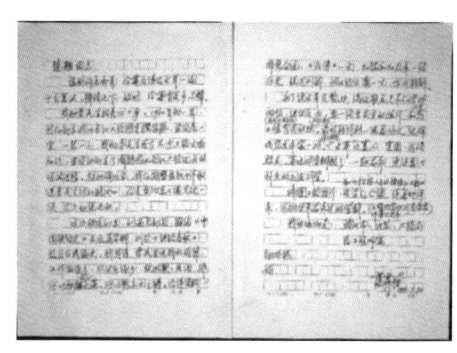

1991 年 7 月唐寰澄先生给笔者的来信 / 影印

我们捡出父亲留下的文件、手迹，找出有关照片，寄给了唐先生。唐先生快人快笔，他的《历史上的武汉长江大桥建桥方案——纪念李文骥先生》一文当年脱稿，1992 年 1 月，发表在中央铁道部出版的《铁路春秋》

1992年第一期。另一篇《李文骥先生传》亦同时成稿。

《铁路春秋》1992 第 1 期

在与唐先生互通书信，提供资料的过程中，虽然我也重温了往事，但由于思想怠惰，我和慧培商定写父亲传记事，仍未及时付于行动，仍以为来日尚长，慢点不妨事。但不幸的是，1993 年我伤腿卧床期间，慧培弟不幸患肺癌，竟于 6 月 25 日英年早逝。由于我的延宕，他已等不及为父亲的传记作补充了，我何其悔也、痛也！

我终于勉力写成下面的文字，已是 1994 年深秋，往事历历在目，亲情随思绪而涌动，逝去的一切，竟是这般的刻骨铭心、永志难忘！我尽记忆所及，参照父亲遗留下来的自传和少量的文稿，写下了父亲令人敬佩的一生（虽仅及父亲业绩之万一）。同时，也记述了童年生活的片断和母亲短暂一生。

我已年逾古稀，思维日见迟滞，付诸笔端之时，深感力不从心，致使这篇记述，成了一个"四不像"。如果此文可以流传下去，让我们的后代子孙多少了解一些他们祖辈生活的时代和经历的坎坷，则我愿足矣！

谨以此文纪念我在天的父母，并献给我的大弟慧培。

更希望它作为先辈的一颗爱心，留给我们的后代。

儿时的记忆

心理学上，曾认为人最早有记忆力，当在三岁。而我的体验，将这个定论时间略有提前，是两岁。

1924年李文骥夫妇和婴孩时的笔者

那最早的记忆是如此清晰：天还没有大亮，住处附近也许有个军营，嘹亮的晨号声传来，我醒了，正躺在母亲怀抱里，母亲的怀抱是那么暖和。

大妹楚兴比我晚出生三年，如果当时有了楚兴，在母亲怀抱里的应该是她。因而我能肯定，我这记忆发生在三岁之前，也就是两岁。

1922年10月，我出生在湖北宜昌。我的记忆，加上父亲留下的许多珍贵照片，我知道我家住在宜昌名叫"铁路坝"的地方，房子有许多圆拱门，好像是车站，后来搬到一个有木栅栏围起来的很大的院子里，院子中央有大草坪，种满花卉、树木；东南西北有四幢西式的砖木平屋，房子四周护以宽敞的回廊，房间里面有壁炉，从窗口望出去，可以看到宜昌的东山寺。

宜昌东山寺，始建于唐朝，重建于明朝，"东山图画"曾列"夷陵八景"之首，毁于抗战中侵华日军的炮火 / 资料

从父亲的自传，和小时候曾从母亲口中听说，当时父亲供职于铁路部门，当局拟从汉口到宜昌到成都，建造一条"川汉铁路"。长江上游沿岸都是崇山峻岭，如果修铁路就得打通无数的山洞隧道，父亲那时就是领着测量队，到宜昌以上地段勘测地形。母亲曾告诉我们，父亲的工作非常辛苦，因父亲个子不高，去测量时，每逢过河，靠工人架着膀子涉水，逢山开路，工人们用绳索把父亲吊下山崖勘测，虽然，那条拟议中的"川汉铁路"后来只是中国铁路史上的一段记载，但我们的父亲对它是付出了极大的辛劳和心血的。父亲的自传中没有细述他的这段经历，因为他的一生类似的情况太多了。但他对测量结束后的情况，有这样一段回忆"……那段

1922—1926 年李文骥在宜夔铁路保管处，余暇时自学无线电收发报

时间工作较清闲，我就利用这段时间学些现代科学……"他学习无线电技术，学习摄影，这在当时都是新兴的科技事物。

那时我家有一间小小的冲洗照片的暗房，是父亲冲洗、放大照片的地方。我还能记起，暗房里有一盏红色的电灯，父母亲都会冲洗胶片（那时只有胶片、没有胶卷），冲晒过程中，要对着电灯让底片见一见光，曝光时父亲数"一、二、三、四"，而母亲只数"一、二、三"。我时常跟进暗房，站在小凳上，拿着胶片上的夹子，把胶片放在水中摆动。

母亲怀着楚兴时，父亲曾带着母亲和我回过广东番禺钟村老家。1925年7月，楚兴在那里出生。老家好像只有奶奶和大姑妈，楚兴出生时，因为是个女孩，奶奶曾对着婴儿说："你走得太快，四两肉都没带来呀！"（指不是男孩的意思）。在老家住了多久？那时家里还有谁？在哪里？都记不起了。留在记忆中的只有大姑妈蹲在大门石阶旁，在一个瓦罐里捣芝麻，做芝麻糊给我们吃。

这是大姑妈和我们唯一的一次相聚，但是她老人家的恩泽却伴随我们姐妹终生。因为我们姐妹的名字都是大姑妈取的，我们那时居住在湖北，大姑妈就以"楚"为我们取名。我当大，翘楚也，就取名"楚翘"。后来大妹也以"楚"字排行，取名"楚兴"。小妹取名还有一个插曲，大姑妈给她取名为"楚琼"。"琼"、"穷"谐音，母亲说不好，要叫穷的。父亲说：广东方言"琼"与"琴"谐音。因此小妹就叫"楚琴"了。

笔者的大姑妈李蕙湘
李文骥 摄于番禺钟村

大姑妈知书达理，女承父业，在老家自办女塾。后来为了帮助家乡兴学育才，父亲代向县政府取得办学经费，把女塾改为女子小学，大姑

妈兼任校长。

在老家住了一段时间，我们仍回宜昌，不久就搬到汉口。父亲又去广东。那时（1926年）不知什么缘故，纸币贬值，市面上要用银圆。而父亲从广东寄生活费来，银行仍付纸币，生活艰难，母亲为人织毛衣以补家用。

那段时间，政局纷扰，常有当局逮人的事发生。记得在一个夏夜，母亲在楼下乘凉，我在二楼房间里和邻居小孩玩耍。突然听到楼下有人大喊："抓革命党"，随之一阵杂乱的脚步声，许多人冲上楼来，只听到母亲杂在人群中哭喊："我女儿在楼上……"母亲惊慌地跑进房间，马上关紧房门，还往床底下，桌子底下搜寻，怕有歹人躲在下面。据说是有"革命党"进入我们这个楼门，可能从二楼往三楼晒台逃走了。母亲那惊慌的喊声和神色，曾多次在我幼年的梦中再现。

1928年，父亲调到南京铁道部。我们跟到南京。父亲仍经常到外地出差。小妹楚琴尚未出生时，我们一度搬到上海，找好住房没住多久。1929年春又搬到汉口，这年8月，楚琴在汉口出生。我记得我们住在一家临街房子的二楼，天很热，那天一早，我醒来时，看见母亲正靠在父亲身上，等待接生医生。后来我们又搬到一处较大的房子，天井里搭着高高的凉棚。

南京国民政府铁道部旧址 /资料

这段时间，父亲整天在长江的轮船上，在汉口—武昌—汉阳之间来来往往。父亲的箱子里有许多圆柱形的石头，直径约五六厘米，长约十多厘米，每一块都贴着标签。父亲极耐心，对于我这样六七岁的小女孩，他也认真地告诉我：这石头是什么岩什么岩，是用钻机从江底挖上来的，将来要在这种石头上打桩、造大桥……等等。于是我的脑海里，牢牢刻下了父亲将在龟山（汉阳）、蛇山（武昌）之间造一座大桥的记忆。

父亲在武汉的测量工作结束后，返回铁道部，我们再度跟他回到南京。这时我们是三姐妹，小妹楚琴只有一岁，还不会走路。母亲考虑这样的生活太动荡，1930年决定定居南京，不再跟着父亲四处奔波了。

父亲仍然不断地出差。1932年1月、1933年5月，大弟慧培、小弟术培相继在南京出生。慧培的生日农历十二月二十三日，俗称小年，因此他的小名一度就叫"小年"。小弟出生后，慧培就顺理成章被称为大弟了。慧培后来称自己为"大地"，一个气势磅礴的名字，竟巧合了他以后从事造林事业的人生。

笔者三姐妹和两个弟弟
1934年 南京

这时，我家已是一个多人口的大家庭了。两个弟弟相继出世，母亲身体不好，就请了两个奶妈，父亲仍是经常出差，去得最多的还是武汉。

慧培、术培都是在南京三牌楼通海里出生的，离铁道部不远。1988年我去南京开会时，曾乘汽车路过这里，我留意了一下，铁道部的房子还在，但未见通海里。我和楚兴那时在三牌楼小学读书。学校离家有一段路，我们每天走去上学。天气不好时，母亲叫人力车送我们去。我从

现在的南京三牌楼石雕

小性子就急躁，上学怕迟到，楚兴那时不过五六岁，长得胖，走不快，我就骂她、推她。这事让我邻居看见，告诉了母亲，我挨了骂，但我根本不"改恶从善"。楚兴小时候可真吃够了我这个姐姐的苦头。

1937年"七七"事变时，我家住在南京国府路肚带营。我在中华女子中学读初中二年级，楚兴在国府路小学读四年级。时局紧张，学校都提前放假，百姓人心惶惶，紧闭大门，街上霎时就冷冷清清，失

去了往日的熙攘喧嚣。那时父亲正在杭州造钱塘江大桥,父亲从杭州赶回南京,和母亲商量后,决定把我们送到江西广丰五都避难,因为那是偏远的山村,母亲的故乡。

我们先从南京到杭州,再乘一班列车去江西。在那乱纷纷的时势下,我们五个小萝卜头,一个生病的母亲,还带着一个保姆(是母亲老家的一个无依无靠的女人)。父亲这一路是够辛苦的。而我们年幼无知,竟以为是在出门旅游,兴高采烈。有一个小插曲,楚兴不知道是否有印象?她拎着自己的一只小皮箱,母亲也没注意到,但在火车站时,不知怎么一来,小皮箱盖被撞开了,里面装着小玩意儿、小珠珠等撒满一地。母亲气坏了,不容我们去拣,把小皮箱扔得老远,楚兴连哭都不敢哭……

到广丰后,我们把家安在五都镇,父亲就匆匆回杭州了。这年,我15岁,楚兴12岁、楚琴8岁、慧培5岁、术培4岁,时值1937年仲夏,正是"七七事变"后不久。

卢沟桥事变一声炮响,改变了亿万中国人的命运。我们的人生就这样,无可奈何地和过去道路完全错开了。

回忆儿时,父亲由于工作,老是天涯海角东奔西走,和我们在一起的日子不多。母亲为了我们有安定的求学环境,和父亲共同生活的日子也就少了。今天回想起那无忧无虑的童年岁月,更显珍贵,也更觉辛酸。

在战火中早逝的母亲

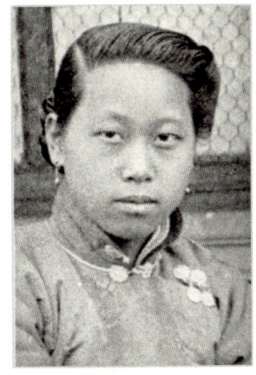

笔者的母亲 周婉贞

母亲姓周，原名"冬莲"。这不是一个吉利的名字，冬天的莲花，象征着枯萎，似乎已预示着她人生的短暂。

母亲1905年6月出生在江西广丰一个名叫"社边"的小山村里。外公有腿疾，不能从事田间劳动，社边附近山上有小煤矿，外公负责在煤窑洞口给采煤的工人发竹签，工人凭竹签向矿主领工钱。外婆病逝时，母亲仅三岁。那时代，女人要缠小脚，于是在母亲六七岁时，外公将她"托付"给亲戚家，离开了偏僻的乡下。当时孙中山政府的"劝禁缠足文"在内地城镇已影响深入，母亲才有幸远离残忍的缠足风俗，有一双自然的天足。

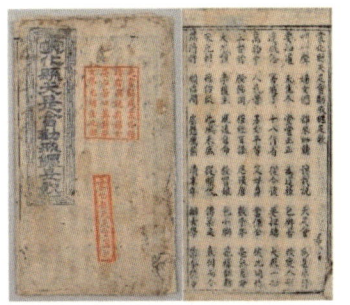

民国早年天足会印发的劝诫缠足歌

父亲和母亲的婚姻是在汉口促成的。父亲1913年从北京大学毕业后，就从事交通铁路工作，1920年前后来到汉口。据母亲说，她在一个做"官"的亲戚家，有一天亲戚让她为客人送茶。客人是一群大学生，其实是陪父亲来相亲的。后来母亲就嫁给了父亲。父亲为母亲取名"婉贞"，母亲告别了"冬莲"这个名字，成了"李周婉贞"。

母亲那年15岁，在当时算是大姑娘了。她只知道丈夫比她大一倍（父亲34岁），母亲说她担心到她三十岁时，父亲就六十了……。母亲的自嘲和一些只字片语，分明隐藏着她不幸的童年，但由于自卑或自尊，母亲从来都不多谈她自己的过去。

母亲婚后，物质生活是很富有的。那时，知识分子待遇优厚，父亲的薪水很高。最高时薪水加出差费，月薪达五百余元。可那时正是曹禺《日出》中描写的，一个小职员每月只能领"十块二毛五"的年代。经济条件的宽裕，使母亲颇懂生活的情趣。尽管父亲常在外奔波,母亲却能抓住时机,让父亲带上我们到处游玩。南京附近名胜古迹多,春天我们去玄武湖畔赏樱花,夏天去金山寺拜菩萨,秋天到栖霞山看红叶……我们的童年充盈着温馨。

母亲没有受过正规学校教育,但进入父亲的生活圈子后,在子女不断出生的情况下,仍练就一笔娟秀的毛笔小楷,能写顺通的书信。那时南京有"民众教育馆"的组织(相当于现在的基层文化馆),常有各种群众性的文化活动,母亲和邻居太太,同事的夫人常去参加。我记忆犹新的,是母亲参加的一次演戏活动,她穿上了父亲的西装,戴上父亲的呢帽,扮演一个土匪头子。虽然演不出什么水平,但反映了她奋发向上的精神面貌。

我从8岁起,就不经意地被引入了母亲爱好的轨迹,开始接触通俗小说,母亲当时看张恨水的《啼笑因缘》、《金粉世家》,还有《水浒》、《七侠五义》之类。我也以三四年级小学生的识字能力,生吞活剥,囫囵吞枣地跟着阅读。

母亲性格活跃,社交能力较强,最明显的事例是为父亲谋求参加钱塘江大桥建造工程这件事。

1930年前后,铁道部派父亲再次去为武汉大桥做桥址勘测和工程设计,方案完成后却又被束之高阁。1934年,传来杭州要建造钱塘江大桥的消息,得悉将由交通部、铁道部、公路局、北洋工学院各方面派员参加协作。这对父亲是多么大的诱惑!按父亲的资

周婉贞 / 李文骥 摄于南京铁道部院内

格、阅历,铁道部派员的话,他是当之无愧的。但这个美差,有多少人在争夺?当时,在铁道部任参事的夏光宇,是父亲北京大学的同班同学。现在的参事似乎是闲职,而那时,参事可承部长之命,分办或合办特交事件,有单独建议权,是"权威"的同义语,掌有实权。父亲平日讷口少言,不

善与人交往，要母亲去为他说项，打通关节。母亲平时就与夏夫人时相过从，我记得母亲带我去了几次夏府，这事后来就成了。父亲得了这一美差，对母亲感激不尽。一是因为对建造大桥的执着热爱；二是因为对杭州美景的向往，何况还有优厚的待遇。父亲对母亲说："杭州是好地方，我去工作，你可以去养病。"1934年底父亲赴任，母亲确实去杭州小住，时间不久，因为丢不下我们，仍返回南京。

钱塘江大桥于1937年底完工，但抗日战争军兴，大桥竣工前夕，敌人已逼近杭州。为不让敌人利用大桥南犯，大桥通车不久，建桥者自行将桥炸断。父亲奉调去粤汉铁路桥梁抢险，这时我们已离开南京，到了江西广丰母亲的老家。

江西上饶广丰 / 资料

蛰居乡间，生活是宁静的，抗战形势却令人感到不安，似乎看不到希望。初到广丰的几年，战事尚未影响这偏僻的山区生活，社会安定，物价平稳，我们五姐弟依偎着年轻、多病的母亲，过着世外桃源般的田园生活。

母亲虽出身贫寒，但她为人豁达，在五都，"南京奶"一时成为小镇上的名人，大弟慧培曾回忆说，我们从南京逃难到广丰五都，母亲携带不少药品，多是常用中成药。母亲常以药物周济附近的乡民，竟然治好了一些人的小病小痛。于是这位"南京奶"成了大众的恩人。大弟慧培当时不过五六岁，还能忆及这段往事，说明母亲的为人在儿女心中留下深刻印象。母亲乐善好施的品德，表现在她生活中的事例不胜枚举。我们在五都镇租了几间房子，房东是个潦倒的布店倌，有肺病，妻子去世，遗下十岁上下的一双子女。那时我家人口就不少，但母亲看到房东凄苦的境况，毅然将房东的女儿收下，和我们姐弟一起读书上学，一样吃饭穿衣，而房租照付。

几年后，房东病逝，他那不满 14 岁的儿子因不堪伯母的虐待羞辱自杀，她女儿不满 13 岁，被伯母送去当童养媳。我们的母亲对这一家人的遭遇非常同情，又深感自己力量薄弱，无力帮助他们。听说，新中国成立后，那女孩得以新生，成人后思想进步，成了先进典型，还四处打听我们一家人的消息，打听我们母亲的墓地在哪里。

母亲的身体时好时坏，在那无医无药的岁月里，也不知母亲患的是什么病。在她不发病的时候，特别是夏日有月色的夜晚，她就带着表兄弟、表姐和我们姐弟，到溪水里去摸鱼，母亲叫人借来一只不大的渡船，船上放一把竹椅，带一只点燃的红灯笼，母亲在船上"坐镇"，为溪水中的我们壮胆。楚兴和楚琴都清晰地记得那令人无法忘怀的情景，每当我们在溪水中嬉戏，当地人闭塞，见状就惊呼："南京人到溪里洗澡了！"岸上电筒来回照射，就像探照灯，我们害怕人家笑话，不肯去玩摸鱼，母亲却泰然说："怕什么！"五都镇旁的清澈溪水是诱人的，我们姐妹终于没能学会游泳，但两个弟弟却从小练就了相当高超的游水本领。

江西上饶广丰 / 资料

我到广丰县城继续读初中，成绩优良，母亲非常高兴，这也是母亲在世时我作为女儿给她的仅有的一点安慰。初中毕业后，我考上百余里以外的一所高中，念了一学期，我忍受不了远离母亲的思念，回到五都，受聘在镇中心小学教书，楚兴、楚琴、慧培都曾在这所小学求过学。当了约一年的老师，我得知数里外的杉溪地方办了高中，有些老师还是我原来初中的老师，还是原来的校长，于是我再去上高中，每周回一次五都看妈妈。这时，楚兴已到县城读初中，她很出色，在学校里是"大队长"，大概相当于现在学生会的主席吧！母亲身边只有三个小儿女了，她的健康状况仍是时好时坏。

这时，抗战形势严峻，物价波动，我念书的学校随之受到影响，许多外地学生都走了。我离开学校后，随友人到浙江衢州参加抗日救亡宣传工作，在那里结识杏沾（蒋杏沾，浙江著名诗人、书画家；后来是笔者的丈夫），那是1940年下半年，不久宣传队解散，我仍回到五都母亲身边。

1942年，日本侵略者为了报复帮助美军"特别飞行中队"的中国军民，摧毁中国在浙江和江西玉山的机场，发起浙赣会战，沿铁路线进犯，波及广丰。杏沾当时已在上饶工作，他们所在的韩台剧团撤离上饶，向福建转移。途经五都时，杏沾委托他的女同事金璐，来我家动员我和他们一起去福建，母亲十分不愿意我在这兵荒马乱的时候离开家，但最终还是答应了。从当时已感拮据的家用生活费中，给了我30元钱，我午后离家，行约50里，天黑了下来，在一个小村子住下，只见五都方向火光冲天。映红了夜空，我那时只能前进，不能后退，带着极度悲伤的心情，继续走向福建，一切只好听天由命了。谁料到，与母亲这一别竟成了永诀，上苍竟是如此残酷！

我靠着两条腿，由江西边界翻过武夷山分水岭，经崇安、建阳，到达当时福建的文化中心——南平。沿途都是逃难的人群，路过的村庄十室九空，常见倒在路边的尸体，也无人埋葬。求生的本能，使中国老百姓都成了丧家之犬。我已身不由己，越走，离家越远，而内心牵挂留在五都生死未卜的亲人，真是愁肠寸断。

被侵华日军轰炸和烧杀抢掠后的广丰。日军731部队还在广丰等地投放撒布鼠疫杆菌的跳蚤和老鼠，致使广丰鼠疫流行

日本侵略军在广丰县政府门口刷写"和平建国"标语，还将此张照片登在宣传画报上／广丰在线

日寇发动浙赣会战,也正是他们在太平洋战争受挫之时,随着战线拉长,日军兵力不济,而那些为虎作伥的汉奸、伪军部队却对着自己的同胞烧杀掳掠,无所不为。

这样牵肠挂肚的日子大约有半年,敌伪军撤出赣东。这时我已随单位到达福建的南平,我接到了楚兴从五都的来信,却是母亲已经去世的噩耗。楚兴在信中呼唤我:"大姐,你快回来吧!"悔恨交集的我,立即动身回五都。当第三天傍晚抵达家门时(幸好住房未被烧掉),禁不住嚎啕大哭。四个孤苦的未成年弟妹向我哭诉战乱的艰难,丧母的凄苦,世态的炎凉,向我诉说我离家那天傍晚,败兵纵火焚烧抢劫的惨状。

广丰县被日军烧毁的房屋有 8285 栋,大火整整烧了五天五夜 / 广丰在线

战火中的广丰县城 / 广丰在线

楚兴回忆"……日寇侵入广丰烧杀抢掠,撤退的国民党败兵也沿途放火焚烧,我们姐弟四人把生病的母亲扶到附近菜园停柩在那里的一口棺材旁坐下。天公肆虐,又下起了暴雨,我一个人来来回回,从房里抢了一些衣物出来。熬到第二天天亮,火灭雨住,镇上的人都跑光了,我们只得扶着母亲,蹚着没膝的水,想到离五都约六七里的社边去,由于水淹,找不到去社边的路,就先在一家亲戚家住下。路上遇到溃退的败兵,把我们的伞也抢去了,待水退去后,我们扶着母亲到了社边……"。母亲的病越来越重,再也起不了床了。她生命最后的日子是那样的凄苦无奈。楚兴、楚琴替当地国民党驻军洗衣服,换一点儿食物,还经常受到欺侮。有的小军官,居然写信来向妹妹"求婚",以全家人温饱为诱饵。楚兴含泪回忆:"在这种贫病交迫、走投无路的境况下,母亲丝毫不为所动,有人再送求婚信来,母亲干脆不看,立即退回"。多么坚强

有志气，伟大的母亲啊！

母亲临终时，已口不能言，只是举着一只手看着，很显然，母亲是以这个动作表示她放不下五个儿女，父亲不在身边，长女的我不在身边，母亲啊！你是带着对人生、对子女的无限眷恋离开人世的啊！

在好心的亲戚帮助下，母亲被安葬在她出生地社边的大山里，终年37岁。

一个平凡而伟大的母亲走完了她短暂的人生道路。同年深秋，我们姐弟五人最后一次到母亲墓前辞别后，离开五都去湖南衡阳找父亲。从此，母亲走进了永恒的孤寂。

每年清明，只有好心的表兄余金松，去到母亲墓前，为她供上香烛，割去坟前的荒草，如今表兄也是80多岁奔90的高龄老人了，他已经把照料我母亲坟墓的任务，慎重地交给他的在五都镇工作的儿子余昌其。

我们这些不孝子女天各一方，还能再去母亲的墓前献上一瓣心香吗？真是生死两茫茫啊！

2017年我去江西上饶广丰区五都镇社边村，和余家亲戚一起给外婆扫墓。余家祖母和外婆是闺蜜，她儿子余金松当年一手操办外婆丧事，并定下每年清明都要给外婆扫墓的规矩，已传至第四代人 / 蒋思莼 摄并说明

外婆周婉贞的墓碑"李家周氏之墓 民国31年冬月"即1942年11月
/ 蒋思莼 摄并说明

令人敬佩的父亲

父亲的事业注定一生都要到处奔波，作为他的子女，和他在一起生活

的日子是不多的。父亲65岁的人生中，没有安宁，没有享受，有的只是跋山涉水勘察测量，甚至在战火中冒着生命危险抢修被敌人炸毁的铁道、桥梁、涵洞。他为社会默默奉献。一位名副其实的无名英雄。

父亲的最后工作岗位是中央铁道部设计局武汉长江大桥设计组。当时他已64岁，惜乎他在设计组工作不足一年，就沉疴不起，留下未酬的建桥壮志。

父亲字仲扶、仲甫。1886年5月21日生于广东番禺钟村。父亲没有兄弟，只有一位比他大12岁的姐姐，我们唯一的姑母李蕙湘。德培[1]大哥记述姑母的回忆："父亲少时勤学，夜间读书至深夜，用布遮蔽书房窗门缝，以免灯光外露。"他还记下当时父亲书房的门联："望杏瞻蒲勤课业，诵诗读书友古人。"

现在的广东番禺钟村

父亲少年时正逢清廷开始维新，15岁时，跟随以教书为业的祖父去广州，受业于凌仲儒先生。凌先生新旧学俱通，不仅教授古文、历史，也教物理力学、算学，父亲对算学特别感兴趣，这就为他后来攻读理工科打下基础。

北京京师大学堂正门 / 北师大资料

1904年，即清光绪三十年，广州开设高等学堂（相当于现在的初中），父亲进入求学。次年，清廷废科举，兴学校。北京京师大学堂开办大学预科（相当于现在高中），在国内各省招生，广东省有24个名额，父亲考取了。这一机遇整个改变了父亲的人生道路——使他从南粤小镇走向了中国的

---

[1] 笔者的同父异母哥哥

政治文化中心北京。

北京京师大学堂创立于1898年,是戊戌变法"新政"的措施之一,也是我国近代最早的高等学府,当时维新派创办该校,以"广育人才,讲求时务"八字为宗旨。父亲进校时,学堂只有师范馆,译学馆和大学预科。校址在景山东街(当时叫皇城内马神庙)。由于国内缺乏人才,执教的除少数先辈留学生外,大多数是欧美各国的专家学者。美、英、德、法、日、俄、比、荷都有。上课也都用外语。所以父亲不仅英语很好,还兼通德、法诸国文字。父亲在预科读了四年,1908年预科毕业,当时科举制虽废除,"举人"、"进士"的名称尚沿用。预科毕业为举人,大学毕业为进士,父亲得了个"奏奖举人"的称号。父亲被分配去奉天省(今辽宁沈阳一带)当知县,这本是"学而优则仕",进入官场的途径,可是父亲志不在此,他决定继续进入大学深造。

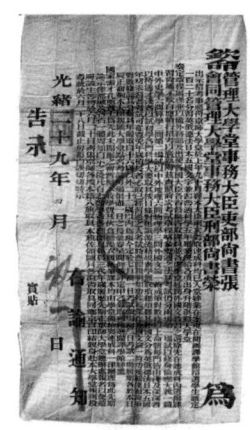

光绪二十九年(1903)京师大学堂招生告示 /资料

这期间父亲回乡完婚,原配夫人即德培大哥的母亲,我们称她为"大妈"。她的一生只是守在老家,我对大妈一无所知,本文不能有所记述。

1909年开始,京师大学堂开设文、法、理、工、农五个专科,父亲选入工科土木(门相当于现在的"系"),教授也均为美、英、德、法诸国的专家,学制3年。

民国初年国立北京大学堂演讲团在北京灯市口街头

1911年,辛亥革命爆发,大学停课。许多学生都回乡去了,父亲却留在北京,邀了几位志同道合的同学,办起了一份报纸,取名《共和日报》。这段经历是很可贵的,在清廷眼皮底下评评时弊,鼓吹革命,正所谓激扬文字、指点江山。惜乎父亲对此仅在《自传》中留下寥寥数语,未得其详。但从这一段文字,也可以想见父亲青年时代的勃发英姿。

1911年,清帝退位,1912年民国成立,学堂复课。这年五月,京师大学堂更名"国立北京大学"。1913年春季,父亲大学毕业,是为我国大学自己培养的第一代土木工程专业人才。

父亲他们的教授中,有一位德国的桥梁专家米娄,他向我国当局建议,修建武汉长江大桥,作为辛亥革命成功的纪念。得到当局的应允,并得到鄂督黎元洪和汉粤川铁路会办詹天佑的支持。米娄乃率领父亲在内的同班毕业生十余人前往汉口。这是父亲和武汉大桥首次结缘。后来虽如期完成了桥址的勘定、测量和设计,但由于国家财力不足,成了一纸空文。

1913年《北京大学之纪念桥计划》局部
/ 选自《工程》第七卷合订本

1913年10月,父亲到詹天佑的汉粤川铁路总公所工作。当时,汉粤川铁路下面分设三个工程局,即湘鄂段、汉宜段、宜夔段。由英、美、德、法四国银行贷款,各国划分筑路界线。父亲分在汉宜段,由德国的工程司[1]领导,从事汉口到宜昌间的铁路线的实测及建造。1914年,第一次欧战爆发,英、德籍工程司陆续回国参战,工作逐渐由我国自己的工程技术人员替代。但由于四国贷款逐渐减少,铁路工作受到严重影响,到1917年底陷于完全停顿。

父亲一度调往广州,在广三铁路工作,1918年,汉粤川铁路又调父亲复职,负责测量由荆门建阳驿到襄阳老河口的支线。这时,父亲晋升为帮工程司(相当于助理工程师)。1920年又调往宜昌,在美籍工程师克劳尔领导下,复测宜夔段线路,复测完成后,父亲留在宜昌,负责整理编写川

---

[1] 工程司即工程师,下同

汉线（汉口至成都）全线的工程预算。父亲这时晋升为副工程司，两年后，总工程司克劳尔辞职回国，父亲担任宜夔保管委员，兼总工程司职务。

宜夔段美籍总工程师克劳尔和李文骥在宜昌铁路坝的合影 / 1920—1922 年

1920—1926 年间，父亲在宜昌，相对而言是他一生中比较安定的一段经历。父亲在本职工作之余，还开设苗圃、种树造林，并研究当时在国外兴起的无线电科学。他通过美国的一家无线电函授学校，学习架设天线、收报、发报，颇有收获。父亲当时三四十岁，精力充沛，求知向上。父亲酷爱摄影，精研摄影技术，凡测量所经地方、路线，及施工过程、场面均以摄影镜头记录下来，几十年如一日从不懈怠。但除五千多张钱塘江桥照片收入建桥工程档案外，经过抗日战争、"文革"的劫难，劫余的照片已寥寥无几，说挂一漏万绝不为过，其中有的已近百年，虽已破损不堪，我仍敝帚自珍地保藏着它们，不时拿出来整理翻看。父亲一度还研究逻辑学、哲学、佛教的经典、基督教的神道学等等。认为研究佛学以慈悲为怀但非迷信，常与友人讨论佛学精义，修心养性，对人宽厚和颜悦色。

他还为当地进行公路路线的设计，如宜昌当阳线，宜昌、恩施、巴东线等等，都是山峦重叠的地方，均因政局纷扰，地方财政困难而未能实现。

这时，父亲目击帝国主义对我国的经济侵略，开始意识到打倒帝国主义、革新社会制度的必要，但他当时"所考虑的，多属社会建设问题，尚未虑及革命问题"（父亲《自传》语）。

1927 年，国民党宁汉分裂，孙科在汉口组织政府，拟建造韶赣国道（广东韶关到江西赣州），以沟通江西、广东两省的交通，从各方面调集人员。父亲亦被借调，任测量队长。1927 年春，父亲赴任，担任赣州至大庾的线路测量。但国民党清党事起,韶关发生战事,父亲等被困赣州南康近两月,国道计划宣告流产。

在这段日子,政局动荡,父亲一时回不了铁路部门,曾转向家乡(广东)建设。他向番禺县政府取得经费并加上募捐,建成钟村到市桥乡数公里的公路,使两乡之间通了汽车,以免除两乡物产运输百姓肩挑之苦。此后,他又与家乡友人发起建造沙菱公路(位于珠江三角洲内)。筹款、规划、测量、兴筑,完成约40公里,占原计划的一半左右。又因经费不继而告中断。真所谓"谋事在人,成事在天"。

1928年,民国政府铁道部在南京成立,父亲即被调任荐任级技士。工作多属外勤,大的项目如武汉大桥,京粤、佛中(广东佛山至中山县)铁路,南京铁路轮渡引桥,福建漳龙铁路(漳州至龙岩)的航空测量等等,足迹遍及祖国中南半壁江山。

父亲一生最致力的,要数武汉长江大桥。他从大学毕业,参加的第一个大项目就是这座桥。铁道部成立后,部长孙科聘请美国桥梁专家华特尔任顾问。华特尔表示,愿意介绍美商贷款,建造武汉扬子江大桥(即长江大桥)。由于父亲1913年曾在武汉测量过,铁道部派父亲负责勘测桥址,并协助华特尔进行设计。这是父亲第二次与武汉大桥结缘。

1930年春,在完成了桥址勘定的基础上,开始钻探江底。因缺乏精良的钻探机械,且正值长江大水季节,水深流急,任务相当艰巨。正在这时,华特尔顾问因故返回美国。父亲独自承担这项工作,克服重重困难,终于9月全部完成任务。华特尔不负前诺,根据所得的结果,在美国拟成了具体计划及工款预算。但我国政府决心不大,结果又成纸上谈兵。父亲在失望之余,只得将这次工作的成就写成论文,并附筹款、兴筑方案,提交中国工程师学会1931年大会,以供工程界参考。为武汉大桥建桥史留下既是成功又是失败的一页,也为后人留下完整、珍贵的资料。

桥梁专家李文骥 ··· 忆文

1935年,杭州钱塘江大桥动工兴建,铁道部派父亲参加。当时,钱塘江大桥有四大正工程师,除父亲外,另三位是梅旸春、李学海、卜如默。钱塘江大桥计划3年竣工,在建桥中后期,茅以升与一些设计人员(包括父亲)开始作建造武汉大桥的计划。因为1936年,粤汉铁路已全线通车,建造武汉大桥,天堑变通途,已是刻不容缓。这也表达了中国知识分子为国家建设不遗余力的一片赤诚爱国之心。父亲特地再去武汉,对桥址、铁路与公路的联接线以及江底地质,再作复探。同年8月杭州钱塘江桥工程处提交《武汉长江大桥计划书》,这是父亲第三次与武汉大桥结缘。合资兴建武汉大桥,茅以升准备1937年底钱塘江大桥完工后,全班工程人员移师汉口,以4年时间为国家再建一座金桥,父亲也以为这次大功可以告成。谁知,七七事变爆发,日本侵略军大肆进攻,不但武汉大桥计划被打破,钱塘江大桥通车不久,为不给敌人留下方便,也于1937年12月23日下午5时自行炸断。茅以升曾沉痛地说:"炸掉钱塘江桥,好比亲手扼杀自己的儿子"。对于一生为建造大桥而倾注心血的父亲,又何尝不是痛心疾首?

1937年12月23日最后一列南撤的火车通过钱塘江桥,下午5时开动爆炸器……/ 资料

我们在敌人不断轰炸之下,几乎每夜都要抢修,我每晚偕同铁路员工乘工程车或手摇车出发查勘路线、桥梁、涵洞破坏状况,即可设法抢修。幸得员工的努力,勉强能维持军运 / 摘自:《自传》手稿

父亲1937年底离开钱塘江桥,铁道部派他担任战时粤汉线及广九线的桥梁抢险工作。当时,粤汉铁路是抗日军火的主要运输线,因而日机不断狂轰滥炸。父亲几乎每日每夜都要乘工程车或手摇车去沿线检查桥梁、涵洞被破坏的情况,指挥抢修,以保证交通运输的畅通。铁路是一个国家运行的血脉,桥梁又是其中要害

- 193 -

薄弱之处,如果铁路桥梁被轰炸掉,那我们地区间的人流物流便会被阻断,父亲意识到事态的严重性,坚定地站在抢修铁路桥梁的最前线,哪怕前方飞机轰炸,也无所畏惧,一往无前。投身于这场艰巨的战争中,就在日本发动空袭的时候,带领抢险队拼死抢修铁路和桥梁。父亲为国忠心耿耿,凭借着自己的专业知识,为抗日战争做出了不可磨灭的贡献。

1938年10月,广州沦陷。父亲和抢险工程队乘最后一班火车,撤退到韶关,后又退驻衡阳。这一时期,敌人的破坏目标转为轰炸城市,打击我国的工业生产。父亲的抢险任务不如过去紧张,他兼管防空工程,设计和抢修铁路范围的防空洞。

由于比较清闲,这时已年过半百的父亲,竟然又燃起青年般的求知欲,开始研究社会科学,他阅读辩证唯物论,历史唯物论,阅读马列著作,兼看反马列主义的著作以资比较,这时,父亲的思想有了一个飞跃。他在自传中写道:"历史唯物论告诉我们,我们的意识随着社会现状的转变而转变……马列主义无疑是医治近代社会弊端的对症良药"。

1942年冬,母亲在江西广丰五都病逝,父亲决定让我们五姐弟回到他的身边。我们将五都的家什全部散尽,拜别母亲亡灵,由杏沾陪送,启程赴湖南衡阳。浙赣会战造成铁路严重破坏,一路上我们大多是步行,水路则乘木船。风雨兼程,经过一个月,才到达通火车的湖南株洲渌口。父亲由衡阳赶来接我们。离乱重逢,我们姐弟终于像归巢的小鸟一样,有了依靠,有了安全感。

湖南衡阳老照片 / 资料

父亲住在铁路苗圃的一间房子里,我们几个人都挤了进去。小弟术培年幼,一路跋涉,加之水土不服,一到衡阳就病倒,所幸后来慢慢痊愈。父亲为我们在不远处租到的两间简易房屋,每日下班和我们一起吃晚饭。后来,父亲为防空工程处设计的14套简易房建成,父亲和我们就搬过去住。这种简易房,每两套背靠背,各有一个竹篱围着的小院子,有两大一小三个房间,另有厨房。我们住14号,隔壁的13号始终空着,当是忌讳"13"这个不吉利的数字吧。

这段时间是父亲和我们姐弟共同生活的一段难忘的经历。父亲不仅是工程界的多面手,而且在古典文学、天文地理等方面知识渊博。

我们过去没有机会,也太年幼,没有得到父亲多少教诲。而这时,每天晚上在一起,他常为我们说些知识性的故事,什么光年,什么北极星,什么牛郎织女星座,使我们大为得益。父亲曾对我们说起,他要写一本书,题目是《我的人生观》。楚兴、楚琴都记得,父亲有一个很明确的观点,就是"人生以互助合作为目的",要"三立",即:"立功、立德、立言"。父亲的为人,表明他正是这样对待他的人生和事业,直到生命的终止。楚兴说:"父亲对于事业的执着,对我们子女的影响是深远的。我们由于成长于流离颠沛的战乱之中,耽搁了受高等教育的机会,但在各自的工作岗位上都是兢兢业业的,把自己的工作当作事业来干,不能不承认是受了父亲熏陶的结果"。

小妹楚琴,新中国成立后不久就担任北京市少年儿童图书馆馆长,1959年10月被推选为全国先进生产者,参加了全国群英会,到刚落成的人民大会堂,接受国家领导人的接见,那年她才30岁。大弟慧培为了山西的林业建设踏遍吕梁山脉、汾水两岸,

1950年冬,父亲与小妹楚琴、大弟慧培在北京中山公园的合影 / 笔者 注

工作干练、成绩斐然,后被委以省林业厅副厅长的重任。二妹楚兴也很争

气，2009年被武汉市评为60年来广播十佳播音主持人，那年她已是85岁高龄。

我们姐弟的经历，可以说明楚兴这些话是十分中肯的，我们没有辜负父亲的期望，都在各自以后的人生旅途中践行着父亲的言传身教。

父亲有一本用十行纸（过去很普遍的印有直行的宣纸，每页十行）订起来的诗集，大弟慧培设计的封面。内中都是古体诗，有一首父亲和大哥德培游南岳衡山的诗，内容我不记得了。后来大哥德培的儿子承平从美国寄来这首诗："滇池烟雨隔潇湘，楚友相思路阻长。但盼天边鸿雁过，鸣声不断到衡阳。"当时父亲可能将这首诗寄给老家的大姑妈，大姑妈以诗作复的句子我还记得两句"昔日良朋今父子，壮游两度总相宜"。还有悼念我们母亲的诗中有"赣东白骨湘江水"之句。遗憾的是，这些珍贵的文字我们竟没能保存下来。

在衡阳和父亲一起生活的日子也不长。杏沾将我们送到父亲处之后，他又继续南行，经友人介绍，谋得在广西全州省立中学教书的职位。由于全州的另一所中学同意我去教书，于是我们就准备结婚。1943年暮春，父亲送我上车，竟然老泪纵横，说："没能为你办嫁妆，以后补吧！"我禁不住泪下如雨，可怜天下父母心啊！

1944年初，衡阳形势吃紧，铁路人员撤退，衡阳路局通知员工到广西柳州铁路局临时办事处会合。父亲带了四个弟妹离开衡阳来到全州，原以为全州不是大城市，不会受到骚扰，我们一家就打算在此住下，等待形势好转。杏沾所在的学校是一所省立中学。当时广西的"尊师重道"是很突出的。学校建在一片丘陵之上，规模很大。每位老师有一套房子，一间卧室，一间办公室。父亲弟妹来到后，又在

今日的全州高中，创建于1919年，1936年更名为：广西省立全县中学

旁边借了一套房子。满以为这里可以作为我家的"世外桃源"了。学校不远就是一条大溪，溪水清澈见底，天气渐渐热起来的时候，两个弟弟就去溪里游泳，妹妹们便带着洗衣服，那时我将临产，父亲就主动承担了每天进城买菜的任务。这恐怕是父亲一生中仅有的"家务活"吧？这期间，大哥德培曾来全州住了几天，看望了父亲。当时他在什么地方工作，现在我竟回忆不起来了。

不久，战事又逼近，学校停课。当地的老师和学生都走了，学校空荡荡的，只剩下我们一家老小。不久，由衡阳撤退下来的军队家属，一大批妇女儿童，借住到学校里来。六月中旬，军属中传出震天的哭声，方知衡阳沦陷。守军誓与城池共存亡，牺牲惨重，奏出一曲为国捐躯的英雄悲歌。

父亲打算赶快去柳州，但火车已停止客运。当时小军（笔者的长子）刚出生，未满月，我们也仓皇出逃了。

所谓天无绝人之路，适有一友人介绍我们到大山区——灌阳县文村大觉中学教书。于是一家老小，在广西特有的崇山峻岭中跋涉近百里，到达文村。父亲则应灌阳县立中学之聘，去该校教英文，县城离文村约50里。离开全州时，父亲比较值钱的西装、大衣、照相机等，共有两大箱，搬到全州中学一位教师的乡间老家寄存。原以为形势平靖后可以取回，谁知情况越来越险恶。日本侵略军除沿铁路进犯外，又由侧线包抄，直扑广西桂林。灌阳虽偏远，却是敌人必经之地。这时，考虑到一家老小，经济力量不足，与父亲商定，由他带领大妹楚兴、大弟慧培，设法冲出去，找铁路当局（贵州独山有粤汉铁路临时办事处），而我夫妇与小妹楚琴、小弟术培和出生仅三个月的儿子小军，只得留在文村。从此一家人天各一方，国破家亡，不知来日。

这以后，敌人逼近文村，风声日紧。大觉中学一位姓陆的校董，热心地让我们到他的老家（在深山里）暂住。同去的还有胡老师一家五口。

胡老师系留日学生，他的妻子是日本人，胡老师在全州与杏沾同事。他不是当地人，疏散时无处可去，来文村教书是杏沾推荐的。谁知敌人竟然来到了这深山，为的是抢掠粮食。我们跟当地人白天躲在大山更深处，夜里才回到校董家烧点饭吃，有时就在大山露宿，苦不堪言。后来实在熬不下去，胡老师的妻子瞒着人，写了一张日文字条，找当地人贴到文村街上。敌军派人来找她了。那天，我们正躲在山洞里，听到山下日本人在大声喊着什么。大家吓得大气不敢出，而那个胡师母却跑出洞去答应了，那真是电影里的惊险镜头。

胡老师是一位正直的知识分子，他同意了妻子的做法，却口口声声骂当时广西省主席不顾教师们的死活。他坚决不愿为敌工作，要求回家乡。鉴于杏沾帮过他们的忙，胡师母也把我们要回家乡的要求提出。胡老师是广西某县人，我们要回浙江，由于均为沦陷区，敌人竟同意了。

和胡老师一家分手，我们经湖南、湖北、上海，杭州终于回到萧山杏沾的老家。一路艰辛，难以用笔墨形容。

我们以为，父亲和楚兴、慧培必已闯出广西，可以到贵州与铁路局会合了。谁知在逃难途中，碰到一位全州中学的学生却告诉我们，他们曾在公路旁的一棵大树的树干上看到过一张寻人启事。那是父亲托人张贴的，他们听到传言，说有一中学教师全家被杀。想通过"启事"，探听我们的下落，这才知道父亲和弟妹仍困在广西。后来知道，父亲他们逃离县城又受阻，被困在广西一个汉瑶民族杂居的大山里。所幸广西民心纯厚，知是县立中学的教师，收留了他们三人，时有粮菜周济。楚兴则时常要翻越重重大山，到灌阳去借粮。父亲后来回忆这段苦难的日子，曾说："楚兴一个小女孩，翻

现在的广西灌阳洞口瑶族乡 / 资料

山越岭去借粮,我提心吊胆,到傍晚我就朝她回来的山路上眺望,大山小径上,先是看到一个小小的黑点,一直到看清楚是她才放下心来……"

楚兴后来回忆那段几乎山穷水尽的经历说:"我们逃往山区。当地人各有各的依靠,都走了,只剩下我们父子三人……。途中与敌军散兵相遇,我与大弟躲进树丛未被敌人发现。仅有一点衣物全被抢走,只剩身上穿的单衣了。后来到了一个村子,一家瑶族同胞,让我们住在他们牛棚顶上堆草料的阁楼里。这年秋冬,除了通过县中校长的关系借点粮食外,大弟跟着当地青年上山砍柴、打野味。我则给当地姑娘绣绣花,用棉纱打衣服、织袜子。为此,人家给点菜,有时也有一点点肉。此时,父亲早已没有了以前那种谈天说地的情绪了,整天坐在用几块石头围起的火塘旁边,唉声叹气,身体一天天衰弱下去。直到第二天春天,敌人退走,得知唐县长回县城的消息,我们才告别好心的瑶族同胞,下山投奔他。"

……不料敌兵过境源源不断,沿途搜索粮食、牲畜及拉夫,时有残杀之事发生,地方人民全部入山躲避,灌水两岸平原较为富庶的村落庐舍为墟。敌人乃分队上瑶山搜索,我们的恐怖时代到了 / 摘自 李文骥《自传》

那些悲惨的遭遇,我们虽是战后团聚时才知道的,但还是不寒而栗。这样恐怖、绝望的时期约有半年之久,严重影响了父亲的健康。这时日本侵略军投降了,父亲因经济得不到解决前行不能,只得暂栖灌阳。楚兴与大弟慧培为了生计,参加了县里的政工队。灌阳唐资生县长得知父亲的经历,邀他担任技士,协助地方恢复交通,慧培曾回忆那段生活,父亲每日仅以盐水下饭,十分艰苦。后来又到文村,在大觉中学教书。就在这时,父亲患上严重的疾病,身边又无亲人照应,真是苦不堪言。楚兴、慧培已随政工队去了桂林,父亲待病情稍缓,就到桂林养息。1946

年 1 月，父亲独自一人由桂林回到广东老家。正如倦鸟归林，父亲该是一种怎样的惆怅心情？

此时，粤汉铁路局召集员工复职的通知已寄到老家（过去铁路员工的档案都留有永久通讯处）。但父亲健康受到严重损害，加之经济窘迫，一时无法到职。这年九月，父亲意外地收到茅以升的信，约他往汉口筹备兴建武汉大桥。原来，抗战结束后，汉口已成立有"武汉长江大桥筹建委员会"，茅以升主持的中国桥梁公司在汉口设立办事处，也是为武汉大桥而设。这对父亲不啻是一剂强心良药，他的健康状况大有好转，于是欣然就道，开始了对武汉大桥的又一次憧憬，这是父亲与武汉大桥第四次结缘。

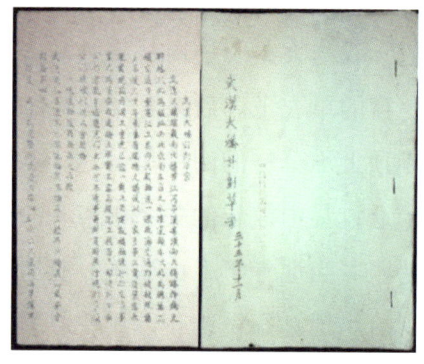

抗战胜利后，1946 年 10 月李文骥赴武汉长江大桥筹建委员会、中国桥梁公司汉口办事处报到，再次参加大桥设计测量工作。当年 11 月汉口办事处提交《武汉大桥计划草案》，这是该报告的油印件 ／笔者 注

虽然各项筹备工作认真进行，重编了工程计划，另测了比较路线、制订了筹款方案等等。但由于国民党政府正一心一意策动内战，终于又是一纸空文。

1947 年初，李文骥与长女、两子在杭州萧山浦沿蒋家亲翁家门前 ／笔者 注

1947 年初，因钱塘江大桥亟待修复，并需要加强养护和过桥费的收取管理，交通部在杭州设立了"钱塘江桥工程处"和"钱塘江桥管理所"，父亲调工程处任工程师，兼管理所主任。这一时期，慧培、术培已回到父亲身边；楚兴在汉口安家，楚琴在北京工作。而我和杏沽在萧山都失业在家。父亲来萧山拜会蒋氏亲翁，看到我们的窘境，将杏沽安排在管理所工作。而我则继续失业。在钱塘江桥桥工处工作的这段时间，是父亲一生中难得

的宁静日子。1947年冬，他还去台湾看望大哥德培。大哥是在抗战结束，台湾由日本人手里归还我国之后，到那里铁路部门工作的。父亲只去了一个月，很快返回杭州。

1949年，解放大军渡江南下，势如破竹。临近杭州解放时，但见大桥工程处、管理所十分紧张，父亲也十分忙碌，因为钱塘江大桥将又面临一次厄运——为阻止解放大军南进，国民党败兵溃退时，妄图炸毁中国人自己建造的这座大桥。

记得1937年，为阻止日本侵略军南犯，以茅以升为首的爱国知识分子毅然决心"亲手扼杀自己的儿子"，忍痛把桥炸断；而这一次，为了保护人民财产，制止国民党进行破坏，他们千方百计要保住大桥，这一群知识界的精英，爱憎是这样的分明。

当时，国民党尚掌握着大桥的生死大权。父亲他们四处游说，晓之以理，动之以情，凛然大义，反对国民党的倒行逆施。父亲曾有一篇文稿，详述当时保桥的经过，惜乎这篇珍贵的史料毁于后来的文化大革命。我阅读过这篇手稿，父亲他们一面向浙江省最高当局陈述保桥的理由，一面又做最坏的打算，向当时杭州社会贤达（有金润庠、汤元炳[1]等）要求筹措款项，用以"疏通"国民党的炸桥部队官兵，并晓以爱国大义。最后的情况是：负责炸桥的部队，既要按照国民党当局的命令炸桥；又在金钱的诱惑和爱国思想的影响下，按照父亲他们的安排：减少炸药量，在预定的非要害部位施爆。

1949年5月3日午后，传闻解放大军到达杭州北部拱宸桥，国民党当局已决定炸桥。父亲他们都站在湖滨路办公楼的阳台上，隔着西湖向大桥方向眺望，大家心情都十分沉重。只听到隐隐的爆炸声，西湖对岸山后，

---

[1] 金润庠(1890—1961)，生于浙江镇海县，中国近代烟草工业的先驱。汤元炳，江苏南通人，曾任中国纺织企业公司代总经理、杭州杭江纱厂经理。

腾起一股浓烟，不久，大桥管理站就打来电话，告知：爆炸过程一如事先预定。父亲他们才大大松了一口气。当天下午约四时，解放大军就进城来了。灰色军衣的解放军挟着一股英豪之气，肃穆、庄严地走在宽阔的湖滨大道上，群众的激动喜形于色，杭州终于迎来了明朗的天。

父亲立即乘车去大桥察看现场。我尚保存有父亲的一份手稿写着："大桥第五孔、第十二孔路面炸毁……下层铁路面枕木炸毁十余根……公路木桥面被炸断一节，长约二丈……"我们外行人也能从这段描述中看出，炸毁的程度是不严重的。父亲接着记述道："人民解放军到达后，四日（五月）一早即会

1949年5月，国民党军队撤退时，被炸毁的钱塘江铁路桥现场照片 / 资料

同大桥工程处工作人员，先将公路桥面的两处缺口用大横木及跳板铺好，以通行人。随即清除障碍，用钢轨加固炸破的工字托梁，再将桥面用木板钉牢……。此项修复通车工作于五日已完成。铁路面修复工作，六日上午用钢板加固工字纵架、更换枕木，接驳钢轨，于下午亦完成。"

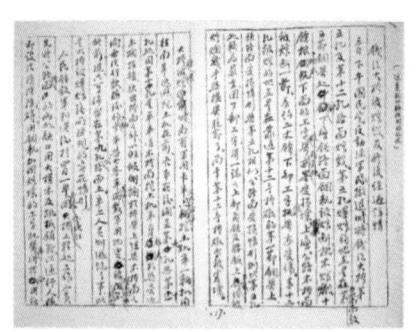

1949年5月，李文骥《钱江大桥被炸毁及修复经过详情》/ 报告手稿复印件

杭州解放前夕保卫钱塘江大桥这一幕，父亲是目击者和当事人，而且是亲身参与和策划的。正是由于茅以升、父亲等老一辈知识分子的努力，这座命运多舛的大桥才免遭再次祸害，得以幸存。

杭州解放，大军继续南进，全国解放胜利在望，父亲内心又腾起对建造武汉大桥的希望，他草拟了一份建议，题目是《筹建武汉纪念桥建议书》，建议建造武汉大桥作为新民主主义革命胜利的纪念桥。建议书中流露了对旧社会腐败的不满和对新中国的期望。

父亲叙述了自辛亥革命以来，他四次筹办武汉长江大桥的经过，并概述了建桥计划不能实现的原因："或因军阀官僚政治之腐败无能（如第一、第二次计划的未能实现）；或因帝国主义之压迫和侵略（如第三次之功败垂成）；或因国民党反动政府之忙于发动内战，无暇建设（如第四次之工款无着）。回忆前事，曷胜感慨。"在《建议书》中，父亲以满腔激情表述了他的愿望："在中国共产党、毛主席的领导下，各党派、各方面民主人士联合起来，互助合作，努力建设新中国，各项生产建设事业将次第展开，而武汉长江大桥之建设计划必能实施而必可成功。"父亲表态说："……1913年以来，四次筹建武汉长江大桥，我都参加并担任主要工作。历次所费人力、物力、时间不少，而实践经验都由我个人获得。自认为识途老马，甚愿有机会将此项经验贡献于人民。"

这份建议书上，父亲以行家里手的眼光，提出工程内容和估算了造桥的经费（估约600亿旧人民币）。父亲将这份洋溢着爱国热情的建议书寄给了当时在北京的茅以升转呈中央。时间是在杭州解放后不久，即1949年5—9月。

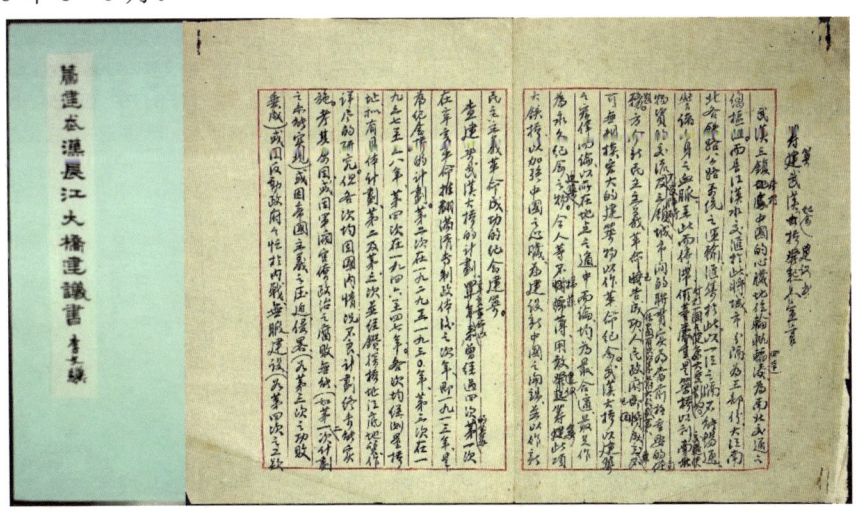

1949年5—9月，李文骥草拟《筹建武汉纪念桥建议书》，由茅以升、梅旸春等诸多老专家联名，呈送中央，这是《建议书》草稿手迹。该建议书1949年9月21日经中国人民政治协商会议第一届全体会议讨论通过 / 笔者 注

也许父亲的这份建议正与中央的宏图大业相应和，1949年10月，父亲就接到中央铁道部的调令，调他进京到部里工作。

新中国刚刚成立，在百废待举，百业待兴的建国之初，人民政府就注意到了为国家做过贡献的有用之才，这是多么英明之举。父亲过去曾说过："武汉长江大桥曾经多次计划……实与国内政潮相表里。政局澄清之际，即有是项计划，应时而生，不旋踵而政局又呈纷乱之象，计划又成泡影……如寒暑表之于天气然。有心人于此，当不胜感慨系之矣！"新中国成立后，武汉长江大桥的计划就被提上工作日程，而且即将真正实现，不正是父亲所言的"澄清"之日吗？

1950年1月，父亲结束了杭州的工作。只身赴京。那时他已是63岁的老人了。当时中央政府机构均还处在初创之中，父亲这样的高级工作人员，住的也是集体大宿舍，吃的是大食堂，自己到锅炉房打开水，自己洗衣服，而父亲无怨无尤。他留下的一首诗，坦露了他当时欢愉的心情。诗曰：

建国初年的北京东长安街，东长安街牌楼右侧是北京饭店和铁道部三层小红楼，李文骥1950—1951年曾在该红楼办公、居住。1954年8月东、西长安街上的两座牌楼被拆除，1972年北京饭店扩建时小红楼被拆除

　　喜接召书赴上京，奋蹄老骥事新程。

　　精心测点龟蛇峙，素志终酬时势更。

　　大业运筹同故旧，通途利济到庶氓。

　　金桥指日屹江汉，际会风云无限情。

父亲1905年到北京求学，1950年又来到北京工作。这45年中，中国历史经历了翻天覆地的巨大变化。父亲孜孜以求的，就是为国家建设奉

献一切的赤子之心，此志终生不渝。

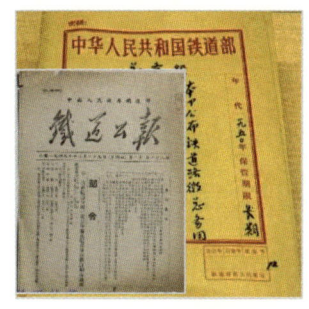

1949年12月《铁道公报》

1950年元月，铁道部成立了"铁道部桥梁委员会"，父亲为委员之一。3月，"武汉长江大桥测量钻探队"成立，父亲的老同事梅旸春任队长，父亲即赴武汉，再临故地，这就是他与武汉长江大桥的第五次结缘。同年8月，"武汉长江大桥设计组"在北京成立，父亲即回北京。

唐寰澄先生写《李文骥先生传》中，说到父亲在大桥设计组的工作，"在京积极提出建桥方案，意见极有见地和创造性，并和苏联专家相辨析……"。大弟慧培生前曾回忆，父亲在设计组，与前来我国协助工作的苏联专家，为设计上的问题进行的一次较量。当时我国举国上下对苏联十分尊重，称他们为"老大哥"，"苏联的今天就是我们的明天"，几乎言听计从。可是父亲不理会这些，因在沉箱问题上，与苏联专家意见相左，以他对长江水域无比熟稔的"老资格"，很不以为然地对苏联两专家说："我向英、德教授学习桥梁技术时，你们苏联还没有革命哩！"弄得两位年轻的苏联专家难以对答，父亲就是这样一位耿直的人，他一生崇尚真理，淡泊名利。这是正直、爱国的知识分子特有的品格。

1950年3月李文骥赴武汉参加长江大桥的测量设计工作，第五次也是最后一次与武汉长江大桥结缘。这是他与二女楚兴在汉口的合影，也是他与武汉邂逅38年最后的一次留影　／笔者 注

1951年初，父亲回到杭州，和我们一起度过他最后一个春节，他虽已入老境，但精神矍铄。父亲患糖尿病多年，但症状不明显，我又极缺乏这方面的知识，所以一直以来，没能在饮食、治疗方面对他老人家给以应有的关注和照顾。这是我永远不能饶恕自己的。

过完春节，父亲又绕道武汉，去看望了大妹

楚兴一家，然后回北京，但到了 4 月份他就病倒了。楚琴来电，说父亲病危，我心急如焚，立即赶到北京。

父亲躺在铁道部铁路总医院的病房中，大弟慧培在张家口林业学校念书，已先我赶到；随之楚兴也从武汉赶来，六姐弟中，只缺在杭州念书的小弟术培和远在台湾、音讯阻隔的德培大哥未能来到父亲身边。

父亲患的是严重肾病——尿毒症。他时而清醒，时而昏迷。在清醒时，他对我说："西郊有善堂（殡仪馆）"还说"抽屉里有钱"。我说："爸爸，我们都大了，您放心！"他说："小宝（楚琴小名）还是供给制……"可怜的父亲，到了这般病苦的时候，还在为几个不孝儿女操心。看到父亲枯瘦的面容，而医生对"尿毒症"却束手无策，以当时的医药水平，这属于不治之症。我们只能眼睁睁地看着父亲独自与死神搏斗挣扎。白天我们守在病床边，晚上都睡在病房里，轮流伺候。有一夜，是大弟慧培守在父亲床边，父亲要纸笔，但写出的字已不成形了，只有一个"骥"字，再就是"武汉大桥"字样。父亲聪慧的头脑，至死还念着他为之奋斗终生的事业。

4 月 23 日，父亲进入弥留状态，铁道部大桥设计组的同事们都来到病房，向父亲最后致意，但父亲已经没有任何回应了。

上午 11 时，父亲终于舍弃了他的大桥，他的儿女……终年 65 岁。

整理李文骥遗物，以大桥工程手稿、资料居多，其中仅有的一件新中国的铁路资料，是一本盖上私章的 1949 年 12 月政务院铁道部印发的《铁道建筑规程·草案》。他生前最后日子里，仍抓紧修改整理自己 38 年积累下的武汉大桥测量设计资料，以供工程参考，因此这本最新的《规范》是外出、伏案时须臾不离之物

/ 笔者 注

当时我国建国不久，各项规章制度尚未完善。父亲去世后没有追悼会仪式。在友人许声甫先生及父亲单位同事的帮助下，购得好棺木，葬于北京朝阳门外东郊公墓。墓碑上刻着我们六个儿女的名字，并印了讣告，分发给我们所能知道的亲友们。对于大哥，我们按照父亲遗下的地址，将父亲去世的消息去函给一位在香港姓陈的表姐，请她转告在台湾的大哥。当我们得到大哥复信，已是两个月以后，大哥德培在台湾为父亲祭奠，是"六七"了（即42天之后）。

父亲两袖清风地走了，没有任何财产留下。他一生的心血，化作了一座座大桥，一条条道路，留在祖国的大地上。茅以升先生闻讯后，给我们寄来了一副挽联：

鞠躬尽瘁，唯冀金桥跨夏口；

踌躇满志，长留伟业在钱塘。

武汉长江大桥 1958 年 / 图片资料

钱塘江桥开工典礼 1934 年 11 月 11 日

唐寰澄先生从武汉长江大桥建设的角度，在他的《李文骥先生传》一文中，有这样一段文字：

"李先生毕生为武汉长江大桥的建设，前后奋斗了 38 年，几经磨难，却卒未睹其成。然而评价历史人物，不可以成败论英雄。李先生所做过的事，为武汉长江大桥顺利、高速、优质的建成打下了基础，创造了条件，其'孺子牛'的精神，令人钦佩，并可作典范。"

愿借这段文字，作为本文的结束。

父亲的业绩永存！

1994 年岁尾　初稿

1996 年 4 月　再稿

2019 年 8 月　三稿

历史上的武汉长江大桥建桥方案

——纪念李文骥先生

唐寰澄

建设万里长江第一桥,是新中国在长江上实现的第一个宏图。无论从历史上看,还是从武汉三镇的战略地位看,这都不是偶然的。

在历史上,湖北境内出现过五座军用浮桥,1500 年前,公孙述就在宜昌下游 30 里处派兵数万"据险为浮桥"。140 年前,太平军攻占武昌城,架起了一座规模最大的浮桥,位置恰好就在"龟蛇锁大江"处。

在古代,在烟波浩渺的长江上修永久性的大桥,在技术上几乎是不可能的。

飞越"天堑"的武汉长江大桥自 1957 年建成以来,已经度过了三十多个春秋。当人们乘坐京广旅客列车从桥上飞驰而过时,可曾想到在这座万里长江第一桥建之前,从 1913 年到 1946 年,中外工程师曾先后 4 次提出过建桥方案,其中有一人还亲身经历并参加过大桥的历次勘测和方案设计工作。他就是我国桥梁界先驱之一——李文骥先生(1886—1951)。李先生于1949年前在杂志上多次发表文章,详述各次规划情况,新中国成立后于1950年作为"铁道部桥梁委员会"委员之一,又参加武汉长江大桥测量钻探和设计工作,第五次为建桥作出努力。今天我们所知道的1949年前的主要资料,便因李先生得而传世。兹根据他的文章和其他材料综述如下:

詹天佑—格林方案

李文骥先生在《武汉大桥计划之历史》(1948)一文中写道:"武汉跨江建桥之议始于民国元年,詹天佑任汉粤川铁路会办时,粤汉铁路湘鄂段总工程司英人格林曾作一草图,用悬臂式钢桁梁3孔全跨江面,江中桥墩只有2座……"李先生在文中指出了计划的时间和方案作者的姓名。

查看1984年《铁道知识》第四期刊出曲绪典同志所撰《詹公轶事》一文中写道:"孙中山先生曾向詹天佑先生透露过他的修建10万英里铁道的规划,并希望得到他的帮助。詹天佑听后很受鼓舞……组织力量绘制了武汉长江大桥的蓝图。"此文还刊出了两张残缺的方案图。

查《詹天佑与中国铁路》一书,詹天佑任汉粤川铁路会办为民国元年(1912)11月,翌年6月升为督办,由此可见李先生所记是可信的。詹天佑先生要格林作武汉长江大桥的方案是完全可能的。

格林所作方案是什么式样?

根据《詹公轶事》一文中刊出的两张残缺方案图,对照李先生所述江中只三孔两墩,复原方案(如图1-1-2)。实际上是五跨四墩,江面上是三孔两墩。显然这是英国人的作品无疑。为什么？

图1-1-2 詹天佑—格林方案

英国于1883—1890年建成了离爱丁堡约10英里的福斯河口双线铁路伸臂梁桥。水中共两跨各长519米，总共为四跨三个大伸臂架，是由英国著名铁路和桥梁专家本杰明·贝克（Benjamin Baker）所设计建造。

光绪廿年(1894)七月初十下午，李鸿章在英国参观了这座号称"天下第一桥"的福斯桥。蔡尔康著《李鸿章历聘欧美记》记道："中堂旋升车直趋桥畔。其桥下有旧桥焉，车驱而先过之，以便中堂观桥底之形。既而绕登桥顶，纵观桥面之形。中堂叹曰：'似此工程，实属绝无而仅有。非神工鬼斧，何以能成？念我中国渤海之大，极目不能见彼岸，若亦能造一桥则突过此桥矣。'"所以这座桥，连官方都是熟悉的。

格林对武汉桥的建议，主跨自福斯桥的519米缩小到380米，载重则由双线火车增加到"人车路，电车路，马车路，人行路各二条。"桥址位于武昌蛇山到汉阳龟山之间。凡到过武汉的人都知道，此处两山对峙，江面最窄，江流最稳定，不是桥梁工程师也会选择在此。但下桥后如何走法，李先生称："当时未详细测量研究，仅系一种拟议而已。"

米娄方案

民国二年(1913)，北京大学第一期土木系学生毕业，李文骥先生是其中之一，这也是由中国自己的大学培养出来的第一批土木专业人才。其教授，德国桥梁专家乔其·米娄(Prof Georg Müller)提出为纪念辛亥革命成功，建设"武汉过江大桥"为纪念桥。他率领包括李文骥先生在内的毕业生十余人，到武汉进行这一计划的准备，并拜会了鄂督黎元洪和汉粤川铁路会办詹天佑，得到了他们的赞同和支持。工作了四五个月，将桥址测量、勘定联络线路和大桥设计大致完成。

在没有进行地质钻探的情况下，初步拟定三个桥式。因为现场条件十分明确，桥址(龟山到蛇山线)处主槽偏在武昌。设计若干62.00或83.50米的小孔，在靠武昌岸插入三个较大孔，其主孔为124.00，或200.00或250.00米。作了造价估算比较，以第一式124米主跨，双层桥面为最经济。第三式吊桥式伸臂梁较为美观。实际上米娄教授是根据欧洲的经验，如1894-1896年修建的匈牙利约瑟夫桥画的米娄方案第二式；根据1903-1904年德国司纹蒙台桥画的第三式(图1-1-3)。第二、三式都是公铁并行的单层桥面。米娄方案的联络线走向如桥址图1-1-4。

图 1-1-3 米娄方案

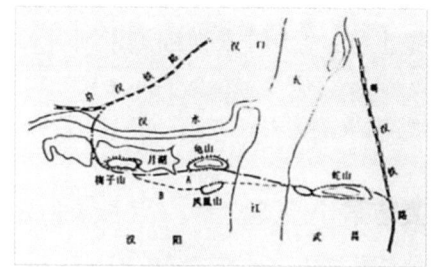

图 1-1-4 米娄方案桥址图

李文骥先生认为："北京大学的计划……式样自难免稍觉其旧。当时仅测量路线及江宽水深，并未钻验江底地质，作详尽的研究，故可不必深论。但当时已认为双层路面的建筑为最经济，不为无见。"方案提出之后，因军阀内战，根本不遑顾及，而成为纸上谈兵。

华特尔方案

1928年，南京国民政府成立铁道部，由孙科任部长，聘请美国著名桥梁专家华特尔博士(Dr. J. A. L. Waddell)为顾问。华氏建议作"武汉扬子江大铁桥"计划，并愿意介绍美商借款兴筑。当时铁道部命李文骥先生担任测量钻探，并协助华氏作方案设计工作。

此次选线，汉阳岸不走龟山而走龟山之南的小山凤凰山(如桥址图1-1-4中虚线)。武昌岸则仍走蛇山北侧。1930年测量完成，但铁道部不续聘华氏，仅予以名誉顾问的头衔。华氏回国，留下其助手韦约翰(John Weir)与李文骥先生赴汉口从事主桥江底钻探。其钻探机具都是旧机拼凑而成。筹备完成，开钻汉阳岸浅滩仅两月，美国人韦氏亦离去，由李先生独立承当。5月至9月正是长江洪水季节，在江上完成8个钻孔，结束了初钻工作。华特尔根据资料提出了方案和概算，但国民政府无力完成这一工程。李先生以心血所在，弃之可惜，遂写论文《武汉跨江铁桥计划》，于1931年中国工程师学会年会上发表。

华氏所提方案(图1-1-5)，从节约引桥出发，采用桥跨82.30米单层桥面的低桥方案。桥下通航净空在高水位时一般为18米，只在离武昌岸江边第四孔用一跨91.5米的升降式活动桥，升高后净空为3.50米。华氏是根据当年美国大量建议造活动桥的基础上所提的方案。李先生认为:"式样简单而设备宽裕(似指活动部分),但桥孔小而桥墩多,当年国内工料价贱,外洋材料(钢及机具)价贵之时,固属经济之办法。在今日则反是……所选线在汉阳方面经过城边的小山,对于减少引桥长度无多大效果,究不如经龟山之合适。"华氏以名家里手,而提出的方案与扬子江浩荡的气势不为相称,且水陆互碍,功能上也觉欠缺。这一方案以不建为幸。

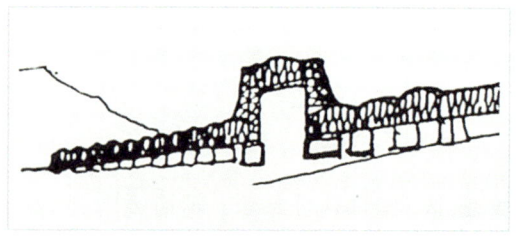

图 1-1-5 华特尔方案

钱塘江桥工处方案

1936 年,粤汉铁路全线通车,武汉长江大桥的建设日见迫切。茅以升先生在《钱塘江回忆》一文中说:"1935 年秋,应湖北省政府之约前去接洽武汉造桥事。经过桥工处多人努力,于 1936 年 8 月作出建桥计划书。"当时熟悉此桥的李先生亦在钱塘江桥工处任职,为四大正工程师之一(梅旸春、李学海、李文骥、卜如默)。他们花了近一年时间,先根据以往资料作出方案和概算,然后在至汉口进行测量和钻探工作,这一次钻探的是蛇山和龟山的桥址,发现江底石层较凤凰山蛇山线为高。

钱塘江桥工处提出的方案(图 1-1-6)比较特殊,共计八孔。七孔为 128 米,靠武汉岸一联三孔,第二孔为大孔 238 米的连续桁拱。此处桥面为公铁在一个平面,从武昌岸第四孔起,公路以 3.5% 降坡,并在一个平面端窄的"斗式"桥孔,由单层转为双层,铁路在上,公路在下,到汉阳时几乎可不设公路引桥。

图 1-1-6 钱塘江桥工处方案

从 1937 年 2 月到 1938 年 4 月,在长江共钻十个钻孔,所得石层,在汉阳岸较华特尔方案高二十多米,对基础而言,明显为优,且与大江基本正交。

李文骥先生参与了方案设计,对最后推荐方案的评语为:"着眼于经济、适用、美观三点。主要桥孔采用悬吊桥面,俾腾出桥下最大净空以利航运。同时利用拱形可将桥墩高度减至最低限度。旁孔转成双层,以减少桥梁宽度与桥墩长度,且减少汉阳岸公路引桥之费用,此种布置允为最经济的办法。"不过李先生认为斗式孔结构复杂,可改为公路在两侧伸臂梁上降坡。桥跨布置根据经济跨度计算,尚可省去一墩。

钱塘江桥工处满以为当钱塘江桥工程一完,便可转入武汉进行设计施工。准备向银行借款,还说要在 1937 年 10 月举行开工典礼,但抗战军兴,全部计划付之流水。

茅以升——梅旸春方案

抗战胜利，受尽苦难的人民都希望重建家园。茅以升先生早就筹设了中国桥梁公司，下设若干分公司。汉口先设办事处，以李文骥先生为主任。

1946年，由平汉、粤汉铁路局和湖北省政府等一起组织了武汉大桥筹建委员会，以当年湖北省主席万耀煌为主席，茅以升为总工程师，李文骥等为正工程师，正式测量了龟山蛇山线和凤凰山蛇山线，结论仍以前者为佳。同时规定了桥上车辆和桥下通航的技术标准，提出了五孔桁拱桥的方案（图1-1-7）。中间三孔为280米桥跨，边上两孔各为140米跨。拱桁内单层公铁并列桥面。公路在内，铁路在两侧，式样壮伟美观。

图 1-1-7 茅以升—梅旸春方案

桥式的产生，据梅旸春先生告笔者，乃是结合过去方案，予以综合改进，与茅以升先生在一次火车旅途之中所确定。这一设想实乃脱胎于格林方案。英国福斯桥建成之后，在其国内招致了攻击，认为这座桥没有建筑艺术，是达到所有丑陋的顶点的样品。其丑处之一是伸臂的造型和比例。茅、梅两先生引伸钱塘江桥工处方案的单孔桁拱，结合福斯桥的伸臂布局，并且避免了格林方案两岸上两孔不必要的大跨，得出这一造型美观、结构合理的设计，体现了中国工程师的智慧。

然而国民党政府忙于内战，计划又予搁置。

1949年之后，李文骥先生由衷高兴，提笔作《筹建武汉纪念桥建议书》，向铁道部提出建筑武汉长江大桥"为建设新中国的开端，并作为新民主主义革命成功的纪念建筑……他毛遂自荐："自认为老马识途，甚愿有机会将此项经验，贡献于人民。"1949年冬，李先生奉召赴京，作为"铁道部桥梁委员会"成员之一,次年3月成立"武汉长江大桥测量钻探队"。李先生赴汉口作第五次努力。8月,于北京成立武汉长江大桥设计组,李先生又北上。1951年李先生病逝,可惜没有看到武汉大桥的最后方案。

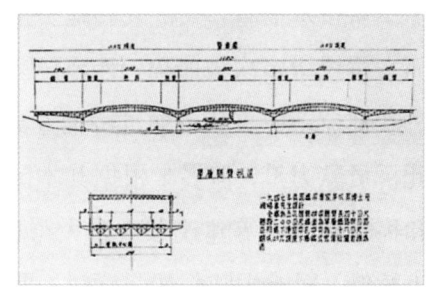

图 1-1-8 茅以升—梅旸春方案立面、断面图

现建成方案

新中国成立后建设的武汉长江大桥是在当时学习苏联的政策下,由苏联派专家作技术援助。在桥址方面,由于中国准备已久,并资料充分,仍用龟山蛇山一线。桥式方面,正桥系根据苏联国内经验和材料的供应(低碳钢),最后建议的方案为三联九孔各128米、平弦、双层桥面的连续菱格形桁梁。通航净空高在高水位以上26米。其外形和制造安装都比较简单。

引桥和桥头建筑是向全国征求方案,评选后报铁道部、政务院,由周恩来总理作最后批示决定。所有的设计、制造和施工都由中国技术人员和工人担任。

现在大桥已通车34年,李文骥、梅旸春、茅以升先生都已作古。回顾这几十年的筹建经过,从政治上看,李文骥先生曾写道:"武汉大桥曾经多次计划……实与国内政潮相表里。政局澄清之际，即有是项计划，应时而生，不旋踵而政局又呈纷乱之象，计划又成泡影……如寒暑表之于天气然，有心人于此，当不胜感慨系之矣。"而只有解放的新中国，才能予以实现。

从技术上看，大桥胜利地负担起两岸交通已历时三十多年而如新，然而大桥桥墩多次被船撞，钢梁下弦也曾被吊船撞弯。因事关大动脉的畅通，每次都惊动中央。参加过桥梁方案设计的英、德、美、苏诸专家，都愿为此桥贡献力量，但多半根据其本国经验作设计，回顾一下当年茅以升先生和梅旸春先生等建议 280 米大跨和 33 米高的通航净空，不无见地。且跨小桥低，影响大吨位船只通过，即影响上游港口码头的吞吐量，使长江水运不能充分利用，这一影响，于南京长江大桥尤为突出。当然，不是改革开放的政策，也显不出这一问题的重要性。

但愿本文在重温武汉长江大桥的方案设计中，能为桥梁建设者提供有益的历史经验。

原发表于：《铁路春秋》1992 年第 1 期；
《唐寰澄文集》I 学林出版社 2018 年 11 月

桥　魂

——《寸草心》续

李　希

前言

　　《寸草心》酝酿于1989年，成稿于1996年。

　　1996年至今，二十多年过去了，每当悼念亡父，重阅《寸草心》，总感到言未尽、意未达。有些感触，很想写下来。

　　下面的文字就作为补遗吧。为了叙述连接，有些内容不免重复。

生逢其时

我们李家,祖籍广东番禺钟村。家族中,从我祖父起,是一脉人丁不旺的书香之家。

祖父李世昌一生教书(私塾),我父李文骥为独子,有一比他大十二岁的姐姐,叫李蕙湘。父亲随祖父读书,习传统国学四书五经之类,因而他的古文、诗书俱佳。

广州番禺钟村镇 / 资料

李文骥酷爱古算学

父亲生于 1886 年,正值清朝末年西风东渐之时。广州属粤省中心,比较开放,受西方文化影响较早,父亲有机缘接触到算学、力学等学科。父亲秉性聪慧,对算学特感兴趣,常与三五同学演算中国的古算术,并学习来自西方的理科新教材。

1898 年,戊戌政变,维新派主张首先改变教育,废科举、办学堂,清政府设立京师大学堂。1905 年,京师大学堂增设了大学预科(相当于现在的高中),并在各省招收公费生,广东有 24 个名额。父亲报考被大学预科录取,这对一般清寒家庭无疑是天大的喜讯。

父亲的人生也由此而改道,从南方小镇去往政治文化中心的北京入学,称得上生逢其时了。当时的京师大学堂,除了少数几位早期出过国的先辈留学生外,还聘请了好多外国专家学者作为教授,这些来自英、美、德、法等国的教授只能用他们国家的语言教课,因此当年的这些学生基本都能掌握几国语言，我父亲也不例外，能懂好几国语言，英语和德语更是熟练。

1908年，我父亲念完大学预科，1909年顺利晋升大学继续学业。是年，大学分科开办，设农、工、文、理、法五门，父亲选择了工科土木工程专业。

清末的北京城街市 / 资料

1911年，武昌起义辛亥革命成功，清廷退位。次年，民国成立，京师大学堂改名为"国立北京大学"。父亲于1913年从国立北京大学毕业，成为首届中国大学自己培养的工程技术专业人才。

当时，北大有一位教授是德国的桥梁专家，叫米勒。按西方惯例，每当国有大事就建造纪念物，于是米勒向当局提出，由北大自己培养的土木工程毕业生，运用学到的专业知识来设计建造一座大桥，以纪念辛亥革命成功。

100年前的武昌黄鹄矶上奥略楼

那时候长江上没有桥，从北京到汉口的平汉铁路和从广州到汉口的粤汉铁路，到汉口只能隔江相望，旅客只能乘渡轮过江，再换乘对岸的列车，费时费力。若在此建一座跨江大桥，天堑变通途，对中华大地南北经济发展，将起到巨大的作用。米勒选带包括父亲在内的毕业生十余人，到汉口谒见鄂省都督黎元洪和汉粤川铁路会办詹天佑，得到了两位的欢迎和支持。

历时五个月，完成初步测量任务，其时正值军阀混战，筹建大桥的工作难以继续，同学们只得分别就业，建桥项目搁置。

父亲被米勒教授推荐到汉粤川铁路总公所工作，分配在汉宜段，从事汉口到宜昌间的铁路线的实测及建造。被誉为中国铁路之父的詹天佑先生，曾在一份由其署名的证明资料上评价我父亲："工程熟悉，办事勤能。"寥寥数字表达了前辈对晚进的欣赏，也透露出父亲的品格，"勤能"一词极有内涵。

1928年，国民政府成立铁道部，孙科为铁道部第一任部长。父亲调入铁道部设计局。主要是外勤，筑路、造桥，脑体并用。繁重的工作，给了他理论与实践印证的最好契机，积累了丰富的经验，成了专业方面的强手。孙科聘请美籍桥梁专家华特尔为顾问，筹建长江大桥，并派我父亲为华君助手，同赴汉口开展工作。一年后，华君因故回国，父亲被任代总工程师。时逢江水涨潮，水深流急，用以钻探江底岩层的机具陈旧落后。工作繁重不说，且责任重大，而父亲没有退路，只有迎难而上。与同仁共同努力，终于完成既定任务。父亲满怀信心，将工程进度及成果写入报告，送呈上级，同时也报告给了已回美国的华君。华君允诺在美联络商团，争取建桥之贷款。其时，国民政府却久久无回音。第二年，铁道部又派我父亲赴汉口复测先前所做工作，父亲一以贯之，认真对待。之后，政府因多事掣肘，此建桥项目又被搁置。

失望之余，父亲将几次筹划的成果写成长江大桥筹建历史，作为论文提交给中华工程师1931年年会，希望对以后建造大桥有所参考。

记得那时我和母亲住在汉口，父亲在长江的一艘大船上工作。有一次，父亲给我看他们从江底用机器挖上来的石头，一段段长短不一的圆柱形石头，长20厘米上下，直径5—6厘米，深深浅浅的灰色，夹杂着斑斑点点黑或白的颗粒，沉甸甸的，我六七岁的年纪，双手托不住。父亲说，将来要在江底这样的岩石上筑桥墩，造钢铁大桥，让汽车、火车从这头开到那头……这段

工程地质钻取的岩芯 / 资料

记忆铭刻在我脑中已有九十年,而这些长长短短的岩石标本,一定藏于某处的博物馆,无声地向人们诉说江底的秘密。

父亲回到铁道部,我家也搬到南京。父亲仍不停地出差,多在广东、福建、湖南、湖北一带,或勘探或测量,有时也会上天,参加我国最早的铁路航空测绘,总之离不开山川河流之间,他的名片则是"中国桥梁工程师"。

造大桥,是父亲难以释怀的愿望,而在万里长江上造第一座桥的愿望却连连受挫。父亲并未气馁,为祖国的交通建设事业竭尽所能的初衷,坚持未变!

此消彼长

武汉长江大桥筹建被搁置,钱塘江桥开工却落地有声。

1934年,传来杭州要在钱塘江上造桥的消息,由茅以升主持。首先是向交通部、铁道部、公路局和中国桥梁公司调集工程技术人员,铁道部将这一机会交给了我父亲和他在北大的同班同学夏光宇,不久夏光宇另有任务离开了。

得到这一任务,父亲特别兴奋。他从1913年参加长江大桥测量以来,对专业就有一种不能割舍的喜爱。虽然钱塘江桥的建造过程困难重重,同时却极大地丰富了他的专业阅历。钱塘江是一条野马似的江河,它的出海口叫杭州湾,是世界三大强潮海湾之一,潮差大、潮流急、台风多,江底高达40余米的流沙变迁莫测。江上不能造桥的流言不断,江北岸有座山叫"秦望山",传说当年秦始皇巡视至此,因水阔流急船只也难渡过,只得望江兴叹;也有说当年伍子胥被吴王赐死,尸沉江底,托阴魂于潮浪,冤灵至今不去。建桥人以坚韧的精神,克服了种种困难,各种非难之言自然消声,外国专家也不得不对中国同行刮目相看。

钱塘江桥建设工地 / 李文骥摄于1935年

当钱塘江桥建造工程接近尾声之时,茅以升同我父亲商定,由我父亲等数人,立即去汉口为筹建长江大桥再核所有资料。他们计划,待钱塘江桥完工后,原班人马迅速移师武汉,为万里长江建第一座大桥。此时,那些工程技术人员个个雄心勃勃,信心满满。

不料1937年日寇挑起七七事变,时局危急,八一三战役上海遭外敌践踏,父亲为建长江大桥再核的资料只能又一次束之高阁。其时,杭州如敌寇刀俎下的鱼肉,新建的钱塘江桥加紧扫尾工程还来不及举行通车典礼。面对如此局势,只得忍壮士断腕之痛,自行炸断大桥,绝不为侵略者所用。

1937年9月26日,新建的钱塘江桥铁路开通,大量的军火、机车、设备、部队夜以继日通过钱桥;淞沪战役失利上海沦陷,11月17日钱塘江桥公路开放,数以万千计的难民沿桥南逃。12月23日,据报敌寇已近杭城,茅以升与他的同事聚集在大桥南端,计划下午二时炸桥。此时,公路桥面逃难的人流仍络绎不绝,茅以升不忍发出起爆命令,直到下午五点,已隐约可见敌人的先头部队了,才忍痛起爆。茅以升当时那句:"炸桥好比扼杀自己的亲生儿子",成了建桥者人人同感的经典心声。随着爆炸的硝烟腾起,现场哭声一片,中国人自力更生建造的现代公铁大桥开通才89天啊!沉痛、愤怒的泪水汇入钱塘江潮,怒吼着在桥下奔腾!

杭州沦陷后已被自行毁断的钱塘江桥 / 资料

桥断了，建桥人向断桥致以最后的注目礼，分别走向另一个抗日岗位。

绝处逢生

我父亲先已得到铁道部指令，俟钱塘江桥自炸后即赴广州，去负责指导当地公路、桥梁、铁路、涵洞、隧道等抢险修复的工作。1938年10月广州沦陷，父亲复又撤至湖南衡阳，继续指导沿途各交通设施的抢修，还有督造各式防空工程。

其时，国际社会与爱国华侨捐赠的战略物资，进入国境后几乎全靠广九、粤汉两条铁路转运，是后方主要的运输线，因此也注定成了敌人破坏的重点。敌机昼夜轮番轰炸，险情不断。后来父亲回忆过那段血与火的岁月，那时他整日地与抢修工人乘坐小轮工程车，或轨道摇臂车四处奔突，几无宁日。他说，全体同仁就这样用生命与热血的努力，最大程度保证了抗战物资和军队调防的运输需要，使这两条运输线一度被誉为"钢铁长城"。就这样，一直到湘桂战争爆发。

父亲有一首七律，取题《感时》，记录了当时的所思所想：

> 大好河山罹寇烽，战云幂幂佈湘中。
>
> 匹夫自有兴亡责，制倭能无尺寸功？
>
> 时毁时修增敌忾，连朝连夕护交通。
>
> 所嗟骨肉音书断，怅坐衡山回雁峰。

1944年初，敌寇铁蹄疯狂践踏长沙、常德，而后又虎视眈眈向衡阳，调集精锐展开惨绝人寰的围攻。此前，衡阳路局已发出撤退通告，并在贵州设临时办事处，通知员工可自行前往报到。父亲却因家小之累错过时机，来不及去贵州，只得先退到湘桂边界的山区暂避。再说衡阳，守军在师长方先觉带领下，与日寇进行着殊死战斗，一直坚持到弹尽粮绝，被迫弃城，1944年8月8日衡阳沦陷。此后，日寇为快速占取桂林，竟沿湘桂边界山区南下，父亲被迫再退，退往十万大山深处汉瑶杂居地。一家人走散了，父亲身边只留下两个未成年子女，我的大妹妹和大弟弟。三人无依无靠，无衣无食，濒临绝境。所幸危难中瑶族同胞伸了援手，帮助他们渡过难关，真可谓九死一生。

衡阳空城，30万居民紧张迁移：1944年6月18日长沙失陷，日军从三面包围衡阳。衡阳系粤汉铁路和湘桂铁路的交会点。衡阳守军决定"空城"，要求城厢内外人民一律撤退不可留下一人，以免伤及无辜百姓。当时百姓逃难时的景象：东西两站人山人海，一片混乱凄惨景象。不但车厢内挤满了人，车顶上亦有人满之患。远处望之，有如一条条死蚯蚓爬满了蠕动着的蚂蚁，惨不忍睹。列车出站入站三昼夜不停，庆幸于敌人攻击之先三天疏散完毕。衡阳几十万人民在衡阳会战前被紧急用火车经湘桂线疏散到桂林，避免了"南京大屠杀"的惨剧在衡阳发生 / 资料

最后，历尽千辛万苦流落到广西灌阳县。父亲到县政府打听战局情况，灌阳县县长唐资生得知父亲的身份，如获至宝，请我父亲留下来帮助其工作，子女则被适当安排些杂务，暂时安顿下来。那段不长的日子里，我父亲得空还

广西灌阳冬雪 / 资料

帮助当地学校教授外语课程。可没多久，我父亲患上了重病，战争时期的穷乡僻壤，灌阳唐县长也束手无策，商量再三，父亲只得留下儿女，自己拖着病体，只身辗转回到广东番禺的钟村老家。

1945年8月，终于传来了日寇无条件投降讯息。中华大地、炎黄子孙历经多年的兵燹终于停息，所幸国未破、家未亡，分散在各地的家人纷纷向老家函告平安。父亲虽还病苦缠身，但欣喜之情使他坚持着等待未来，期盼"待从头收拾旧山河"的时机。

抗战结束，交通部[1]通知父亲回南京复职。而几乎同时，又收到茅以升从汉口的来信，信中说为筹建武汉长江大桥，已成立"武汉长江大桥筹建委员会"和"中国桥梁公司汉口办事处"，特聘他莅政主事。喜事连连，心情大好，这些消息比什么药都灵，父亲的病体竟很快痊愈。经考虑，父亲决定直接去汉口报到，在汉口，他另测了比较路线、编写工程计划、筹款方案，写信给交通部相关部门做了详细汇报。

可惜，人算不如天算，这一年国共内战不可避免地爆发了，筹建第一座长江大桥的愿望又一次落空。虽然在长江上建桥的努力一再的功败垂成，但看得出，我父亲并不绝望，建造长江大桥已成了他一生的追求。他无数次地修改和完善各个建桥方案，整理建桥所需的各类资料，使之更趋完善。他相信只要不放弃，总有一天会如愿以偿的。

其时，杭州成立了钱塘江桥工程处（简称桥工处）和钱塘江桥管理所，我父亲又被铁道部派往杭州担任管理所主任一职，与茅以升一起负责修复被战火重创了的大桥，同时兼管为归偿还建桥时的贷款，向过桥车辆进行收费的工作。还贷完成，收费即止。

李文骥和长子、次子、长女、女婿、外孙在杭州膺白路35号钱塘江桥管理所门前合影 1947年

不负初心

"得民心者得天下"，国共第二次内战，孰胜孰负已见端倪。

1949年初，常见父亲脸带习惯性的浅笑，一人在房内踱步，我知道他正在思索着什么了。

---

[1] 1938年1月铁道部并交通部，8月迁重庆办公，1948年5月还都南京。

他在考虑一个问题：我能为新中国做些什么？

父亲经历过清末的戊戌百日维新、辛亥革命、清廷退位，见识过民国成立以及国民政府政局纷扰，亲受过外敌欺凌、日寇入侵等，可谓阅历丰富；又有幸接受过现代高等教育的培养，是泱泱华夏首批专业技术人才。1913 年从大学毕业，数十年来，他一心想着如何将自己的所能，奉献给自己的祖国。审时度势，他觉得不久中华大地将迎来崭新的变化，新的政府一定能让他完成夙愿。因此，在国民党军南撤时，他与桥工处同仁，不配合民国政府为阻止解放军南下炸毁钱塘江桥的要求，动用社会力量向国民党炸桥部队做工作，晓以利害并允以重金，最终成功地将大桥完整保存下来。

新中国成立，百废待举，我父亲以他的卓识远见，不失时机地起草了一份《筹建武汉长江大桥建议书》。建议书面面俱到地阐述了武汉的地域优势，以及在那里建桥对全国经济发展的重要影响。建议书里他回忆了自己四次主职勘探、测量的经历，以及多次筹建未能实现的来自政治的、经济的多种原因。他在建议书里以专家的眼光，分析了当时经济方面和技术方面的可行性，并自诩"识途老马"主动请缨，表示愿为新中国建设奉献一己之力。这不是一份简单的建议书，这是一个老知识分子向国家坦露爱国情愫的高尚纯洁的诗篇。

我父亲将此建议书慎重地寄给正在北京的茅以升，茅公大为赞赏，一些同行专家也纷纷签名附议，由茅公及时递呈中央。

1949 年 10 月，中央政府将我父亲调往铁道部工作，父亲的兴奋可想而知。他觉得新政府治下的新国家正是一片清朗气象，"风正一帆悬"，他的理想终于可以实现了！

桥梁专家李文骥 ••• 忆文

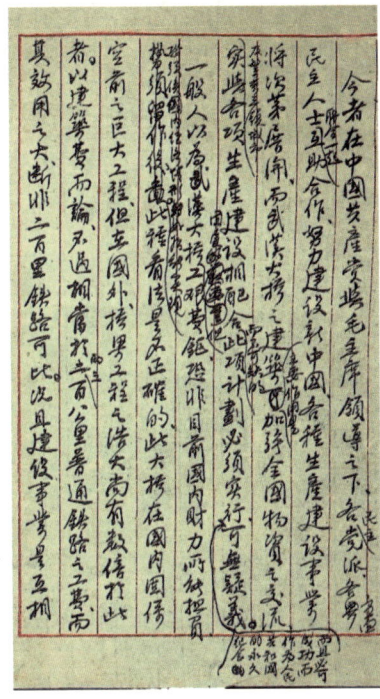

"武汉三镇居于中国的心脏地位……查建筑武汉长江大桥的计划,辛亥革命以来曾经过四次的筹备。……但各次因国内情况不良,计划终未能实现。……今者在中国共产党与毛主席领导之下,各民主党派、各方面民主人士联合一起互助合作,努力建设新中国,各种建设事业将次第展开,而武汉大桥之建筑主要作用是加强全国物资之交流,实兴各项生产之配合不可或缺的。此项计划必须实行。而且必可成功,而作为人民共和国的永久纪念,可无异议……"

/ 摘自 1949 年 5—9 月李文骥《筹建武汉长江大桥建议书》手稿,该建议书 1949 年 9 月经中国人民政治协商会议第一届全体会议讨论通过

1949 年 10 月 8 日发行的原版邮票:"庆祝中国人民政治协商会议第一届全体会议"

1950 年初,他办理好杭州工作的交接,只身前往北京报到。从他的一首七律,看得出已过花甲的他意气风发的神采:

喜接召书赴上京,奋蹄老骥事新程。

精心测点龟蛇岇,素志终酬时势更。

大业运筹同故旧,通途利泽到庶氓。

金桥指日屹江汉,际会风云无限情。

北京铁道部已经成立了"筹建武汉长江大桥委员会",我父亲是委员之一。同时汉口成立了"武汉长江大桥测量钻探队",我父亲以顾问的身份,参加现场实地工作。这是他第五次投身"万里长江第一桥的"的建造,虽已 63 岁的年龄,但因为内心的欣慰仍然精神矍铄。

在测量钻探队，与我父亲同住一室的是一位二十几岁的年轻人，名叫唐寰澄，毕业于上海某大学。为了同一个目标，这一老一少走到了一起，两人工作、生活形影不离。工余之时，我父亲经常将自己前后多次主持长江大桥筹建工作的经历、经验以及心得讲给唐君听，还将多年精心收集的外国专家为长江大桥所作各种草拟的桥型，以及自己为大桥设计的大量草图，悉心介绍给唐君。这一对忘年交在当时的测量钻探队构成了一段佳话，大家都说："老李收了一个徒弟。"

1950 年武汉长江大桥测量钻探队中人尽皆知的一对"忘年交"：63 岁的李文骥和 23 岁的唐寰澄 / 笔者 注

1951 年的春节，父亲由北京回到杭州，与我小家一起过年。然后转道武汉，看望测量队的同事们和他的二女儿一家。假期之后，立即返京，加入了有苏联专家参加的大桥设计组工作。

1951 年 4 月某日，分散在太原、武汉、杭州的兄弟姐妹，同时接到在京工作的小妹发来的电报，只有三个字："父病危"，真是晴天霹雳，我和我的弟弟妹妹们急忙从各地赶往父亲身边。父亲入住铁道部铁路总医院，月余未见，他已十分憔悴，看着他时时昏睡，我心如刀绞。父亲原患有糖尿病，但未见任何症状，我毫无医卫常识，在杭州时，未能在生活上、治疗上给父亲必要的照顾，其实他的健康早已有了问题。后来在他的体检表上看到，血压高达 200/108，春节期间还在各地奔波，对一位花甲老人来说肯定是不利的。

父亲独住一间大病房，我们姐弟日夜守护。"尿毒症"在当时的医疗条件来看是绝症了，几乎无药可治。父亲越来越虚弱，询问医生，得到的总是摇头，我们万箭穿心却又无能为力，眼睁睁地看着父亲被病苦折磨。

4 月 22 日夜，是大弟守候在父亲病床前，父亲要纸笔，但他只写下

"骥"、"武汉大桥"勉强能辨识的五个字。可怜的父亲,在他生命之源即将干涸时,仍惦念着他一生为之坚守、奋斗的事业。

1951年4月23日上午11时,父亲心脏停止跳动。壮志未酬,他仅65岁尚不太老,却永离了他一生向往的建造武汉长江大桥的工作岗位,苍天不仁啊!

尽管泪水涟涟,我终于悟到,我可敬可亲的父亲言行一致地用毕生的行为,实实在在地完成了他自1913年以来为国立功的初心!虽壮志难酬,但他终于留下了他的建议书,而且得到当局的重视,并开始实施,在中国建桥历史上留下可贵的一页。

父亲安葬于北京朝阳门外东郊公墓,现三里屯工体一带 /资料 笔者 注

功劳在兹

父亲走了。

茅以升亲撰一副挽联,其上联:"鞠躬尽瘁,唯冀金桥跨夏口",下联:"踌躇满志,长留伟业在钱塘"。

这22个字,形象而准确地表述了对父亲的赞扬和惋惜,对父亲为长江大桥筹建付出了一生的心血,却中道崩殂,壮志未酬而扼腕痛惜;对父亲自始至终参加钱塘江桥的建设,不辞辛劳与大家共甘苦、同生死的精神由衷的敬佩。

父亲的一生,与钱塘江和长江上的两座现代化大桥息息相关。在建造钱塘江桥中，我父亲在本职工作外，还不辞辛劳地为其拍下了五千余张工程照片，并将建桥过程拍下了2500米影胶片，这些影像作品都成了我国现代建桥史的宝贵资料。茅公与我父亲合作多年，同为现代华夏造桥人，极为看重我父亲，曾赞誉我父亲是：桃李不言，下自成蹊。那部反映钱塘江桥建造全过程的电影纪录片，还获得过中央某科技奖，茅公受奖时就说是代表共同的建桥人来领奖的。它现在已经成了钱塘江大桥纪念馆的镇馆之宝。

当年跟着我父亲的年轻人唐寰澄，后来是武汉长江大桥桥梁总体设计师，他设计的方案，周恩来总理亲自批示"唐寰澄方案为首选"。2007年武汉长江大桥迎来了建桥50周年的庆典，时年82岁高龄享誉中外的著名桥梁专家唐寰澄先生，说起我父亲李文骥时仍充满着敬佩和感激之情。

"我来武汉的目的就是修建武汉长江大桥，他是走在我前面的，也正是因为有了李文骥老先生做出的努力，我们才能建成大桥。"

"李老给了我很多资料，我才画出了武汉长江大桥的设计方案。"

"我的方案能在众多国内外的设计方案中被选中，成为最终的施工方案，李老功不可没。"

"李文骥毕生为武汉长江大桥建设，前后奋斗了38年，几经磨难，却卒未睹其成。然而点评历史人物，不可以成败论英雄，他所做的事，正为武汉长江大桥顺利、高速、优质地建成打下了基础，其孺子牛的精神，实令人敬佩，是中国桥梁界的典范。"

以上均摘自2007年《长江商报》。

纵观父亲一生，互助合作、资料共享、共谋大业，是他践行一生的工作习惯和职业美德。如果把建造武汉长江大桥比喻为一场接力赛，我父亲是第一棒，他等待了近40年，直到1949年，终于得到了起跑的指令。他忘了自己的年龄,迈开大步跑了起来。可是他累了……幸尔有第二棒及时、坚定、有力的接棒,这就是后来成为武汉大桥总体设计师的唐寰澄先生。

桥魂永在

说不清道不明的原因,在武汉大桥1957年建成通车的53年后,2010年的深秋,我才携同儿女,带着"朝圣"的心情,来到武汉。第一次目睹父亲为之坚守、奋斗一生,而壮志难酬,未能亲见的大桥,豪华的桥头堡展厅,一块黑色大理石上镌刻有建桥简史,开头就是1913年德籍教授米勒带领13名土木工程专业毕业生来汉口的简述。

过去接触到的资料,大都说米勒教授带领十数位北大工科第一届毕业生赴汉口,现在有了确数"十三人",父亲是其中之一。后来。另十二人分别调往其他岗位,而父亲却辗转未离武汉大桥。历经数次功败垂成,眼见得开建之日近在咫尺,却被病魔拽走了……

当我和后辈第一次走上大桥,难禁心潮澎湃,浮想联翩。

如果我们能扶着老父,漫步桥上,听他款款回忆近40年间筹建此桥的点点滴滴之往事,那该是多么幸福的感受。苍天不给我们这样的机会呀!如今只留下无限的思念!

我仍深深记得江底岩石的模样,也记得蛇山龟山是大桥两头的起点。蛇山也称黄鹤山,有近两千年历史被誉为天下江山第一楼的黄鹤楼,如今京广线穿越在他脚下。天气晴朗时,登上楼的顶层,向北极目远眺,阳光下大桥如白玉长龙,桥上人车如流,列车隆隆。桥下江水滔滔,大小船只从容穿梭。远处武汉三镇尽收眼底，一派繁荣昌盛。

唐代诗人崔颢咏黄鹤楼的诗有经典"日暮乡关何处是？烟波江上使人愁"句，今人当不再"为古人担忧"了。

继武汉的长江第一桥，60年来长江上大桥成排，据说到2020年，长江上将有一百余座大桥，南北早已无天堑。联想到钱塘江桥，曾经兵燹浴火重生，如今八十高龄，依月轮山下，傍六和古塔，飞渡钱塘仍铁骨铮铮，为着国计民生承担自己的责任。如今它有兄弟桥九座，更兼有江底隧道，使钱塘江成为杭州的"城中江"。

我父亲一生与上述两座名桥的传奇经历息息相关，自1913年开始，他坚定、坚持、坚守在建桥事业的岗位上，终身在为中国的现代化公铁大桥奋斗。

钱塘江大桥 ／ 资料

武汉长江大桥夜景 ／ 资料

沧桑变化中，对这两座大桥的诞生，我父亲无可辩驳地领先发扬了他对事业的忠诚，其核心即为坚定、坚持、坚守的奋斗精神。

今天，这两座公铁大桥均称为"第一桥"，并都坚持以高龄、高质量地为国计民生继续做着贡献。建桥人与大桥，或者大桥与建桥人都融入了一种不朽的精神，应凝成"桥魂"。

桥魂永在！

2017 年 8 月 杭州

尘封的荣誉

——一个穿越时光的"中国故事"

李志伟

孙中山先生是中国铁路建设的积极倡导者,他提出的建设铁路的构想和"交通为实业之母,铁路为交通之母"的著名论断,不仅反映了中国求强求富的愿望,也为后来的铁路建设规划了蓝图,指明了发展方向。1928年11月,民国政府决定设立铁道部,以加强铁路建设和路务管理,也为表明其与孙中山的政治理想一脉相承,并委任孙科为铁道部首任部长。

孙科宣誓就职时,发誓要"自当恪遵(孙中山)遗教,努力铁道之建设"。上任后,研究与颁行一系列铁路法规,对全国铁路规划重新进行修编和扩充,主要以"贯通旧路,建筑新路"为要旨,计划五年内在全国建成四大铁路网及其联络干线,并借

孙中山《建国方略》
(1917—1919)

用外资，以庚款和关税为建设资金，为中国勾画了一幅铁路建设蓝图。孙科在任时间两年半，虽曾有夙愿完成父亲伟业，遗憾的是，当时政治环境与他单纯的理想实难相容，致使大多数计划落空，筑路成绩平平。

民国政府铁道部印信

大姨李希的两篇回忆录《寸草心》和《桥魂》中，对外公协助华特尔在武汉长江、汉水上的钻探测量桥址的记述（李文骥《自传》中也有自述），就发生在这一时期。此事过程起伏周折，在中国近代桥梁建设史中也占有重要位置，而原有的记载又略显单薄，为了不留缺憾，通过"维基百科"和"孔夫子旧书网"，努力挖掘到华特尔及此事有关的更多资料，借以还原故事的全貌。

铁道部成立之前，孙科曾于 1928 年 1 月赴英、德、美等国考察。据华特尔的记载，他 1928 年夏天在纽约与孙科有过面谈交流[1]，就中国的交通规划、机构设置、铁道桥梁工程建设、中美联合成立工程学院等问题，做过广泛的讨论。华特尔本人早在 1921 年就曾受聘为京汉路黄河铁桥设计竞赛担任评委，应邀来华并视察中国铁路[2]，是个不折不扣的"中国通"。所以，铁道部成立后，孙科还是马上聘请这位年已 75 岁的美国著名桥梁专家为工程顾问，希望能凭借他的经验和影响，促进中国铁路的新发展，和大型桥梁工程建设的突破。还需说明的是，华特尔和中国近代工程之父詹天佑是年龄相近的同代人，比詹天佑还年长 6 岁。

孙科（左）、胡汉民等在国外考察 / 选自《孙科传》韩文宁 浙江大学出版社 2016

---

[1] 华特尔博士 1930 年 8 月 30 日在纽约市国际大楼"中国工程师学会美国分会年会"上的演讲《中国所需要于工程者》，发表在 1932 年《工程》杂志，第七卷第三号、第四号
[2] 同上

华特尔 1929 年 2 月到达上海，马上热情高涨地投入工作。据他的叙述："余之工作，概括为铁道、桥梁测量，工程教育，演讲，工程方面之政治经济，或关于一般工程上的咨议，余之活动范围既属多方面，工作遂亦感受极大乐趣。……然 1929 年实为余一生最重要之时期焉。"

忙碌中的华特尔知道，他在中国的工作"有一问题亟需解决"，就是"使平汉路与粤汉路互相连接，由此以武汉为中心，广州可以直达北平。[1]"即开展武汉长江大桥筹建的前期工程。为此，1929 年下半年，他的工作重点逐步转移到武汉，希望在长江的汛期结束后完成大桥的桥址测量和工程地质钻探，尽快获得大桥设计所需的完整资料。

1929 年 5 月华特尔到达武汉，与先期来此的助手韦约翰会合，并且第一次见到铁道部派来协助工作的李文骥。这也是美国桥梁专家与中国桥梁工程师在具体工程项目上的第一次合作。据记载，华特尔把这个项目分为：桥址选线，桥址测量，江底钻探，编制方案概算等四个阶段。桥址选线和测量在 1929 年底完成，李文骥独立担当了测量任务。华特尔决定马上进行桥址的江底钻探工程，因为"江底地质及岩石层尚未钻悉，则桥基之计划及预算仍未能进行[2]"。此工程初始计划用工程承包方式完成，但计划在长江、汉江桥址沿线上钻 18 孔，并要求"各孔之深浅以岩石下 6 英尺为度"，在水深近 30 米的长江江底工程中尚属首次，所以"应征者绝少，且索价甚昂"。工期不等人，只得决定"内部派员从事钻探"。于是，此项工程落在了李文骥和韦约翰两位工程师的身上。

江底钻探工程原订 1930 年 2 月 1 日开始实施，希望在长江主汛期前完工。但因机械船只设备装置问题费时耗力，开工日期一再推迟。世事难料，这期间，华特尔未拿到铁道部的续任费用，而只保留名誉顾问一职，

---

[1] 华特尔博士 1930 年 8 月 30 日在纽约市国际大楼"中国工程师学会美国分会年会"上的演讲《中国所需要于工程者》，发表在 1932 年《工程》杂志，第七卷第三号、第四号
[2] 李文骥 1931 年论文《武汉跨江铁桥计划》刊载于中国工程师学会会刊《工程》第七卷第四号

他把搁置未完的工程撂给李文骥和他的助手韦约翰,提前回国了。而韦约翰当时已患有足疾,去留也在商议之中。华特尔的离去,如果不是彻底撂挑子,只能是对李文骥的绝对信任。经过一段时间的共同工作,随着既往项目的推进,李文骥的技术经验、工作能力和敬业精神,得到了华特尔的高度赞扬和首肯,这位有着 55 年工程经历美国工程界巨子事后说:"余觉中国工程师之品格及能力有足多者,有数人正从事新桥梁工程,其工作虽美国桥梁专家亦无以过之。[1]"事实也证明,李文骥值得华特尔这种像对钟表一样的信任。

1930 年武汉大桥桥址江底地质钻探工程现场,李文骥 摄 /《工程》第七卷第四号

3 月 15 日武汉大桥江底钻探工作终于开始。"是时江水已正渐增长,惟工事既已开始,只可努力进行。" 没多久,韦约翰也离开回国,李文骥只得一人担起此任,在长江凶险的主汛期,守在设备老旧的工程船上坚持工作。据记载,当时长江水深达 100 英尺,流速每秒超 8.3 英尺……"经历夏季最大水时期,仍旧继续工作,于 9 月 9 日工竣。长江底钻 8 孔,汉水钻 4 孔,共 12 孔,虽不及预计之数,然查看形势,以足为桥梁计划之用[2]"。李文骥将地质钻探所获资料整理成图表,寄往美国纽约,华特尔据此完成了大桥计划书和工程预算。这是武汉长江大桥建设史上的第二次设计,也称华特尔方案,或铁道部方案。此计划同样夭折,李文骥珍惜资料来之不易,写成论文交给中国工程师学会 1931 年年会,以供工程界参考。

中国工程师学会
第十届年会纪念章

华特尔和李文骥的故事到此并没有完结。一直觉得华特尔当时的做法是典型的美国人风格,遵循西方契约精神和文化,却也无可厚非。但

---

[1] 华特尔博士 1930 年 8 月 30 日在纽约市国际大楼"中国工程师学会美国分会年会"上的演讲《中国所需要于工程者》,发表在 1932 年《工程》杂志,第七卷第三号、第四号
[2] 李文骥 1931 年论文《武汉跨江铁桥计划》刊载于中国工程师学会会刊《工程》第七卷第四号

华特尔虽拂袖而去，却并未一走了之。他不仅根据李文骥提供的资料，完成了大桥计划书和工程预算，此后也一直保留中国政府铁道部名誉顾问的身份，通过信函方式参加了 1935 年的钱塘江桥方案设计，和 1937 年武汉大桥第三次计划的技术参与，与李文骥等中国工程师仍长期保持信函往来，直到他 1938 年辞世，其平日思想言论被工程界誉为“中国之友”，而这些又与西方契约精神相悖。直到看到华特尔的一篇演讲文稿，才了解到更多的深层原因，补全了这个故事的尾声和空缺部分。

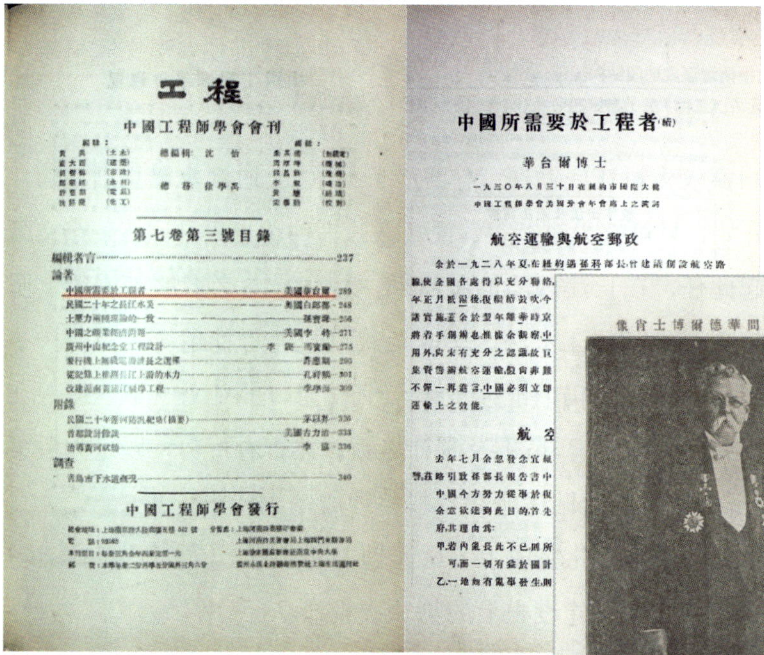
工程

中國工程師學會會刊

總編輯 沈怡

第七卷第三號目錄

編輯者言……237

論著

中國所需要於工程者……美國華台爾 239

中國工程師學會發行

中國所需要於工程者(績)

華台爾博士

一九三〇年八月三十日在紐約市國際大樓

中國工程師學會美國分會年會席上之演詞

航空運輸與航空郵政

余於一九二八年夏，在紐約遇孫科部長，曾建議創設航空路

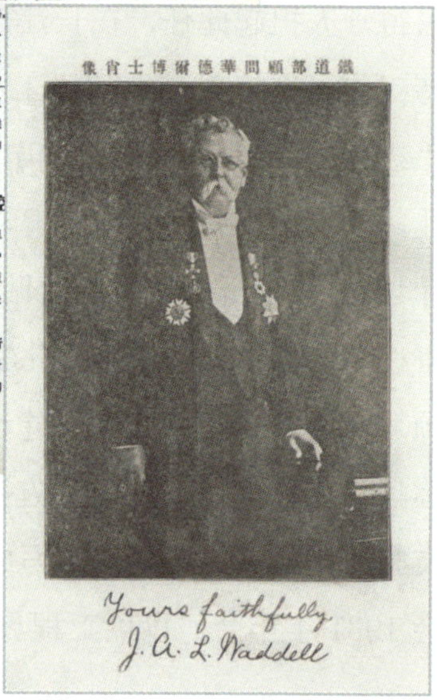

华特尔博士 1930 年 8 月 30 日在纽约市国际大楼“中国工程师学会美国分会年会”上的演讲《中国所需要于工程者》，发表在 1932 年《工程》杂志，第七卷第三号、第四号

右图：《铁道公报》1929 年第五期上刊载的华特尔肖像和签名

这是在“孔夫子旧书网”上淘到的一本旧书——1932 年 12 月出版的中国工程师学会会刊《工程》第 7 卷合订本。此书刊载了一篇华特尔的文章，是他 1930 年 8 月 30 日在纽约市国际大楼“中国工程师学会美国分会年会”上的演讲词，正是他离开中国的半年之后，演讲的题目也新

颖，叫做《中国所需要于工程者》。

华特尔90年前的这篇演讲，洋洋万余言。是站在西方发达大国的高度，对当时中国交通乃至工业各门类的现状、发展，一次百科全书式的点评和建议，言简意赅，文中除孙科外极少提及其他中国人。但是讲到"铁路"一节，他却话锋一转，详细叙述了6个月前在武汉的工作经历，从考察、选址、测量，再到江底地质钻探，并三次提到李文骥在武汉大桥的桥址测量工作，对他精细准确的测量成果大加赞赏，不吝惜任何溢美之词：

"去年五月至九月间，余曾率工程师数人实地考察，以李文骥君主任工程师，从事于新线路之测量。拟由此与南北各路联运，并拟设一公路，横跨汉水。魏李二君，曾在汉水沿岸，钻洞三处，以考察河底情状，依其所得，余拟具计划三种，其需用材料与经费，现正在估计中，一俟完竣，余将作一总报告呈铁道部也。……李君等之测量工作，其成绩，为余从事工程五十五年来所仅见。其定线之准确，与大三角测量及水平测量，皆足稀贵。上下每距二英尺定一等高线，此种等高线，俱用精密之仪器测成，非随手粗定可比也。首尾两线，复依照北极之位置，加以复核，故其差误，竟小至二十秒，而大三角测量之差误，则几等于零。余未见更精密之测量工作有如斯者，诚中国工程师之独长也。"

从日期看，华特尔当时正在根据李文骥陆续寄去的资料，着手编制大桥计划和预算。用这样的赞美之词，表明他对中国工程师能力素质和工作质量的高度认可。这种发自内心的感动和尊重，也许还含有些许愧疚，使他最终不负前诺，如期完成了这次武汉长江大桥计划的编制，并继续参与了中国的其他铁路桥梁设计。

华特尔不仅在全球造桥百余座，也是工程师质量培训的倡导者，对工程师水平素质的要求近乎苛刻。而李文骥用自己出色的工作征服了这位工程老者。在中国百余年的近代工程史上，这可能是最早被记载下来的，中国工程师"为国争光"具体事例之一。

中华民族的奋斗史一再表明，没有强大的工程能力，没有优秀的工程人才，就没有民族的尊严与国家的强盛。自晚清洋务运动，提出"中学为体，西学为用"的口号，主张采用西方技术修铁路，办工业，建军队，设学堂，派遣留学等，走中国的自强之路，催生了中国近代职业工程师的兴起，李文骥正是这一时期成长起来的优秀工程师之一。李文骥的一生，把全部心血都投注在中国桥梁事业上。在协助华特尔工作的两年里，始终把国家的托付和荣誉放在心中，扛在肩上。克服困难，默默坚守，精益求精，诚信互助。为中国，也为中国工程师赢得了尊重。这虽然是一个尘封已久的中国故事，但不可磨灭，熠熠生辉。光荣属于李文骥和他当年的工作团队，也最终属于"国家名片——中国桥梁"。

2020 年 6 月初稿

2021 年 5 月再稿

港珠澳大桥总长 55 公里，是连接香港、珠海和澳门的超大型跨海通道，是目前世界上最长的跨海大桥

京张铁路工程中的"工科举人"

——写在李文骥充任京张铁路实习生110周年之际

李远明　李远航

1908年,即清光绪三十四年,祖父李文骥22岁,从京师大学堂预科毕业,准备继续求学。次年,1909年(清宣统元年),京师大学堂首次设立工科大学,招收第一届新生。为此,预科学子们议论纷纷,而同学里酷爱数理、精通国学的李文骥却率先报了名,成了大学堂的首批"工科举人"。当时工科仅设土木、矿冶两专业,这对晚清刚刚摆脱旧学、私学的最后一批举人来说,应该是比较陌生的学问了,祖父为什么会选择土木专业?对此,他生前并未留下只言片语,详情难考。回顾祖父年轻时求学之路,我们希望寻找答案。

李文骥 1912年

光绪三十一年（1905），废除科举，代以新式学堂。清廷从广东全省考试选拔出包括祖父在内的 24 名青年秀才，他们从广州出发，靠舟船、马车，断断续续的火车，甚至徒步走过万水千山，历时两三个月才来到五千里之遥的北京城，成为京师大学堂预科新生，真可谓"读万卷书，行万里路"，一路饱尝交通不便带来的艰辛困苦。

而祖父在京师大学堂预科四年学习时光中，感受最深的，也莫过于当时铁路工程兴起后的交通变化：从世纪初的不足 1000 公里铁路，至辛亥前跃升至 9000 多公里。在铁路工程热潮中，北京城也开始成为铁路网络中心所在地。当时除已建京奉、津芦线，在建的还有汉粤、卢（沟桥）汉铁路，很快蒸汽机车就会从北京通达他的家乡广州，这就是铁路一日千里缩地有方之奇迹。

另外一处铁路工程，就是近在咫尺、举目可见的京张线。这条中国人自办的第一条铁路，由詹天佑主持修建，于 1905 年 9 月祖父他们刚入学时隆重开工，经三年多的工期，以北京南城丰台为起点，经广安门、西直门、清华园，出南口后又蜿蜒穿越燕山雄关八达岭，即将到达北

建设中的京张铁路北京城区段 1906 年

疆军事重镇、陆路商埠张家口，竣工在即。其中北京丰台至昌平南口段铁路 1906 年底就开始通车售票了，如果喜欢假日去长城踏青、秋游，祖父他们这批预科同学可能已不止一次乘过这段火车，当时来回可省去 100 多公里的驴马旱道，已是深感便捷了。

也许这正是眼界开阔、善学求新的祖父，在选择大学专业时"见异思迁"的原因：短短几年铁路的发展、变化，还有如火如荼建设中的京张铁路，无不令他耳目一新，感悟到其中包含的知识、智能和创造活力，并被

其深深吸引，果断放弃自己喜爱并擅长的文、理学科，选择了工程建筑专业，即一生以交通测量、混凝土、钢结构工程为伍，致力交通建设，成为革新创业的建设家，为社会人民服务，图中国工业文明的发展和进步，让贫穷、羸弱、任列强宰割的中国，能因此摆脱困苦，走向富强。这是包括李文骥在内的许多爱国学子当时的工业救国、工业强国之梦。

铁路兴起和京张铁路之于祖父选择工程专业的渊源关系，有我们后代人臆度、推测的成分。而祖父生前珍藏的一份老文件，却证明了京张铁路工程，确实是他们那批晚清"工科举人"们一生与铁路桥梁事业结缘的起点。

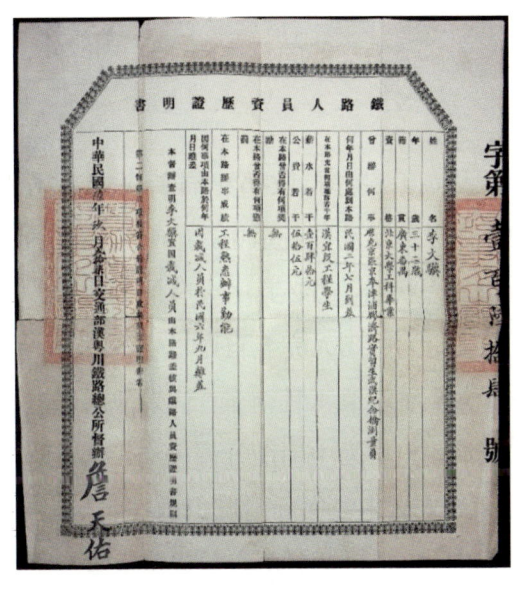

詹天佑签署的一份《铁路人员资历证明书》1917年9月

1913年李文骥从国立北京大学工科土木系毕业后，毫不犹豫地选择以铁路工程为业，供职于交通部汉粤川铁路总公所。1917年所方曾为他开具过一份《铁路人员资历证明书》，其中在"曾办何事"栏目中写道："历充京张、京奉、京浦、胶济路实习生、武汉纪念桥测量员"，签署这份文件的正是总公所督办，建设京张铁路时的总工程师詹天佑。

此时祖父李文骥在詹天佑手下工作已有五年，先是在詹天佑先生的鼓励支持下，他们共13名北大同学在德国导师米勒的指导下，完成了武汉长江大桥筹建史上的第一份建设计划书；之后他留在汉粤川铁路汉宜段工作，很快成为铁路工程中可以独当一面的青年骨干。"历充京张路实习生"——在文件上虽片言只语，却言之凿凿，写明了京师大学堂首届工科学生 110 年前，即 1909 年 10 月 2 日南口通车典礼前后，在京张铁路工程现场充任实习生的一段历史。

时隔百余年，"工科举人"们的实习详情已无法查考，是去了一次，还是多次？时间是施工中，还是竣工后？地点是在南口、居庸关、下花园、鸡鸣驿工地？抑或是青龙桥人字线、八达岭隧道、怀来河 56 号大桥？……总之，在这条永驻史册的铁路线上，留下过京师大学堂（北京大学）首届工科学子勤奋学习、努力实践的足迹和汗水，并成为他们工程生涯中至关重要的起点。

京张铁路青龙桥人字铁路线

京张铁路竣工与京师大学堂设立工科并招收第一届新生恰巧同为 1909 年，这可能并非偶然。当时，在洋务运动的晚风中，詹天佑已是清廷邮传部二品衔顾问，清政府钦命的工程状元，想必其中会有他幕前幕后的安排、影响。要知道，当京张铁路确定为中国人完全自办以后，所有工程只能全部依靠中国人自身。当时洋人到处唱衰工程前景，认为中国严重缺乏人才。甚至有英国人在伦敦发表演说，认为中国能开掘关沟工程（即南口至居庸关崇山峻岭段）的工程师尚未诞生。实际情况也确实非常困难，工程初起在组织线路踏勘时，詹天佑只能带上两名山海关铁路学堂刚刚毕业的学生。在这种人才极度匮乏的情况下，詹天佑想方设法从关内外铁路工程界聘用、调集了 9 名工程师和 15 名工程学生，组成中国最早的铁路工程技术团队，扛起工作重担，并在 4 年施工中组织、培养、锻炼出一支高素质的技术队伍。他始终重视员工教育，特别注意

京张铁路工程技术人员和筑路工人 1909 年

培养未受过工科教育而入路的优秀青年派为工程练习生，一面练习，一面施以基本工程教育，其目的就是要在中国自主的铁路工程实践中培养中国自己的铁路人才和工程新人。由此可以想象，詹天佑对当时京师大学堂的工科设立、招生、新生实习是极为关注和关照的。1909年"工科举人"们一俟到校，即刻全部派往京张铁路工地做实习生，学习"境险工坚以及曲线坡度各种作法"，这是京张铁路工程对工科学生贯之以恒的做法，对他们也不例外。詹天佑深知：技术人员的选择是不仅京张铁路成功的决定因素，对技术人员持续、严格的培养则是中国铁路长久自主发展的关键。

孙中山乘专列视察京张铁路 1912 年 / 资料

从这份文件上还可以真实地感受到，詹天佑不仅对京张铁路实习一事念念不忘，并把工程新人所有的实习实践都作为重要经历看待；他对中国最高学府首批工程学子在工程实践中学习是充分肯定、衷心赞许和全力支持的。这也是詹天佑时期中国铁路界难能可贵的教育观、人才观。他们笃信：中国缺铁路，更缺人才，需要大力荐才、举才、助才、用才，铁路工程要以培育中国青年工学家为头等要事，以发扬国人技术，维护国家利益。这批学子实际上是詹天佑倾注心血、寄予厚望的中国本土的铁路工程新苗和希望，并有多人学成之后成为詹天佑的助手、下属和工程骨干。若不是詹天佑英年早逝，若不是一战后外资纷纷撤离，铁路工程一度陷入无米之炊之窘境，及无情的内忧外患，他们工程之路会更长久，成就、贡献也会更为丰厚、瞩目。

另外，詹天佑在京张铁路开风气之先，此后，凡有中国人主持的大型工程，现场组织接纳在校大学生实习，便成为中国工程界的传统。有记载，钱塘江桥建设期的1936年暑期有组织地安排来工地实习的大学生近200名。所有现场工程师都要亲自为学生上实习课，有关的文件记录、现场照片和大学生的实习报告要正式收入工程档案。建造过程中浙大、清华、同济等几乎当时国内所有的大学桥梁专业在校生曾大批来工地实习,由此培养出我国第一代现代桥梁工程师。这也是当时寥寥可数的中国自主工程中的鲜明特色,在中国工业化艰难、坎坷的历史进程中留下中华学子们前赴后继的步履与朝气,也是当时教育与实践相结合的真实写照,是中国工业文明急需并呼唤本国工程界、教育界"不拘一格降人才"的必然大势。

1936年暑假在钱塘江桥工地实习的大学生
/ 李文骥 摄

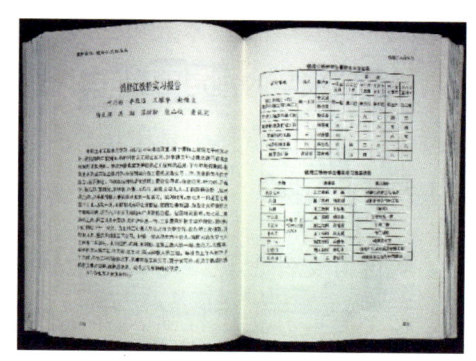

实习学生的《钱塘江桥实习报告》
引自《钱塘江桥史料》(三)

2019年的最后一天,传来京张高铁通车的消息,这与老京张铁路通车110年纪念巧合。虽然是同线异道的姊妹路,却给了我们视野和认知的最佳参照:当年时速仅为35公里,全程直达也需要近6小时,今日京张高铁,时速350公里,速度列世界高铁之首,全程只需56分钟。还有无人驾驶、AI、智慧高铁、5G等密集的世界前沿技术组合应用在其中,成为更加耐人探究的科技亮点。京张高铁,继詹天佑奇迹之后,又一个世纪,又一个转身,又一个奇迹,举世瞩目。抚今追昔,应感念一代又一代中国铁路人血汗、智慧、精神的滋养、激励和传承。

在京张铁路工程中,詹天佑先生带出了中国最早的一批铁路专业技术人员,也引领着祖父李文骥等这批"工科举人"学以致用、精研学术、以资发明，鼓励他们献身铁路工程事业，务实干事、清廉自律、兴国阜民……

岁月荏苒，转眼百年，他们这些先驱者就像一颗颗默默无闻的铁轨道钉，逐渐消失在历史的长河中，但崛起的中国铁路事业会永远铭记这些不朽的名字和闪光的事迹。

2020 年元月 北京

北京北站开往太子城的京张高铁 G8811 次列车

京张铁路青龙桥车站，詹天佑铜像及墓地

发表于：人民铁道网 2020 年 2 月 12 日
中国国家铁路集团有限公司网 2020 年 3 月 19 日

百年前的老照片

蒋思荃

国立北京大学第一届土木系毕业生在汉口

这张照片摄于 1913 年。

照片上这些风华正茂的年轻人,是北京大学第一届工科土木门(即土木系)毕业生。那年,德国教授米娄先生带领毕业生赴武汉,进行长江大桥桥址勘测和筹建大桥的工作，米娄先生在汉口工程现场拍摄了这张合影。

1914年一战爆发，米娄先生回国前，将自己心爱的罗莱弗来克斯相机和这张相片的底片，送给了同样喜爱摄影的学生李文骥。

后排站立者最右边的，是我的外公李文骥，其他同学还有夏光宇（前排右2）、区述斋（前排右3）、吴次风、张荔塘、陈亦农等，他们后来都成了中国工程界的骨干。

北京大学的学生，来自全国各地，凡是广东、福建等沿海一带省份的学生，多喜欢穿西装，而内地来的学生，则大多爱穿长袍马褂。这也说明，当时沿海一带，受西方文化影响较深。

1932年，留美工科硕士曾养甫任浙江省建设厅厅长，提出建造钱塘江大桥的动议，获准后四方筹集资金，力邀留美工科博士茅以升主持工程。

茅公在天津北洋大学任教，专程到杭州和曾厅长面叙。因为当时国内铁路线，已建有哈尔滨的松花江大桥、滦县滦河大桥、济南黄河大桥、郑州黄河大桥、蚌埠淮河大铁桥和黑石关伊洛河大桥。但是这些桥都是向国外借款，并由俄、英、比、法等国专家设计主持建成的。现在中国已经自行培养出许多工程技术人才，他们认为，钱塘江大桥应该由国人自行设计建造了。

对此，铁道部的崇洋派开始有了异议，但是北大工科土木门的学子们，已经在各部门成为崭露头角的少壮派，形成了不可小觑的力量，终于压倒了崇洋派。

1935年铁道部遂派出李文骥和夏光宇两位部委工程师参与，与梅旸春、李学海、卜如默一起辅佐茅以升建设钱塘江大桥。大桥在抗战的烽火中艰难建成，李文骥也被急调广州，指挥抢修被日本鬼子炸瘫痪的汉粤铁路线。抗战胜利后，李文骥回杭州担任钱塘江大桥管理处主任，参与了钱塘江桥的修复工作。

新中国成立后，钱塘江大桥管理处划归地方铁路局，李文骥奉命调到北京，这张底片也就留在了杭州。

1998年，北京大学百年诞辰大典时，向社会征集历史资料，家母赠送了外公的有关史料，其中也包括这张珍贵的底片。

这张相片，是在赠送前到照相馆再印后，留下作纪念的。

原文载于2005年1月27日《杭州日报》西湖副刊15版

八千里路云和月

刘宇　刘梦盈

潇潇春雨，洪山宝通禅寺庄严肃静。

大雄宝殿左侧有普同塔，乃安放高僧大德灵骨之地。旁边二层黄色小楼，为寺院骨灰寄存处。唐浩搀扶着八十九岁的母亲，在父亲灵牌前奉上水果、点心。我持一束鲜花，凭吊这位从未谋面的大桥设计师唐寰澄先生。

唐浩告诉我，他父亲去世已三个年头，遵照遗愿，骨灰盒暂时存放于此，待母亲百年以后，将他们的骨灰合并一起撒入长江。

长江，曾是一代建桥人毕生为之奋斗的地方，选择江葬也许是他们灵魂的最好归宿。

此时，我想起唐寰澄先生的一位挚友，我国桥梁先驱之一的李文骥先生，他离开我们已整整六十六年。

李文骥出生于1886年，广东番禺县钟村人。1913年春，从国立北京大学工科土木门（系）毕业。班上同学二十余人，均为中国自己培养的第一代土木工程高级人才。当年德国专家米娄教授率李文骥等十余名毕业生前往汉口，进行桥址勘定，初步拟定三种桥式。李先生认为，米娄计划并未钻验江底地质，故可不必深论。但当时已经认为双层路面的建筑最为经济。

1928年，国民政府拟修长江大桥，邀请美国专家华特尔为顾问，李文骥协同华特尔进行测量、设计。由于缺少精良设备，又值长江涨水季节，难度巨大。此时，华特尔回国，李文骥独立挑起重担，终于在当年9月完成。李先生认为，华特尔方案选线在汉阳方面经过城边的凤凰山，对于减少引桥长度无多大效果，不如经龟山之合理。但皆因军阀混战，造桥计划都只能是纸上谈兵。

李文骥将两次测量的数据及建桥的设想写成论文《武汉跨江大桥计划》，于1932年12月发表在《工程》杂志上。从我收藏的这本杂志中可以看到，今天长江大桥的设计，包括选址，都从李文骥论文中多有借鉴。

1936年粤汉铁路全线通车，武汉长江大桥的建设日渐迫切。正在钱塘江大桥主政的茅以升，让梅旸春、李学海、李文骥和卜如默等花了近一年时间，先根据以往资料做出方案和概算，然后赴汉口在龟山与蛇山之间进行测量与钻探工作，做出了建桥计划书，即"钱塘江桥工处方案"。1946年，平汉、粤汉铁路局和湖北省政府一起成立武汉大桥筹备委员会，茅以升为总工程师，李文骥等为正工程师，正式测量了龟山蛇山线和凤凰山蛇山线，结论以前者为佳。桥式由茅以升和梅旸春所定，故称"茅以升—梅旸春方案"。两次所做计划更臻完善，却因七七事变和内战又付之东流。

1949年5月，全国解放在即，李文骥草拟一份《筹建武汉纪念大桥建议书》，经茅以升领衔，众多老专家联合附议，送呈全国人民政治协商会议。1950年1月,铁道部成立了桥梁委员会,李文骥为委员之一。当年3月大桥测量钻探队成立,李文骥第五次赴汉。正当他一生为之奋斗的长江大桥就要正式修建的时候,他却因糖尿病引发尿毒症,于1951年4月病逝。临终前,他口不能言,颤抖地写下难以辨识的"武汉大桥"四字,抱憾而去。

《武汉跨江大桥计划》发表在 1932 年 12 月《工程》杂志上

唐寰澄在纪念李文骥先生的文章中谈到,李先生亲历了武汉长江大桥的历次勘测和设计,并在杂志上多次发表论文,1946年以前建桥的主要资料,都因李先生得以传世。

李文骥与小他四十岁的唐寰澄还是忘年交,他把历次测量的经验、资料都毫不保留地传给了唐寰澄。

"三十功名尘与土,八千里路云和月。"这恰是李文骥先生建桥生涯和悲壮人生的写照。

2017年武汉市政协会上,工会界别委员建议,将10月15日长江大桥通车日设为"大城工匠日",这是武汉城市荣誉制度的一个创新,社会反响强烈。但我觉得这种荣誉制度还是缺少一个载体,应该再加一个建议:在大桥下面的江滩上,建一个大城工匠纪念园,给那些为武汉工程建设做出贡献的先辈们立碑塑像,供来来往往的后人凭吊、纪念和学习。

2017年清明节

本文原载于《大桥》刘宇、刘梦盈 著

武汉出版社 2017年10月

李学海的记录本

刘 宇　刘梦盈

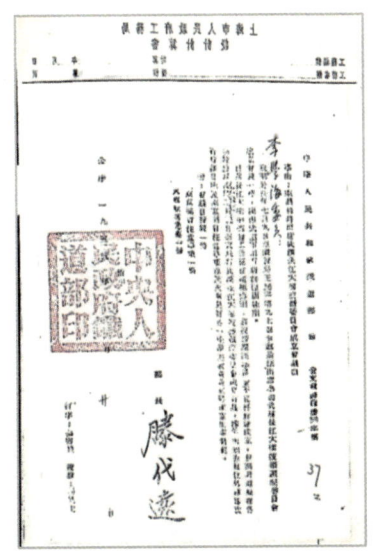

1955年1月李学海收到铁道部的信函

　　1955年1月下旬，上海市人民政府公务局工程师李学海收到铁道部的信函，邀请他去北京出席武汉长江大桥技术顾问委员会成立大会。

　　来函中说明，会议原定于1954年召开，因武汉防洪延期。长江大桥技术顾问委员会不宜再延迟成立。考虑部分委员在院校任职，决定于1955年2月3日寒假期间在北京开会。信封上盖有中央人民政府铁道部朱红大印和部长滕代远的蓝色名章，时间是1955年1月20日。

附件中还有会议注意事项,可不带行李,一切从简。李学海习惯性地将几本设计计算书稿纸放入包中,于 1 月 31 日上了 16 次上海至北京的客车。

2 月 3 日上午 9 时,铁道部二楼会议室,与会者有国务院第六办办公室主任,铁道部部长、副部长,苏联专家和技术顾问委员会成员。

人数不多,也没有摆席卡。

滕代远部长宣读了武汉长江大桥技术顾问委员会名单,依席次排列如下:

李学海保存的顾问委员会会议出席证

茅以升、周凤久、王竹亭、王度、陶述曾、蔡方荫、余炽昌、钱令希、李学海、刘恢先、黄文熙、俞调梅、鲍鼎、李温平、李国豪、谷德振。

另外,武汉长江大桥美术评选委员会委员有:

杨廷宝、赵深、刘开渠、程世抚。

会议还宣布了几项规定:大桥技术顾问委员会是依据政务院第 203 次政务会议决定组建的,仅仅是一个技术顾问机构,不负行政上的责任,其任务是对大桥工程局所提出的有关大桥设计与施工中的技术问题,进行讨论或个别研究,并提出意见;对长江大桥的美术设计进行研究并提出建议。还特别强调各位委员均系义务职,可由武汉大桥工程局酌发研究费。

2 月 4 日会议结束后,委员们当晚乘 19 次列车赶往汉口,途中还进行了分组讨论。

2 月 6 日上午,全体委员在汉口滨江饭店,听取大桥工程局彭敏局长的报告;下午赴汉水铁桥、公路桥工地及长江大桥桥址参观。

从 2 月 7 日至 12 日,委员们在汉口陈怀明路粤汉招待所分组讨论。

李学海将发言人的要点、争论的焦点及自己的观点一一记录在上海公务局设计计算书稿纸上，里面还标注着大量的数据、草图。

第二次会议于 1956 年 10 月 10 日至 13 日在汉阳召开。第三次会议于 1957 年 10 月 10 日至 15 日也是在汉阳召开。李学海把三次会议记录、文件、通知、邀请函等分成三个记录册，用牛皮纸做封皮，用绿色鞋带整齐装订，慎重地盖上自己的名章。

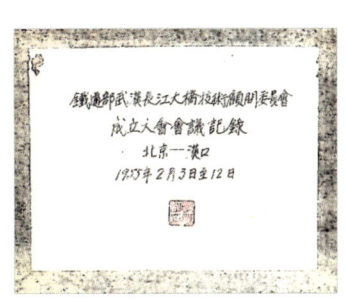

李学海记录本封面

这三本记录册前几年从上海流入武汉，一藏家曾推荐给一相关机构，希望他们收藏，却未得到对方的重视与回应，不了了之。而当我第一次

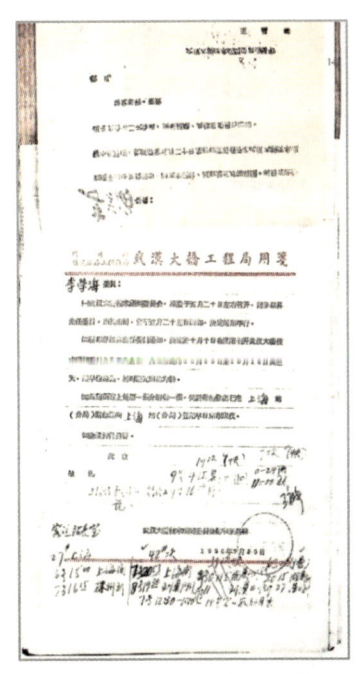

李学海三本记录穿越六十年时光

看到它们时，顿时感到血压在猛升，呼吸变急促。说起长江大桥建设，大多数人第一反应就是苏联专家的援助，殊不知还有一个国务院决定成立的，由中国顶尖级桥梁专家组成的技术顾问委员会，同样为解决武汉长江大桥建设中的一个个难题，不计名利、不计报酬地默默奉献。武汉长江大桥技术顾问委员会在报刊中很少提及，网上相关信息错误百出，包括一些专家回忆文章也不准确。应该说，李学海作为顾问委员会成员和历次活动的参与者，他的记录最原始、最真实地反映了中国现代桥梁史上一段重要的历程。我可以断言，它完全有资格成为进入桥梁博物馆的重要文献。

此前，我从未听说过李学海这个名字，百度上搜索中国桥梁专家竟榜上无名,只是在茅以升主政建造钱塘江大桥时的信息中,提到总工程师罗英,工程师有李学海、李文骥、卜如默、梅旸春的名字,此外没有其他信息。当三本记录册穿越六十年时光,来到我手中时,我惊奇地发现,自己的工作习惯和这位前辈何等相似,每次学术研讨会,各位专家的发言提要,我都是认真记录,并把与会议相关的请柬、通知、文件都收集在一起,形成文档。我不知道,这三本记录本在流传的过程中发生了怎样的故事,但最终能被我收藏,这难道不是缘分吗?我反复阅读李学海的记录本,试图和他对话,走进他的内心世界,读懂他的人生经历,甚至无数次地想象他的举手投足,音容笑貌。我总感觉,是李学海先生将他珍贵的手稿托付于我,让我为它们找到一个合适的归宿。

放心吧,尊敬的老前辈,我发誓,一定完成好这件工作。

2017 年清明节

本文原发表于 《大桥》刘宇、刘梦盈 著

武汉出版社 2017 年 10 月

1955 年 2 月 3 日
武汉长江大桥技术顾问委员会成立会议委员合影,于北京王府井南口铁道部小红楼,前排左 4 者为李学海
／中铁大桥局 桥梁博物馆 提供

"我是桥二代!"

——访钱塘江大桥建桥工程师李文骥之女李希

陈楠枰

李文骥之女——李希

她,91岁,头发花白,身材瘦小,却神采飞扬,精神矍铄。除了耳朵有些许背,眼神还非常好使,每日坐在摇椅上读读报纸,不出门也知天下事。

她,与人常说,"现在社会流行官二代、富二代,我告诉你们,我是桥二代!"说着说着,眼睛还闪出光。

"桥二代",这是最让她自豪的一个身份;而父亲,是令她最为骄傲的亲人。

她,就是桥梁专家李文骥的女儿,李希。

1934年秋,李文骥作为铁道部部派工程师,参与钱塘江大桥的建设。同行的其他三位工程师分别是梅旸春、李学海、卜如默。

1946年,为修复9年前为阻日寇南侵而自行炸毁的大桥,钱塘江桥工程处恢复,茅以升另设钱塘江桥管理所,任命李文骥兼任管理所主任,开始大桥复原工作。

水怪作乱? 3号沉箱难以就位

钱塘江江面辽阔,上游山洪暴发时,江流汹涌;下游大潮奔腾时,波涛险恶。遇到台风肆虐,浊浪排空,风波更是凶险。"钱塘江上造桥——办不到",这句杭州本土的歇后语一直被老百姓用来比喻不可能做到的事情。

钱塘江桥工程摄影:沉箱转运 /李文骥 摄

大桥开工后,如何将做好的600吨沉箱运到指定地点,成为让工程师们头痛的问题。"沉箱是建桥的重要基础,沉箱站不住桥墩就无法浇筑。"在李希的记忆中,那阵子见到的父亲总是愁眉苦脸,父亲告诉她"由于不了解水文环境且无经验,浮运屡屡受挫"。

其中3号沉箱更是经历千难万险才运到指定位置。这只"不幸"的沉箱在出发时遇到洪水,飘到闸口电厂,设法拉回时,又遇涨潮,铁链拉断,飘到之江大学，退潮时陷入泥中。再次拉回时，忽来大风暴雨，使沉箱快速飘回南星桥，撞坏轮船码头，用了 24 艘汽轮才拖回。不料大潮又起，沉箱竟飘到上游 10 公里开外的闻家堰了。

工程人员在沉箱中。右起：蒋德馨、李文骥、孙鹿宜、陈祖闿

"望着搁浅在泥沙中的沉箱，大家都束手无策，后来才决定用气压法把沉箱先浮起来往回拖。"李希回忆着当时父亲回到家后跟母亲谈起的只言片语，有句话依然记忆深刻——"这只沉箱来回乱窜折腾了六个月之久才安顿下来"。

"江底有水怪，否则这个庞然大物怎么会行走自如呢？"类似的风言风语开始在民间传开。

覆轮肇祸　九十余人惨遭灭顶

1937 年 1 月 25 日，《东南日报》第二版发表题为《钱江大桥处覆轮肇祸　九十余人同遭灭顶》的新闻，更引来民间恐慌。

新闻称"据昨（二十四）晨零时，工人接班，又发生覆舟惨剧。全船一百余人，惨遭灭顶。事后脱险遇救者，仅二十七人，九十余人死于非命，尸体随波逐浪，漂泊江心。大桥工程处暨承担该桥工程之康益公司，即派船在江中打捞，唯以波浪甚大，截至记者发稿时止，仅捞获浮尸三十五具……"

最后核实，殉难的建桥员工多达 60 多人，这更使得许多非议和千奇百怪的谣传愈演愈烈。上海老西门一带传说，杭州造桥不利，要摄取儿童灵魂去祭江，只有佩上护身符方可免灾。一时信者颇众，卖符者生意兴旺。

李希记得，符咒怪诞至极，竟有写"石工石和尚，做工找地方，不关小儿事，石匠自当家。"甚至包括上海都有人要买！

为因公遇难的桥工兄弟设立的灵堂

谣言风起　民心"维稳"不破不立

谣言风起时，老百姓的嘴巴是止不住的。因而，杭州城总是人心惶惶，"对建桥也不利。""还有人闹到大桥，要求工程施工人员摆出香案，烧香拜佛祈求江龙王的原谅，甚至有人要求立即停止造桥工作。"李希告诉记者。

而更严重的是，一些银行听信流言蜚语，几次找到茅以升询问大桥能不能建成，如果没有把握就赶快停工，先还部分贷款。

为稳定民心，桥工处经商议决定，交由年纪较大的李文骥负责打破谣言，稳定民心。

"现在的《杭州日报》在过去也是小有名气的。"李希回忆，记者来访问时，父亲李文骥科学地解释了钱塘江特殊的潮汐和水文环境，并对沉船事故的始末做出详细阐述，随后刊登在报纸上。

原来，覆轮肇事完全是因严重超载造成的，"江底并无水龙王。"李希听母亲说，那阵子父亲常常跑到集市上、村子里，还有市民家中沟通"维稳",就算遭到白眼被赶出来,他都坚持给一个一个老百姓耐心解释。

"那个年代科技不发达,老百姓几乎都没有什么学问,父亲的'维稳'工作进行得并不顺利。"李希说:"一开始,大家都用怀疑和戒备的眼光看父亲,'苦口婆心'成效不是特别明显!"

光影记录　完整还原重要场景

"我父亲李文骥除了参与工程设计、施工任务外,还承担了拍摄建桥全过程的任务。"李希提到,父亲共留下了5000多张照片的底版和2500多米长的电影资料。

"这些底版的规格有 6×9cm、8×12cm 等,更珍贵的是还有 20 多张 8×10cm 的玻璃底版。这些照片几乎完整记录了自 1934 年 11 月 11 日钱塘江大桥开工典礼至 1937 年 9 月 26 日通车为止的所有重要场景。"

李文骥当年的摄影胸牌和名片

钱塘江桥工程纪录影片视频截图

目前,这些珍贵的光影资料都被妥善保存在上海铁路局档案馆里。钱塘江畔的钱塘江大桥纪念馆也曾从 5000 多张底版中精选出 100 多幅照片,举行"钱塘江大桥老照片"展览。纪念馆珍藏着一盒长达 60 分钟的 VCD 光盘,由李文骥那 2500 多米长的电影胶片翻刻而成,被奉为大桥纪念馆的镇馆之宝。

"20世纪30年代初期的摄影技术尚不发达,加之长时间被炮火连天的战争阴云笼罩,父亲能够保存下如此多精彩的影像资料,实属不易。"李希说。

原载《交通建设与管理》杂志 2012年04期

川汉铁路旧影
述说杭州宜昌两地情

张帮寸

2012年的金秋十月，我与文史专家简兴安先生结伴而行，乘动车至南京转道杭州去拜访今年90岁的李希老人。李老保存着她父亲、中国铁路桥梁先驱李文骥先生90年前拍摄的川汉铁路以及宜昌的许多老照片。

李希老人1922年出生于宜昌，古城宜昌旧影对她的童年有着挥之不去的印记：百年前铁路坝（宜昌车站）、铁路坝广场足球场上两军对垒的场面、铁路（坝）花园公寓门窗外巍峨挺拔的东山寺……

送老照片老人家头上摔了鸡蛋大一个包

李希老人家30年前从浙江省工商联宣传处处长位置上退休后，数十年来热心于社会公益活动。老人年事已高，回宜昌看一看已是心有余而力不足，她期望在有生之年能在杭州一见我们这些文史工作者，通过我们把她父亲李文骥20世纪20年代在兴建川汉铁路拍摄的照片，通过适当的形式奉献给宜昌人民。她父亲李文骥上个世纪初（1909年—1926年）17年时间，在宜昌居住和工作时，拍摄了许多本地照片。李希从新闻媒体了解到宜昌翻天覆地的变化，更是感慨万千。

为了看望李希老人，进一步收集、挖掘宝贵的图片资料，我与文史专家简兴安结伴而行。老人家一直电话关注我们南下的行踪，听说我们快要到杭州约定的地点时，执意随其66岁次子蒋思莼开车接我们。母命难违，但考虑到母亲刚出院，儿子约定母亲：一不能情绪激动，二不能下车，三不能过多语言。蒋先生的车在离我们10多米的地方停车，我们在五步开外向老人家拱手示意时，老人身子向前一个踉跄，猛地前扑倒地。我们抢上前将老人搀扶起来时，她额头已凸出鸡蛋大一个包，鼻梁和脸部也出血了。蒋思莼先生责怪老人不小心，老人却故意显得轻松的样子说："宜昌家乡的稀客来了，我给他们行大礼啦！"心疼和感动之余，我们改变去饭店的行程，急送老人去医院治疗。尔后，我们送李希老人回府休息。李希老人对着镜子看了看，数落蒋思莼："我不疼，你还小题大做。"老人家为我们沏茶，和我们谈到了她父亲李文骥。

作者、简兴安与李希老人合影
/ 张帮寸提供

李文骥为铁路事业常住宜昌数十年

在李希老人的家中，老人家为我们讲述了她父亲李文骥与川汉铁路在宜昌的情缘。李文骥，广东省番禺县钟村人，1905年（光绪三十一年）以优异成绩被京师大学堂录取，1909年预科毕业，入国立北京大学工科土木系。1913年，北京大学德籍教授乔治·米勒，在鄂督黎元洪、汉粤川铁路会办詹天佑的支持下，带领土木科毕业生李文骥等13人前往汉口，建议当局修建武汉长江大桥，作为辛亥革命成功纪念。他们三四个月就全部完成了"武汉纪念桥"的规划和测量，提出了公铁两用3种的桥式。这是修建武汉长江大桥的第一次设想。孙中山先生曾在《建国方略》中提出了在武汉建设长江大桥的设想。此后的数十年间，李文骥5次提出在武汉建设长江大桥的设想，他和一批又一批中外桥梁专家对万里长江第一桥倾注了无限激情，被称为中国铁路桥梁先驱。

1919年12月，李文骥在川汉铁路汉宜局工作，由德国籍工程师领导，任务是对汉口到宜昌之间的川汉铁路线路进行实测。这两张照片系李文骥拍摄的考察、测量现场，图中人物为工程测量人员、随行挑夫、安保人员等。照片为李文骥之女李希提供

文字说明　张帮寸

由于当时国力难于建设武汉长江大桥，李文骥以工科毕业生名义留在汉粤川铁路督办署工作，后来称"工务员"。李文骥被分在汉宜局，由德国籍工程师领导，任务是对汉口到宜昌之间的铁路线进行实测和建造。1914年，爆发了第一次欧洲战事，英、德工程师回国参战，外国贷款也逐渐减少，计划中的铁路建设，到1917年年底完全陷于停顿。李文骥一度被派往广三铁路工作。1918年李文骥又被调回汉粤川铁路，升职帮工程师（相当于现在的助理工程师），负责对建阳驿到襄阳老河口支线的测量。

1920年，又调往宜昌，在美籍工程师克劳尔的领导下，先被派往长江上游，复测宜夔段路线，任务完成后，则负责整理编写川汉线（汉口到成都）全线

工程预算,并升职为副工程师。两年后,克劳尔因故回国,李文骥担任宜夔线保管委员、代理总工程师等职。宜夔铁路从宜昌—下牢溪—竺山—南沱香溪—巴东—东巫峡—夔州(今重庆市奉节)。

李文骥负责规划勘测这段路线,其足迹遍及渝东鄂西山山水水。李文骥及他同仁居住铁路花园公寓长达7年之久。文骥先生还擅长摄影,在20世纪20年代,他为宜昌留下了许多鲜活的宜昌旧影,并成为随身携带的珍宝。虽历经数不清工作变更或驻地变换以及长期战乱,他始终不弃不舍将宜昌老照片留存至今。

我送李希老人家一幅她童年的母女照

在李希老人家的居室,她为我们展示一本百年前的老照片影集。一幅幅珍贵的宜昌老照片,使人联想到国人兴修川汉铁路的一幕幕情形。据有关历史记载,民国初年至抗战前夕,宜昌铁路坝及周围仍然保留了许多川汉铁路的建筑物,有李文骥及他的同事居住的公寓,其中有一张照片是拍摄李文骥公寓室内及远眺窗外的东山寺,见证了川汉铁路在宜昌。

1918—1926年李文骥在川汉铁路宜昌办事机构内的住所室内,远景是东山寺 / 李文骥 摄影 李希 提供

有一幅铁路坝宜昌火车站全景照:欧式风格楼宇,庄重古朴。其上部中间位置用楷书写成的"宜昌车站"四字清晰可见,笔力苍劲遒厚。经相关人士鉴定认为这四字为川汉铁路宜昌总理李稷勋书写。

李希老人为我们赠送了多幅川汉铁路在宜昌的老照片,其中包括李希与她父母在宜昌铁路坝铁路花园的全家福。

桥梁专家李文骥 ··· 忆文

身在杭州的我,猛然间想起了多年前,我收藏的一幅宜昌铁路坝铁路花园的老照片,图片里是一位年轻的妈妈带着牙牙学语的小女孩,在铁路花园外的栅栏边的母女生活照,我感觉与铁路花园的老照片有千丝万缕的不解情缘。我讲了这个想法后,不由得引起了李希老人的兴趣。回到宜昌后,我对着两张图片细细一看,不觉喜出望外,两张图片中的场地背景同为一处,母女的着装极为相似,疑是李希全家福图片前后,其父李文骥为她们母女拍下的一张图片。令人称奇的是,铁路花园外的栅栏边的母女生活照发到杭州李希之孙后,李希老师电话中连声感谢:"这就是我妈妈带着我小时候在宜昌铁路坝铁路花园的母女照,这张弥补了我有生之年建立李氏家庭影院图片中的空缺。"

李希和母亲周婉贞在铁路花园的合影　/李文骥摄影
张帮寸 提供

中国铁路和桥梁专家李文骥,是民国初期在宜昌留下摄影作品最多的作者之一,到目前为止,是川汉铁路以及宜昌老照片留成最多的摄影者之一。其中,李文骥在"宜昌车站"一图多影艺术照表现得淋漓尽致。

本文原载　《川汉铁路在宜昌》
三峡电子音像出版社 2014年8月
本书收入时略有剪裁

附文：宜昌火车站

从宜昌新码头到晓峰张家口，是时共建有火车站 4 座，分别为宜昌车站、小溪塔车站，黄家场车站和张家口车站，除黄家场车站处于待完工状态以外，其余三座均已完全建成。

宜昌车站　李文骥 摄影　李希 提供

宜昌车站为川汉铁路主要车站之一，应该是一等大站。关于这个车站，现居住在浙江杭州年已九旬的李希女士曾提供过一张十分清晰的老照片，此照片系她父亲李文骥 1918 年至 1926 年任职于当时川汉铁路宜昌办事机构期间所摄，她"尚为幼童，后来长大从父母口述当年在宜昌铁路坝的生活情景中，得以对一些照片有了印象"。

照片上的宜昌车站主体建筑呈欧式风格，豪华大气，凝重典雅，其上部中间位置用楷书写成的"宜昌车站"4 字清晰可见，苍劲遒丽，经相关人士鉴定认为，这 4 字与"上风垭山峒"隧道遗址上字迹出自一人之手笔，即由当年川汉铁路宜昌总理李稷勋书写。

1918 年至 1926 年，川汉铁路宜昌车站

1940 年，遭日寇轰炸后的宜昌车站 /罗洪波提供

本文原载 《川汉铁路在宜昌》第 397-398 页

彭翔华整理的《宜昌川汉铁路主要遗址遗存概览》一文第 4 节

三峡电子音像出版社 2014 年 8 月

失落的宝贝

蒋思荃

1934年茅以升（右2）、钱塘江桥总工程师罗英（右1）、英籍副总工程师怀德好施（左1）与丹麦康益洋行老板康立德在杭州火车站的合影 / 李文骥 摄

1934年秋日，钱塘江大桥工程处处长茅以升，迎来了南京铁道部派遣来的李文骥工程师。李文骥随身携带三只大皮箱，其中一只特别沉，打开来一看，装的都是德国名牌照相机：劳莱福莱克斯、徕卡、林哈夫……茅处长看在眼里，灵机一动，决心完整记录下中国人第一座自行设计建造大桥的全过程——拍摄电影，摄影师嘛，就让爱好摄影的李先生兼了。

那时国内民间拍电影还是个稀罕的事。好在大桥的正桥钢梁，由英国道门朗公司承办；正桥桥墩，由丹麦康益洋行承办，在这两家公司的协助下，就很方便地购进了一台德国莱茨公司出产的电影摄影机。机器很大，除玻璃镜片外，全是铜制的，足足有 20 多公斤重。

李文骥又托在国外的同学，寄来英文版电影拍摄与制作的书籍，边读书边摸索很快学会了电影拍摄。拍好的 35mm 胶带是黑白和无声的，再送到上海去冲洗，取回来自己剪辑做后期。整个建桥过程都被仔细摄入镜头中，影片中还带上了"涛如连山喷雪来"的钱塘大潮，和雄峙月轮山上的六和塔，剪辑成 8000 多英尺长的片子，是一套我国工程史上不可多得的宝贵的技术资料。

李文骥还拍摄了西湖的四季景色、人文景点和杭州城市容建筑，剪辑成 3000 多英尺的片子。可惜没有拍全西湖十景，因为当时电力网不发达，没电的地方，机子就转不起来。每次黄包车把机器拉到，开始架设机位，准备拍摄的时候，总有许多看稀奇的人。李文骥嘴里叨着一只福尔摩斯式的大烟斗，穿吊带裤，戴铜盆帽，到后来看他的人比看机器的人还多。

1935 年钱塘江桥开工，此图为大桥工地接待参观者，右侧站在高台上持电影摄影机者（背影）为李文骥　／李希 注

随机还配一台小放映机，制作好的电影胶带装进去用手摇放映，白墙壁代替了小银幕，放映出来的效果比电影院还清晰。

1937 年 10 月大桥刚完工，日本鬼子也逼近杭州。李文骥奉命去粤汉铁路，负责抢修被敌机炸毁的桥梁，随身带走了那部三十年代杭州的写实影片。茅以升撤离时，将所有钱塘江桥造桥的电影资料，包括那部造桥电影片，分装在几个大铁箱里，委托湖滨路上西湖饭店的老板代为藏好。

李文骥在衡阳的时候，鬼子打过来了，形势很乱。有个晚上，小偷挖墙洞进来，挑了最重的一只皮箱提了就跑。李文骥发觉，和家人追出去。

皮箱提手断了，小偷只得丢弃。李文骥坐在箱子上喘着气说："里面有半个杭州，我还要回去补另一半呢，偷儿拿去有什么用？"

衡阳保卫战打响，李文骥逃难到广西全州大女儿任教的地方。不久衡阳城破，守军全部阵亡，鬼子铁蹄入侵广西，全州不安宁了，李文骥带两个孩子逃难到灌阳大瑶山中。行前，把装照相机和电影片的拖了半个中国的两个大皮箱，托给当地一个老师，送到偏远的老师老家去暂存。

尽管瑶民淳朴，一直尽力照顾李家父子，李文骥还是染上严重的痢疾，身体很差。直到鬼子兵撤出广西，李文骥才下山，他拖着病体到处寻找那位老师，想要回"半个杭州"的两个皮箱。可是学校被烧了，人们还告诉他，有一位中学老师全家人都被杀了。李文骥长叹一声，还是不死心，写了许多寻人启事，贴满全城，最后才怏怏而归，独自乘船回到广东老家。

1946年，李文骥在杭州任大桥管理处主任。一天，有人上门拜访，原来就是西湖饭店的老板，说是所托付东西可以"完璧归赵"了。李文骥大喜，当即电话告诉茅先生，取回了那部钱塘江桥工程电影的胶片。1950年，李文骥奉调北京铁道部任职，行前黯然说，那部杭州的片子失落，总觉得欠着杭州什么，这东西是没法补救的！隔年4月，李先生积劳成疾，在北京与世长辞。

2001年，大桥建成通车65周年纪念，他的大女儿李奶奶也是古稀老人了。有一天杭州《今晚报》载文说，茅老已将造桥的全部资料捐赠给了省档案馆，李奶奶立即向档案馆查询造桥影片的下落，档案馆徐处长说只有文字图纸资料，没有电影胶片，建议她问问大桥纪念馆钟科长。钟科长很快来探望李奶奶，告诉她说：在上海铁路总局亲眼见到过2500米长的造桥影片，摄制者就是李文骥。

后来，钟科长亲手把影片的复制光盘赠送给李奶奶，李奶奶就是我的母亲。同年，中央电视台也全部播出了这部片子。

遗憾的是，那"半个杭州"失落在哪里？

原发表于 《杭州日报》2005 年 8 月

中央电视台中文国际频道《国家记忆》栏目，2019 年 8 月 15—16 日，播出题为《烽火中的钱塘江大桥》两期节目，其中上集"命运多舛"中播出了 80 多年前大桥开工典礼、建桥工地、施工场面、军车运输、难民撤离等大量珍贵镜头，大部分来自于上文讲述的：西湖饭店老板 8 年战火后"完璧归赵"的那部钱塘江桥工程记录电影。

看工程纪录影片有感

矫小红

志伟：

你好。

今天安静地看完了李文骥摄影遗作《钱塘江大桥工程纪录影片》，这是我第一次观看工程纪录片。在当年科技落后、生产力落后的情况下，李文骥能历时数年跟踪拍摄下如此翔实的工程纪录影片，太有远见了！你说过，为了拍摄实景，他把自己绑在大型工程吊车的挂钩上，其难度和付出的艰辛，实在是难以想象的。想想看，这些曾经的大桥设计、施工、建设的参与人员，大概多数已经作古，但他们当年的影像却留了下来，拉近了与我们的距离，仿佛一切就在昨天。人走了，桥还在，且为世人瞩目。这对他们的在天之灵，一定是莫大的慰藉！

不知我们现在的大型工程、大型建筑是否也有工程纪录片？是否也会为后人提供其设计思路、工艺流程、建设实景的影像？

记得首钢搬迁，声势浩大，在曹妃甸靠海上吹沙填海造地再建首钢。当时在首钢中促会担任领导的北京阿旗知青凌毓侬，启动了由首钢各个环节人员自己动笔写成的《首钢搬迁风云录》，她作为本书主编，一共厚厚的三大本，为产业工人树碑立传，为工厂建设留下印记。我看后特别受感动，知道了一个运营中的钢铁企业，搬迁中的艰辛与付出。很多首钢工人，撤家舍业，共同努力，在曹妃甸再造了一个高品质高质量的以特种钢为主打产品的新首钢。但是，我至今没有看过此类的工程纪录片。即使是《大国重器》《国家记忆》这样的国家级纪录片，也不是全貌，多是某个项目、某一点、某些人的场景和感悟。

钱塘江这部纪录影片的解说词很专业。第一遍我没有太看懂，看了第二遍，才对大桥建造的工艺略知一二。钱塘江大桥作为中国人自己建造的第一座长达 1431 米的钢筋混凝土铁路公路双层双车道大桥，至今已 82 岁，中间经历过战争不得已的损毁和停战后的复修，如今仍在默默承载着世人的脚步。我一直在想，为什么这座桥不是豆腐渣工程？他们是怎么做到的？在那么艰苦的条件下，勘探技术有限，地质结构复杂，水下情况多变，气候异常突变，水深且水流湍急，怎么就能这样坚固呢？看了纪录片，有了切身感受。就是隐体工程一丝不苟。想来还是良心工程，是有信仰的老一辈中国人的合力。

李文骥摄影遗作《钱塘江桥工程纪录影片》光盘纪念卡书
／ 李文骥后裔制作 2019 年 11 月

6 号桥墩下岩面倾斜，施工中还因暴雨洪水造成围堰坍塌，用了 8 个多月进行清理和再建，打桩、柴席沉底、射水沉箱、封顶、建设基座，运输钢梁，架设钢梁，全靠人工肩挑、手提、人力牵引、手摇绞盘，在几乎没有高空或水面作业的防护措施下施工，一个作业面有时是十几人甚至是数十人一起在干。李文骥注意给工程中施工的工人以特写镜头，为保证质量，对钢梁上的所有铆钉都逐一地做验收，不合规的做上标记，重新打铆钉；沉箱下沉时，水的压力大，一根冲天的水管往外挤水，工人们手摇绞盘，沉箱缓慢地稳稳地下坐，24 小时下沉 15 厘米，后工艺有所改进，一天进尺 30 厘米，太不容易了！5.8 吨重的气锤，高悬着没有固位装置，几个工人相互配合，徒手拉拽钢绳一下一下地操作，一夜要打下 20 根围堰用的木桩。建围堰时，用了 1440 根木桩，最长的木桩 30 米长，小头直径 18 厘米，要把木桩竖起来，不偏不倚地打下去，直立着插到水下，那时的人们真有勇气，也真有智慧。当柴席浮在水面，需要下沉时，是工人们徒手抛石，填充增重，要填上 300 至 400 方石料；灌浆浇筑混凝土时，我看到是工人们用手推车一车一车浇灌。所有这些，真该让更多的人知道，当你走在一条公路上，乘车行驶在一座大桥上，一定要感恩，感恩那些凝聚了心血的建设者们，感恩我们的前辈们。

　　李文骥拍摄于 1934 年—1937 年的胶片，能在 1981 年重新制成一部工程纪录片，拍摄胶片的总量一定是我们看到的几倍甚至是几十倍之多，能留下来，弥足珍贵！

　　谢谢你送给我的光盘，谢谢蒋思荃先生光盘后面的记述。那段远去的历史越来越清晰了。再次向钱塘江大桥工程的摄影师李文骥致敬！

矫小红

2019 年 11 月 21 日

附：《钱塘江大桥工程纪录影片》视频截图选

围堰木桩

人工肩挑

建桥工人徒手抛石

建桥工人特写

工人用手推车一车一车浇灌混凝土

第一列火车通过钱塘江桥

跨越半个世纪的畅想

中铁大桥局

武汉长江大桥位于湖北省武汉市武昌蛇山和汉阳龟山之间,是长江上建造的首座大桥,也是中华人民共和国成立后在长江上修建的第一座公铁两用桥,被称为"万里长江第一桥"。

武汉长江大桥于1955年9月正式动工,1957年10月15日建成通车。大桥全长1670米,上层为公路桥,下层为双线铁路桥,桥共有8墩9孔,每孔跨度为128米,桥下可通万吨巨轮,8个桥墩除7号墩外,均采用"大型管柱钻孔法",这是由中国首创的新型施工方法。

武汉长江大桥将武汉的汉口、汉阳、武昌三镇连为一体,极大地促进了武汉的社会经济发展。同时,大桥将被长江分隔的京汉铁路和粤汉铁路连为一体,形成了完整的京广铁路,成为中国南北交通的大动脉,对促进国家经济的发展起到了重要的作用。

武汉长江大桥建成后，成为武汉市的标志性建筑，也成为中国著名的旅游景点之一。2013年5月3日，武汉长江大桥被列为第七批全国重点文物保护单位；2016年9月，入选"首批中国20世纪建筑遗产"名录。

武汉长江大桥

长江，中国第一大河，全长6300公里，流域面积180余万平方公里，武汉作为长江中游的名城，千百年来被长江及其最大支流汉水分隔成汉口、汉阳、武昌三镇，人民的出行和交往受到阻隔，南北的交通不能连通，社会经济发展受到阻碍。

为了将大江南北连通，众多仁人志士出谋划策，在武汉修建一座现代化桥梁的最初设想要追溯到20世纪初。这些设想跨越半个世纪，在灾难深重的旧中国，它只是一个梦想，不可能变为现实。然而，这些初步勘设为后来建桥者提供了有益的资料。

第一次设想

1912年，詹天佑在主持汉粤川铁路工程建设时，考虑粤汉铁路筑成通车后,应与京汉铁路接轨,1913年令湘鄂线总工程司(现通称"工程师")英国人格林森初步计划修筑武汉长江大桥,并提出设计构想图,该方案仿照了英国的福斯大桥。此为最早的武汉长江大桥设计构想。

詹天佑的武汉长江大桥设计构想草图

同年,北京大学德籍教授乔治·米勒在詹天佑的支持下,带领北京大学土木本科毕业生13人,做"武汉纪念桥"的计划和测量,提出了汉阳龟山至武昌蛇山的桥址线及桥式三种,均为公铁两用桥,后因财力所限,计划未能实现。这是在武汉修建现代化桥梁的第一次设想。

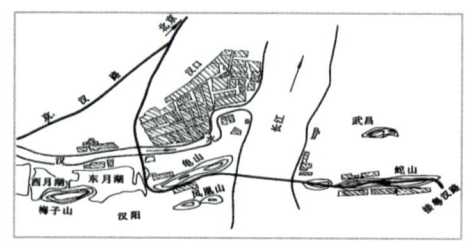

1913年计划桥址线及引线图

第二次设想

1929年,当时的铁道部委托美国顾问华德尔(J.A.L. Waddell,即华特尔)做武汉长江桥的计划。华德尔和铁道部设计科的技术人员李文骥等开始进行筹划并做桥址钻探。1930年3月至9月，共钻12孔(长江8孔，汉水4孔)。最后提出了汉阳凤凰山至武昌蛇山的桥址线，及简支梁公、铁两用活动桥桥式一种；汉水上在集家嘴码头附近及武胜路附近各建铁路桥及公路桥一座。总预算995.7万美元，这是武汉长江大桥第二次设想。

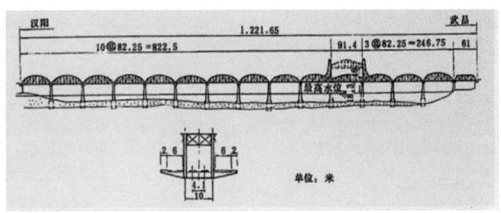

1929年的计划桥式图

第三次设想

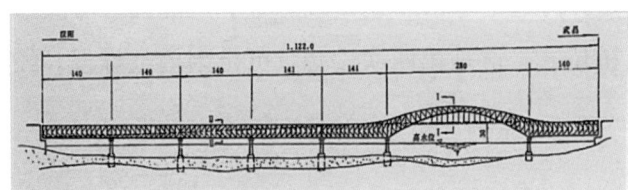

1936—1937年的计划桥式图

1935年，武汉拟有建设长江大桥之举，钱塘江桥工程处发起筹建武汉长江大桥，拟招股集资，以过桥收费方式还本付息。1937年1月，钱塘江桥工程处正工程师梅旸春赴汉，任汉口市政府工务科长，主持武汉长江大桥的设计和钻探工作，并进行了桥址比较。在武昌蛇山至汉阳凤凰山线和武昌蛇山至汉阳龟山线比较中，最后选定蛇山—龟山线，并提出公、铁两用桥桥式二种，主孔为拱形悬臂桁梁，汉水上修建铁路桥及公路桥一座。这次计划，总预算3065万美元，后因抗日战争爆发而停顿。这是第三次建桥设想。

第四次设想

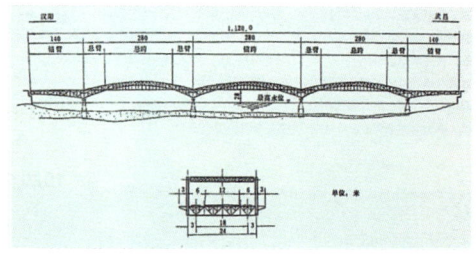

1946 年的计划桥式图

抗日战争胜利后的 1946 年，湖北省当局重新提出修建武汉长江大桥，成立"武汉大桥筹建委员会"，推荐茅以升为总工程师，下设技术委员会，主持工程计划，由中国桥梁公司承办具体设计事宜。同年，由平汉铁路局再次选线测量，仍选定龟山—蛇山线，由中国桥梁公司汉口分公司提出五孔悬臂拱桥桥式。这是第四次设想，可是因内战爆发、经费无着而终成泡影。

百年夙愿终实现

中华人民共和国成立前，李文骥、茅以升与一些科学家联名，向中国人民政治协商会议上报《筹建武汉纪念桥建议书》。

1950 年初，中央人民政府指示铁道部着手筹备武汉长江桥的建设。同年 8 月,铁道部设计局成立武汉长江大桥设计组,对大桥进行初步设计准备。在随后的三年里,铁道部在北京召开三次会议,对大桥的桥址、桥式及美术设计等问题进行商议。并最终确定武汉长江大桥按双线铁路、公路两用桥设计;在众多桥址线比较方案中确定龟山一蛇山线为最终桥址。1953 年 4 月 1 日,铁道部武汉长江大桥工程局(中铁大桥局集团前身)正式成立,承担该桥的施工任务。

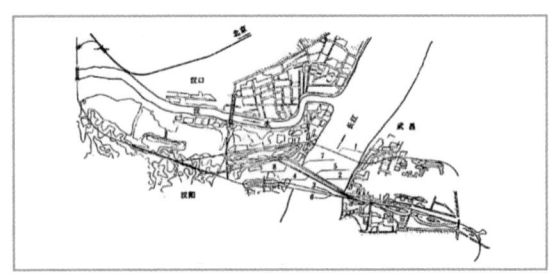

武汉长江大桥桥址线比较方案图

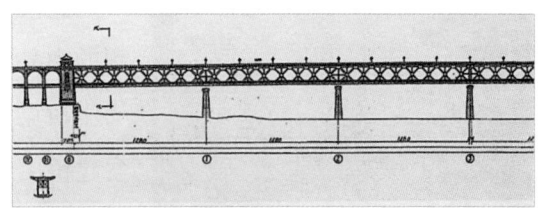

武汉长江大桥全桥结构总图

1954 年 1 月 21 日,政务院总理周恩来主持召开了政务院第 203 次会议,听取了铁道部部长滕代远代表铁道部所做的关于筹建武汉长江大桥的报告,讨论通过了《中央人民政府政务院关于修建武汉长江大桥的决定》;2 月 6 日,《人民日报》在头版登载了《武汉长江大桥准备兴工》的消息,并发表了社论《努力修好武汉长江大桥》。

1954 年 1 月,政务院在关于修建武汉长江大桥的决议中,指示在全国范围内向各建筑设计院及各大学建筑系,广泛征求美术方案。1955 年 2

月，国内知名的建筑、美术、园艺、城市规划专家及桥梁专家应邀对征集的美术方案进行了评选。随后，又将评选意见和全部应征方案送呈国务院审批。国务院批准了现在采用的方案（即25号方案），该方案设计者为大桥局桥梁专家唐寰澄。该方案端庄朴实，经济实用，既具有民族风格，又体现了时代精神。

一桥飞架南北，天堑变通途

1957年10月15日，这是一个必将被历史铭记的日子。这一天，万里长江第一桥——武汉长江大桥建成通车。

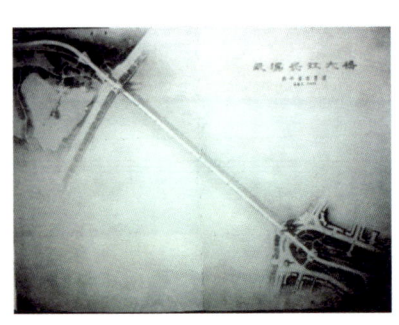

武汉长江大桥总平面布置图

武汉长江大桥在建设过程当中所受到的中外领导人的关注恐怕是现在任何一座桥梁都无法比拟的：毛主席四次视察建桥工地，写下"一桥飞架南北，天堑变通途"的壮丽诗句；更有150多位外国领导人来到工地参观，赞叹新中国社会主义建设的辉煌成就。

傲立东方六十载

时光如梭，逝者如川，武汉长江大桥屹立东方已有60载，60年来，这座桥梁创造的经济及社会效益无法估量。每日通行火车上百对，汽车近十万辆,成为武汉市最繁忙的桥梁之一。

武汉长江大桥是雄伟的,也是美丽的,在最初开始美术设计之时,中央人民政府就特别指出:武汉长江大桥之美术设计,应广泛征求国内美术建筑专家个人的和集体的优秀作品,呈送中央审定。

正是这一英明的决策,保证了这座桥梁美术设计的广泛性、群众性,因而也就具有了代表性和权威性。当时,不到一年时间里,征集到了许多方案,虽然最后 25 号方案被选中,但那些落选的方案为桥梁的美术设计提供了较高的参考价值。

武汉长江大桥建成通车,不仅实现了"天堑变通途"的梦想,而且对新中国经济发展起到了重要作用。大桥以先进的技术工艺,树立起新中国建桥史上第一座里程碑,被列为 20 世纪 50 年代世界名桥。

本文原载 《武汉长江大桥》中铁大桥局 编
长江出版传媒、湖北美术出版社 2017 年 10 月
(本书收入时略有剪裁)

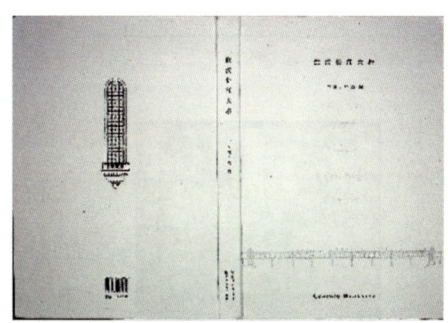

武汉长江大桥通车 几代人梦想终成

——李慎求参与了通车典礼的报道

2013 年 04 月 18 日 15:18

凤凰卫视 4 月 17 日《腾飞中国》，以下为文字实录。

何亮亮：1957 年 10 月 15 日，武汉长江大桥正式通车，作为当时武汉人民广播电台的播音员，李慎求参与了通车典礼的报道。直到数十年后，李慎求对于大桥通车当天的讲解词还记忆犹新，不过当她的播音任务完成后，在大桥的一角，李慎求不禁泪水滂沱，因为这座大桥的建成，凝聚了她父亲李文骥一生的心血，而李文骥却没有能够看到这个历史性的时刻。

1949年，63岁的李文骥写了《筹建武汉纪念桥建议书》，在建议书开头部分，李文骥这样写道，武汉三镇居中国的心脏地带，轮轨四达，为南北交通总枢纽，而长江汉水交汇于此，使大江南北各铁路公路运输不能畅通。建议书之中，他还详述了前4次规划经过和受挫的原因，同时提出，此际欣逢中央人民政府即将成立，同人等不揣菲薄，建议筹建过江大桥。

其实建造武汉长江大桥的提议，并非始自李文骥，而他的造桥梦想也代表了那个时代不少有识之士的心声。武汉三镇位居中国腹地，长江中游，汉水由此汇入长江，是"内联九省，外通海洋"的大商埠。

1906年，京汉铁路全线通车，粤汉铁路也在修建当中，建桥跨越长江、汉水连接京汉、粤汉两路的构思，即为各方所关注。最早提出在武汉建一座长江大桥设想的是湖广总督张之洞。此后，詹天佑在进行粤汉铁路修勘定线的过程中，考虑到将来粤汉铁路与京汉铁路会跨江接轨，在规划武昌火车站的时候就预留了与京汉铁路接轨出岔的位置。

1913年，在詹天佑的支持下，在德国籍教授乔治·米勒的带领下，国立北京大学工科13名土木门的学生前往武汉对长江大桥桥址进行初步的勘探和设计大桥的实习，其中就有李文骥，这也是武汉长江大桥的首次实际规划。这次规划虽然未获实行，但是历史证明这次选定的桥址十分适宜，因为此后几次规划的桥址和这一次基本相同。

此后，孙中山在他的《实业计划》中也提出了造桥的设想，在这之后的1929年、1935年和1946年，国民政府先后三次提出了建造武汉跨江大桥的计划，然而由于国力贫弱，内乱频仍，计划最终搁置。

1949年，中共定鼎在即，武汉长江大桥的计划再次被提上日程，这一年9月，第一届政治协商会议在北平召开，会议通过了建造长江大桥的议案,中央政府在 1949 年年末,电邀李文骥、茅以升等桥梁专家赴京,共商建桥事宜,几代人的共同梦想就要实现了。

来源《腾飞中国》凤凰卫视中文台播出节目专区

主持人:何亮亮

2007 年 10 月 15 日,李慎求(又名李楚兴)把父母亲的遗像带到武汉长江大桥通车 50 周年纪念活动现场,高高举起,让武汉人民知晓李文骥对长江第一桥建成功不可没,同时也是缅怀先辈,寄托哀思,教育后代,传承李文骥的精神和美德

/ 李术培 摄影,说明

附：武汉长江大桥通车典礼盛况（图片资料）

1957年10月15日，5万多人在武汉长江大桥举行了隆重的落成通车典礼。公路桥通车开始了。这时，成群的和平鸽、五彩缤纷的气球飞向天空。在乐声中，一支由300多辆汽车组成的队伍，载着参加观礼的代表、棉花和粮食，浩浩荡荡地开进宽阔的公路桥面。汽车后面是由12条龙灯、10个狮子和10个彩莲船组成的文艺队伍。当载着建设长江大桥的90名先进生产者的三部解放牌汽车穿过的时候，停立在两旁的人们都向先进生产者们投以崇敬和爱戴的眼光。许多人离开队伍，将鲜花抛掷到他们手中，将五颜六色的纸屑撒在他们身上。最后，参加典礼的人群跟在汽车后面前进，他们兴奋地举起鲜花和头巾，如同碧绿的潮水一起一伏地从武昌流向汉阳。／ 资料

10月15日上午，武汉关上的大钟敲了10下，武汉长江大桥落成通车典礼正式开始。第一列火车通过1670米的桥梁上，欢快地鸣响笛，长江上过往的船只也响起了汽笛声，大桥上和大桥两岸5万观礼群众一片欢腾。／ 资料

方寸之间看沧桑

蒋思迅

1937年9月 钱塘江桥竣工时第一张大桥全景,当时没有广角镜,只能分段拍,然后冲印时拼合,此照为原始片,先父李文骥所摄　／李希　注

"我在整理旧物,发现了这张照片,这是1937年钱塘江大桥建成时的第一张全景照。"

这是老母亲翻检旧物时,理出来的一张珍贵的老照片,并以这段文字做了说明。老人还在日记里写道:"当年,先父系造桥工程师,兼顾建桥工程的全程摄影,留下数千张照片,并有一盘2500米长的电影胶卷。大桥建成时，先父为拍一张有大桥全貌的照片，曾上江北岸月轮山上的六和塔、之江大学，寻找合适的角度，得以留下了这张最初建成的大桥及桥头南北岸景色的照片。"

这是 77 年前的景色，老妈介绍：桥身矫健壮观，两岸却寥落苍凉，江北留下工棚一片，南岸但见丘陵起伏。

老妈还写道：据史料记载，大桥 1935 年 4 月开工，1937 年 9 月竣工，实际施工时间 925 天。铁路开通运行 89 天，公路开通 53 天，后因日寇侵略不得不忍痛自行摧毁。在短短的开通时间内，大桥对大量战时物资、辎重、军需的南迁，以及老百姓弃家逃生都起到了极大的作用。如今，桥的南北岸均已是高楼延绵，繁荣一片。年轻一代已不再忆及它曾经的沧桑和艰辛！

老妈最后说：瞬间而永恒，一张老照片昭示的，是桥的精神。桥的精神是什么？一曰："奋斗！"一曰："坚强！"这是造桥人茅公及父辈的遗志。

如今，江上已建起了近十座大桥，江堤两岸的高楼也是鳞次栉比，真可谓繁荣一片。我想，如果有哪位摄手能用老照片的视角，再拍一张现在的大桥全景，让我们对比着看"沧桑"，当是一件很有趣的事情。

2014 年 7 月，摄影家沈可，为了印证大桥 77 年的沧桑，特登上六和塔，拍下这张现今的大桥全景，拍的角度与旧照完全一致。桥身依旧，但南北两岸的景色却有天壤之别 / 李希 注

大桥通车那天,全国人都在笑 她播完音却哭了……

余 佳

2019/05/24 13:51

彩虹悲凉/企鹅号

01

1957年10月15日,武汉长江大桥举行通车典礼。当天,由湖北省委领导,与湖北人民广播电台合署办公的武汉人民广播电台负责向全国乃至全世界直播现场实况。直播结束后,播音员李慎求在大桥的一角,泪湿衣衫,不能自已。

在这举国上下欢庆的日子，李慎求为什么会哭？因为她的父亲，著名桥梁专家李文骥先生从民国初年起，就曾五次参与武汉长江大桥筹建的勘测、设计工作，却不幸在1951年因病离世，未能亲眼看到大桥建成。

李慎求与父亲在杭州 1946 年

李文骥先生 1886 年出生于广东番禺。1908 年，他从北京京师大学堂预科毕业，清廷派李先生去辽宁当知县，但李先生志不在仕途，又进入京师大学堂土木系深造。

1913 年，李文骥从京师大学堂（当时民国已经建立，学堂也改名为国立北京大学）毕业，和 20 多名同学一起，成为中国第一代土木工程高级专业人才。

李文骥的导师中有一位德国桥梁专家乔治·米勒，向北洋政府建议在首义之城武汉建设过江大桥，得到了黎元洪和詹天佑的大力支持。于是米勒遴选了李文骥和另外 12 名爱徒一起到武汉进行实地勘测，这也是武汉长江大桥的首次实地规划。

勘测设计的任务仅用 4 月就顺利完成，然而限于当时的国力，蓝图并未成为实物。

1929 年，国民政府又计划修建武汉长江大桥，李文骥先生被委派为桥址勘定、地质钻探的负责人。李先生克服重重困难，在当年 9 月圆满完成任务。然而最后当局迟迟下不了开工的决心，建桥方案再次流产。

1935年,浙江杭州兴建钱塘江大桥,李文骥作为桥工处的四位工程师之一参与建设。与一些"工科男"给人的刻板印象不同,他不但善于解决技术问题,还是一位"文艺暖男"。

当时迷信盛行,老百姓传说打桩建桥冒犯了龙王爷,龙王爷要勾童男童女的魂去祭江。李文骥一面在报纸上发表文章,一面给老百姓面对面作科普,为大桥建设去除了不少阻力。

受茅以升委托,李文骥拍摄了2500多米长的电影胶片,制作出我国第一部工程纪录片。至今仍保存在杭州钱塘江大桥纪念馆中。

1935年和1946年,李文骥又两次担任武汉长江大桥筹建主要工作,由于战争影响,两次规划仍旧没有下文。

1949年,63岁的李文骥向中央写了《筹建武汉纪念桥建议书》,建议建设武汉长江大桥庆祝革命胜利。他再次加入大桥测量勘测队,并在工作中无私地关怀指导时年23岁的工程师唐寰澄。

1955年,唐寰澄的大桥美术设计方案经周总理批准为施工方案,此时,李文骥已经去世4年。

03

李文骥因为长江大桥和武汉结下了不解之缘,他的爱女李慎求则和汉口黎黄陂路胜利街口的那处小洋楼有着不解之缘。

这里本是英国怡和洋行1919年建起的该洋行高级职员住宅。1938

年10月，日军占领武汉。11月，日本人在这里设立"汉口放送班"（日语把广播叫作"放送"），后来升级成"汉口放送局"。发射台设在硚口肖家地，后来又搬迁到中山公园旁，每天宣传"中日亲善"、"大东亚共荣圈"。

摄影 周缨子

抗日战争胜利后，1945年9月24日，国民党中央宣传部接收日伪汉口放送局，这里就成了汉口市广播电台的播音室，李慎求就是这里的播音员。

其后几年间，国军部队在解放战争中节节败退，到1949年春，中共武汉地下党预计到国军撤离武汉时可能会对工厂、电台的设备进行破坏，提前作了预防。李慎求的丈夫乐宏铭被发展为电台护台小组成员，开始开展保护设备、迎接解放军的工作。

04

1949年5月8日，离汉口解放仅有8天时间。台长陈济略下令停止播音，并拆下播音室的多部器材逃跑。

心急如焚的李慎求得知中山公园旁的发射台里还有一部10千瓦发射机尚未运走，11日清晨，乐宏铭、李慎求夫妻俩和其他一些进步工友与国民党破坏队斗智斗勇，硬是把这台设备抢运到了胜利街播音室。

13日到15日，乐宏铭一面请铁路工人纠察队员在播音室门口站岗防止破坏，一面抢修设备。李慎求和同事则到金城银行（现在的武汉市美术馆）找中共地下党领取了新的呼号："汉口人民广播电台"。

5月16日，解放军进入汉口。5月18日晚上，设备修理完成。5月19日上午，李慎求首先呼出了"汉口人民广播电台"这庄严的呼号。

5月23日，中共中央中原局宣传部派罗东、阎酒一正式接管汉口人民广播电台，并将其改名为武汉新华广播电台，直属中共中央中原局宣传部，有职工20人，湖北人民广播事业的第一页揭开了。

武汉新华广播电台徽

05

武汉人民广播电台徽章

1949年9月1日，武汉新华广播电台按中央指示，更名为武汉人民广播电台。

10月1日，电台成功转播了开国大典的现场实况。一个月之后，电台又在另一条战线为人民立了大功。

1949年11月9日，旧中国仅有的两家民航公司：中国航空公司、中央航空公司的2500多名员工在总经理刘敬宜、陈卓林的带领下，在香港发动了"两航起义"。

11月9日凌晨，"两航"的12架飞机加满油，准备北飞。对外假称目的地是国统区的海口、台湾、昆明、桂林、重庆、柳州等地，为了掩过敌人的耳目，客机甚至还卖出了机票。

清晨6时，公司临时通知旅客天气不好无法起飞，请乘客下了机。然后又借口试飞，12架飞机相继跃向蓝天。

"两航起义"参与人之一，时任"两航"驻香港地下电台负责人的都润荪紧张地守在电台和发报机旁，当机群告知他听到了武汉人民广播电台的声音时，他终于松了一口气，知道起义成功了。

这是为什么？因为周恩来总理早有安排，让武汉电台在9日不间断地播出电波信号，为机群导航。

当日，中国航空公司、中央航空公司全体员工发表起义通电："中国中央两航空公司经营交通事业，向以服务社会人民为主。不幸国民党政权发动内战，两公司受其挟持，几濒绝境。决定自即日起与国民党政权断绝关系，归附人民中央政府。"

"两航起义"是新中国民航事业的起点。今天，当你坐着飞机，快捷舒适地往返于全国各地时，可别忘了，这里面也有湖北广播同仁的一份功劳。

来源：湖北经视 /版式：汤巧霞/主编：天然

附文

电波中她第一个喊出"武汉解放了"

http://www.sina.com.cn 2009年06月25日05:01 长江商报

本报记者 吴睿 实习生 唐炯炯

妙龄年华参与电台保产斗争，耄耋之年当选十佳播音员

昨日，武汉市表彰60年来广播十佳播音员主持人，现年85岁的李慎求老人当选——60年前，是她第一个在广播中喊出："武汉解放了！"

从敌人手里截留电台设备

李慎求在抗战胜利后就开始从事播音工作。1949年春，三镇解放在即，武汉的中共地下党着手开展"反拆迁、反破坏"保产斗争。李慎求的爱人乐宏铭被中共江汉区

党委城工部武汉直属小组发展为成员，作为原汉口市广播电台播音员的李慎求，成为电台保产使命的首选者。

经过一个多月的努力，乐宏铭和李慎求发展起来一批骨干力量，但反动势力的破坏活动也在加紧进行，电台一部分人跟着南逃，并抢走了一台1千瓦短波发射机和10千瓦中波发射机的大型电子管等器材。1949年5月8日，原汉口市广播电台停止播音。

"眼看付出的努力就要前功尽弃了，我心里十分着急，得知在中山公园隔壁的电台发射台里，尚有一部10千瓦的发射机，我们觉得保住这部机器刻不容缓。"李慎求回忆，5月12日清晨，乐宏铭利用自己火车站职员的身份，找来一辆大卡车，和同伴机智地将电台的机器运出来。

电波中首呼武汉解放

今天胜利街的农行大楼所在地，即为原汉口广播电台编辑部和台长办所在地，当时的人员都逃得差不多了，乐宏铭等人就把截留的设备藏在这里，巧妙地避开了"破坏队"的追查。接下来几天，他们组织工人纠察队站岗守卫。5月16日解放军进城，需要向市民宣传政策，维护武汉的社会稳定，乐宏铭等人立即组织日夜抢修设备，李慎求等女性担当炊事员。

5月19日，一部50至100瓦的发射机终于改装成功，城工部指示赶紧以"汉口人民广播电台"名义播音，解放军政策、安民告示、《论联合政府》成了电台播出的主要内容，24岁的李慎求向武汉三镇播出了人民电台的第一声："中国人民解放军5月16日进城了！武汉解放了！现在播送解放军布告……"

4天后，中共中央中原局派来台长、编辑和播音员，"中南第一台"的前身武汉新华广播电台诞生。

李文骥镜头下的南湖旧影

——百岁老人珍藏之物重现昔日湖光水色

雷春桃

一湖一水一人，一凳一蓑一竿 / 李文骥 摄于 20 世纪 20 年代

雨后的宜昌，空气清新湖水濯濯。南湖里的一方石板上，一披蓑之人双手执着竹竿，坐在自家带来的小板凳上。竹竿的一头放在水里，貌似是在垂钓。南湖的那一端，一栋栋临湖而建的青瓦白墙建筑清晰明朗地倒映在湖水里，将湖水的镜面反射和照片的一图多影效果体现得淋漓尽致。这就是李文骥镜头下的南湖旧影。

千里赴浙得宜昌旧影

现年93岁的李希老人系中国铁路和桥梁专家李文骥的女儿，20世纪20年代随父母在宜昌定居，对宜昌怀有深厚的乡土情怀。2011年，她从新闻媒体上看到宜昌城的日新月异，感慨万千。因身体状况不允许她再度回宜，遂趁百年辛亥革命之时，辗转千里寄来数幅其父亲李文骥20世纪（1913年—1926年）在宜昌拍摄的历史旧影，以让世人有幸目睹百年前宜昌的历史风情。

2012年的金秋十月，恰值辛亥革命100周年之际，应李希女士之邀，宜昌市炎黄文化研究会专家张帮寸和湖北省文史专家简兴安乘动车至南京后转道杭州，有幸与之一见。怀着对宜昌的思念和热爱，李希老人再次忍痛割爱，将李文骥用相机记录下的另一批宜昌旧影，托张帮寸和简兴安带回宜昌，免费赠送给宜昌市民。《南湖披蓑垂钓图》就是其中的一幅。

昔日南湖今踪影不见

李文骥镜头下的南湖位于今桃花岭西南侧，近邻的一马路、滨湖路、隆康路将其四面环绕，湖面呈椭圆形。历经百年沧桑巨变，昔日的南湖已踪迹难觅。

据《宜昌府志》与《南湖县志》记载："南湖在南门外，去城三里，水可溉田。"据地质勘测资料论证，约在 1.2 万年前，宜昌古城东山与石子岭、樵湖岭、桃花岭之间，原为长江的一个河汊，后来河道逐渐向江南移位，古河汊的水域形成沼泽和湖泊，古城南面的一大片称之为南湖，湖水既可灌溉农田，也可供居民饮用，且为人文景观胜地。清时文人严思浚、张鹏举和喻太寿均留有关于南湖的文字记载。一首首诗词如画般记载了彼时湖水碧波荡漾、荷塘鸳鸯成趣、杨柳竹木物华的美景。

直到 1999 年，宜昌市政府鉴于南湖失去城市蓄水功能，遂植树、填湖，营造"城中森林"将其四周的民宅拆迁，建起了工人文化宫和青少年宫。南湖就这样消失在了历史的细缝里。

擅长摄影记录宜昌风情

中国桥梁先驱李文骥，字仲扶，广东省番禺县钟村人，曾攻读于北京京师大学堂土木科。从北京大学毕业后，李文骥与其他 12 位同学一起，在北京大学德籍教授乔治·米勒的带领下，在鄂都督黎元洪、汉粤川铁路会办詹天佑的支持下，前往汉口测量武汉长江大桥桥址。后汉粤川铁路总公所下设了湘鄂局、汉宜局和宜夔局三个工程局，李文骥被分在汉宜局，承担对汉口和宜昌之间铁路线的实测和建造任务。从此踏上了在长江沿岸勘测相关铁路线路的旅程，因此踏遍渝东和鄂西的山山水水。

20世纪20年代，擅长摄影的李文骥用相机为宜昌留下了许多鲜活的生活记忆和城市画面。这些照片是李文骥的珍宝，也是李希的珍宝。在近百年的人生旅程里，虽历经数次工作地和住地的变更，乃至长期的战乱，但是她始终像爱护自己的生命一样爱护着这些照片，始终对其不舍不弃。

《三峡商报》2013年5月15日 A10版 旧影宜昌

一位先行者的建桥计划

桥梁建设报 2017-05-09

他们承受了艰辛,我们获得了便利。在庆祝武汉长江大桥建成通车60周年的时候,人们缅怀和盛赞那些参与建桥的管理者、设计者、施工者、援助者,表达对他们的思念和敬仰。其实,在这个日子里,我们还不应该忘记那些为这座桥的诞生,为这座桥高速优质建成创造条件、打下基础的桥梁界的先行者,虽然他们没有亲自参加这一项伟大工程的建设。比如李文骥先生。

李文骥先生1886年出生于广东番禺的一个贫寒的读书人家庭,自幼接受传统教育,19岁时考取京师大学堂预科,得以精通英文、德文,被授以知县之职。他不愿为官,继续求学,入工科土木门。民国成立后,学校改名为国立北京大学。他于1913年毕业,成为中国自己培养的

第一批土木工程人才。

记述中国近现代桥梁的史书上，都不会漏掉这样一笔：1913年，在武汉长江的岸边和江面上时不时出现由一个高鼻凹眼的洋人带领的一群青年在忙碌着，当时，并没有引起武汉人的注意。其实，这些人是在做着一件于他们大为有利的工作——正在进行勘测，准备设计一座长江大桥。这些人就是北京大学的德籍教授乔治·米勒（Georg Müller）和他带领的北京大学土木科的13名毕业生。他们经过勘测，提出了桥址线和桥式方案。桥址线为汉阳龟山至武昌蛇山，与后来的武汉长江大桥桥址基本吻合。桥式共设想几种，均为公铁两用钢桁梁桥。这13名毕业生中有一位就是李文骥。

李文骥其后投身中国的桥梁建设事业中，奋战于江河淮汉之滨、崇山峻岭之间，参与了一些铁路线路及铁路桥梁的勘测设计。1928年，南京政府铁道部聘请美国著名桥梁专家华特尔为工程顾问，实施"武汉扬子江大铁桥计划"。由于李文骥熟悉勘测规划工作，遂受命协助华特尔工作。1930年春，由于工作难度大，国家形势时时发生变化，华特尔回国。李文骥先生却没有放弃，在长江洪水期间，在极度缺乏材料、机具的情况下，完成了初钻任务。1932年底，他拟订了《武汉跨江铁桥计划》（以下简称《计划》）。

在《计划》中，他首先提出了在武汉修建长江大桥的必要性："武汉三镇地处我国腹部，为南北交通之枢纽，商务兴盛，人口繁殖（密），与沪粤津相比拟，而长江、汉水横亘其间，城市交通、铁路运输均受莫大之障碍……粤汉铁路至迟于民国廿四年可以完工，而武汉跨江桥梁工程浩大，

武汉长江大桥钢梁架设时的场景 /资料图片

非三四年不能蒇事,若不先事筹备,则南北大干线完成之后,仍复中隔大江,平粤铁路,不能直达……是此桥之建筑计划,不容缓也。"

在《计划》中,他对隧道与轮渡计划与建桥计划作了比较。认为修筑隧道"道幅既广,且须洞穿坚石,所费不赀,概可想见。其他如泄水须用连续抽水机,通空气须用电力,以及装设电灯及安全设备,种种布置,实较筑桥为尤费";而对于修筑轮渡直驳火车以渡江者,"于本问题未能完全解决,缘武汉桥梁之重要,不仅在铁路运输,武汉三镇之城市交通,实占一大部分"。

在《计划》中,他阐述了桥梁位置的选择,认为宜于武昌、汉阳间选定桥梁位置,因为"三镇交通,经由此处,其势至顺,一也。江面最狭,工料可省,二也。江底地质坚实可靠,三也。两岸山势可利用为路基,四也"。

李文骥手稿:前铁道部之计划
1929—1930年华特尔顾问计划概要

在《计划》中,他参照米勒和华特尔之计划,提出了铁道部的计划及预算。计划共分三种:一为扬子江桥计划:桥位在武昌黄鹤楼上首与汉阳城东北隅之间,桥总长4010英尺。此处江面最狭,江底地质最适宜,两岸山势可利用作地基。二为汉水铁路桥计划:桥位在硚口上艾家嘴码头附近,桥长730英尺。此处可避免铁路线经过汉口繁盛区域。三为汉水道路桥计划:桥位在武圣庙码头,桥长620英尺。此处可便利三镇交通。关于预算,他计算得非常精细,不仅作了大桥与连接桥之预算,还作了汉水铁路、公路桥费用,连接的铁路费用等。

在《计划》中，他还陈述了江底钻探的情况，说明了钻探的缘起、时间、钻探方法及施工状况、钻探的结果。

他明了，这么宏大的工程，能否建成，关键在经费，"武汉跨江桥之建设，吾人莫不知其重要，而恒视为工艰费巨，在今日天灾人祸、民穷财尽之中国，必无余力以及此，故莫敢实行筹备建筑"。因此，他提出了经费筹措办法："窃以为是桥之设可仿抽税桥办法 Toll Bridge，桥成之后抽收通行税为还本付息之用。"

由此《计划》可看出，有许多方面与后来建设的武汉长江大桥相吻合。亦可说明，该计划为其后的大桥建设计划打下了基础。

《计划》虽好，在当时条件下是不可能付诸实施的。此《计划》在当时被束之高阁。李文骥后来投入到钱塘江桥的建设中。新中国成立后，李文骥提笔写了《筹建武汉纪念桥建议书》，并以茅以升等人联名的形式上报中央。1950年，他被任命为铁道部桥梁委员会委员，与梅旸春一起率队赴武汉进行大桥测量钻探，后又北上参加长江大桥设计组工作。1951年4月，不幸因病逝世，年仅65岁。

桥梁建设报
传播桥梁资讯 弘扬桥梁文化
推广中铁世纪金桥

桥的故事

——拜访档案捐赠者李希有感

浙江省档案馆 陈淑媛

1937年,钱塘江大桥的诞生,开启了中国现代桥梁建筑史的新篇章。浙江省档案馆保存了钱塘江大桥工程档案。档案由设计并主持建造大桥的我国著名桥梁专家茅以升捐赠。多年来,这批珍贵的档案在省档案馆档案工作者的辛勤管理下,引起社会的广泛关注,在发挥作用的同时,也得到了不断地丰富。

2001年国庆节后,省档案馆收到省工商联退休干部,80岁的李希老人的来信,提到了她父亲李文骥留下来的几份当年建造钱塘江大桥的资料及两本工程摄影册,她希望交给档案馆保存。信里这样写道:

"我个人保存,好比一滴水,终究会干涸,只有把这一滴水放到大海里去,也就是交给你们,才不会干涸。"

当信到了保管处徐处长手里时,她非常激动。她知道李文骥先生是当年参与修桥的工程师,而李希也曾多次来档案馆利用档案。很快,通过联系,李希老人亲自赶到档案馆捐献了这些档案。

档案捐赠者——李希老人

辛巳岁末,有幸与徐处长一起拜访了李希老人。老人依然清秀,质朴大方,精神矍铄,谈锋很健,在她身上似乎看不出岁月的痕迹。回顾档案捐献的始末,老人强烈的档案意识令人感动。她不愿看到这些档案遭到损坏,不愿它们在儿孙时代成为垃圾而湮没,不愿它们被空置而无以致用……她希望它们能稳妥地保存在档案馆里发挥作用。老人用自己的行动实现了这个愿望。时隔不久,因为拍摄专题片《钱塘江桥的故事》需要,经由茅以升基金会介绍,中央电视台科教中心《发现之旅》栏目组来到省档案馆,利用和拍摄了一部分钱塘江桥的工程档案。在利用过程中,徐处长说到李希老人捐赠档案一事,引起了栏目组工作人员的重视。他们专程赶往老人家中,采访了这位当年大桥建设者的后人,并录制了一期节目。

老人很愉快地谈起捐赠档案的故事。为能在半个世纪后重新向人们介绍父亲李文骥先生而感慨良多,并表示愿意配合省档案馆开展征集工作。她觉得这一切都是一种美妙的缘分。徐处长此行还捎去了省档案馆刻录的一张光盘。这张光盘的内容是由李文骥摄影、茅以升审定的电影纪录片《钱塘江桥工程》,它真切地反映了1934—1937年钱塘江工程建设的情形。老人接过光盘,激动地说:"这对于我们家来说,是无价之宝,意义非常深刻。"而档案馆收藏这张光盘的故事,恰好又与老人偶然提供的线索密切相关。

老人捐赠档案的同时,交给徐处长一篇关于大桥的文章(是老人的亲戚从某报上复印下来的),细心的徐处长发现文中提及"一位叫李文骥的工程师，租来一台摄影机，拍下了 2500 多米的胶片"，便开始想办法寻找。后来，在与钱塘江大桥展览馆的工作人员交流大桥档案、资料时，竟意外地发现了这盘珍贵的录像带。展览馆的钟光明馆长热情地提供该录像带给省档案馆刻录。就是在各方有心人的大力支持下，钱塘江大桥工程档案得到了补充，档案馆也丰富了馆藏。

茅以升同志曾说："人是不在了，桥还在，工作还在。桥会代表他们的工作。"

现在，我们通过档案，可以亲临当年桥的建设者们工作的场景，可以进一步了解当年大桥工程建设的情形，更可以自豪地为咱们中国人喝彩！档案馆保存的已不仅仅是一套钱塘江大桥的工程档案，更是国人自行设计、独立建

浙江省档案馆新馆

造现代化桥梁的历史篇章！钱塘江大桥历经坎坷，仍屹立在滚滚钱塘江上，忠实地履行着"天堑变通途"的职责。我们通过档案馆馆藏的档案，能够在 21 世纪回望 20 世纪 30、40 年代，仿佛也是跨越了一座历史长河上的大桥。为建好这座"桥"，档案工作者面向社会展开了档案征集工作，同时，社会各界积极、热心地给予支持。我们喜悦地看到，加入这座大桥的建设者也越来越多。

原载《浙江档案》2002 年第 5 期

辛未书札

许宏儒、李慧培、唐寰澄、

李楚翘、李楚兴、房慧智等

这些旧信札共 19 封，是 1991 年前后，为唐寰澄先生提供父亲李文 的有关资料，我与兄弟姐妹之间的来往信件。现在 读，不胜感慨。尤其是这期间大弟慧培不幸病逝。这些来信就更显珍贵。内中有许声甫[1]，唐先生的来信，就把那段时间我姐弟酝酿为父亲立传之事串联起来了。这段家史只有我最清楚，应将之保存，以供后人了解。

以上为《寸草心》一文的来 去脉。

许声甫、唐寰澄及小弟术培均已仙逝，岁月残酷，生命似流水，西去不复回。愿他们在天上安息！

李 希 2017 年 6 月 7 日留言

---

[1] 许声甫，字宏儒，又称许宏儒

1. 北京东城——杭州上城　许宏儒 1986 年 11 月 5 日

杏沾老兄：

80 年在杭短晤，欢然话别。别又五年，去冬有丧偶之痛，为女儿接我到新疆，住了八个月，声甫上月归来。

今年为茅老九十寿，电视台正在拍摄钱塘江桥为主题的电视剧，凡有关建桥的主要技术人员，将均在剧中出现（照片）。仲扶先生为其中之一。我回忆当尊翁在京弥留之际，犹念念不忘修桥事，又尊夫人哭拜新坟之前，此景出现在眼前，三十余年旧事，但增怆怀！

编创者需要尊翁正面半身照片又生平简历，请告李希同志早日挂寄"北京东城沙井胡同×号许宏儒"。

我现孑然一身，大可到处为家，如有机缘，当去杭州小住，兄在西泠画社教徒，必多佳况，期盼见示一二，以慰远人相思。匆布，敬颂

俪安

许宏儒来信手稿

　　　　　　　　　　　　　　　　弟　宏儒再拜　十一月五日

（**许宏儒**：即许声甫，字宏儒，李文　在钱塘江桥工程处及管理处工作时期的同事，曾任茅以升先生秘书，后在中国科协工作。**蒋杏沾**：李希丈夫，浙江著名诗人、书画家；抗战胜利后，曾在钱塘江桥管理处工作，与许宏儒也曾是同事。）

2．北京沙井胡同——杭州清泰街　　许宏儒1991年6月26日

杏沾、楚翘兄嫂：

　　昨接大桥工程局高工唐寰澄兄来函："关于李文骥老，我预备为他写传记，此老是无名英雄，工作认真，50年我跟他学了些东西，他的武汉大桥方案别具匠心，所以凡是他的点点滴滴都可入传，请设法转告他的令郎提供些材料为佳。"

　　以上是第二封信，前一封向我要资料，我答应向楚翘嫂及令弟提供。唐兄文笔颇佳，《古桥史》副主编，原是桥梁公司工程师，态度是诚挚的。因此希望贤孟梁及令弟予以合作，弟还要有所补充，一并转唐，将来准备在《铁路春秋》刊物上发表。专此，即颂

俪安

　　　　　　　　　　　　　　　　　　弟　宏再拜　六月二十六日

3．武昌大桥局——杭州清泰街　　唐寰澄1991年7月30日

楚翘同志：

接到许老寄来令尊自传及文章一篇，十分高兴。拜读之下，始对令尊有更多了解。

我和李先生相差四十岁。1950年那一年，我们都在武汉长江大桥测量钻探队，并同居一室，一老一小，我向李先生学了不少大桥方面的知识，并从他那里了解到武汉长江大桥过去的建设过程。50年他调北京，我们用磨盘机小木船送李先生过江到汉口，后来在北京又遇见过一次，不久他便去世。

汉口江汉关长江码头老照片 / 资料

这次铁道部吕、刘[1]两老部长，拟编《中国铁路史》，先搜集资料，刊于《铁路春秋》，然后正式编史。我觉得李先生这样的前辈，工作做得多，风头出得少，就此默默无闻，非所以勉后人之道。所以想为之立传。今得资料，非常合适。《自传》一文，加按和加后来一段历史，便可刊载，武汉桥方案一文，亦可转载。

为了使文章完整些，请你联系兄弟们写些回忆，组织在内，要一张李先生的照片，和几张与工作有关的照刊于传内。最后能找一两篇诗文，这样内容更丰富些。诗文被焚，"文革"之害人、害国，可谓烈矣。等这些材料到了，一起发表，免得要以补充的方法刊登。

钱塘江桥照片和《抗战以来的钱塘江大桥》当另行介绍，待复印件来，可挑从来未发表过的登载。（工程内容也非常重要，作专文发来）

我的地址是：武汉市 汉阳 大桥局总工程师室

即此 祝好

唐寰澄 1991年7月30日

---

[1] 吕正操、刘建章

4. 太原山西省林业厅——武昌大桥局 李慧培 1991 年 8 月 18 日

寰澄先生：

胞姐楚翘 7 月 1 日来信并附许宏儒先生信，说您要为家父写传记，嘱我提供有关资料。因我当时忙于参加全国治沙工作会议事，未能及时着手，请谅。8 月 11 日又接楚翘姐信并转来您 7 月 30 日给她的回信，知铁道部拟编中国铁路史等情。先生对家父如此推崇，我们做子女的至当感激。在此，谨向先生致以敬意。

先生信中提及 1950 年曾和家父同在武汉长江大桥测量钻探队共事，并同居一室。记得

李慧培致信手稿

1950 年初夏，我曾到武昌文明路 14 号家父处，依稀记得家父处有位同事，身材高胖，戴眼镜，着西装，不知是否即唐先生（或许记错，望勿哂笑！）如是，那我曾见过唐先生的。

家父的一生，是为我国铁路桥梁奋斗的一生，是埋头实干的一生。他四次从事大桥的测量筹划，可谓献毕生之精力，直到晚年还自告奋勇发起向中央建议修建武汉长江大桥，"甚愿有机会将此项经验贡献于人民"。当国家决定修建大桥召他赴任时，我同楚翘姐到杭州车站为家父送行，他"奋蹄老骥事行程"，满怀"金桥指日屹江汉"之信心。然家父在铁道部设计局大桥设计组工作八月余即逝去，未能亲手实现其抱负，实为终身憾事。

家父逝世时，我年方 19，对他的事业知之甚少，今难以提供有价值的材料，可能令先生失望。

1944—1945 年，为避日寇铁蹄，我曾随家父到广西灌阳，时家父曾在灌阳县中学任英文教员。不久，日寇进犯灌阳，又逃往山区瑶汉杂居区，直到日寇退出灌阳，因学校被毁，无以为业，我们父子靠中学周校长接济度日，一连数月，只靠盐开水拌米饭，生活十分窘迫。后谋得在某村为报考高中的学生补习班教英文的差事，与学生们同食宿，每日能吃一顿豆腐，就觉心满意足了。家父 1950 年在武汉和北京再度从事长江大桥工作时已是 64 岁老人，过着单身生活，饮食起居无亲人照料。1950 年冬放寒假，我从原察哈尔省到京探视父亲，曾到北京东单附近铁道部集体宿舍和父亲同住，但父亲宿舍为双人宿舍，同另一同事共居，每晚把我安排到另一住十几人的大宿舍借宿。父亲那时还自己动手提开水、洗衣服、吃大食堂，也真难为老人了。

家父逝世后，听传说，在武汉长江大桥设计组，当时有两名年轻的苏联专家帮助设计大桥，因在沉箱技术问题上家父与苏联专家意见不同，很不以为然地对两名专家说："我向英、德教授学习桥梁技术的时候，你们苏俄还没有革命呢！"俄语翻译照直翻译过去，弄得两位年轻的苏联专家难以应答。据说这是翻译事后传出的。大家当时对家父秉直的性格和自信，觉得既可笑又可敬。

我找出家父 1949 年夏（杭州 1949 年 5 月 3 日解放）起草的《筹建武汉纪念桥建议书》和《我作此项建议的原因有二》以及铁道部武汉大桥测量钻探队职工家属调查表、铁道部履历卡片（均为家父手迹，现复印送上），可能对写传记有所补用。其中《我作此项建议的原因有二》疑是残页，前边或许还有文字。我分析这是写给茅以升先生的，请茅先生将建议书转呈中央，当时能担当此任的当属茅先生。

专此，即颂

秋安

李慧培 1991 年 8 月 18 日

通讯地址：

山西太原新建路 28 号山西省林业厅

邮编：030002

电话：343743（办公室）

5．太原新建路——杭州清泰街　李慧培 1991 年 8 月 19 日

蒋哥、大姐如晤：

8 月 11 日信及转来唐先生信收悉。追忆父亲的两首诗，很好！这不是大姐和蒋哥，我是断然做不到的。

8 月 3 日治沙工作会结束，甘肃省林业厅邀赴敦煌，并可沿途观光河西走廊风光，还可到敦煌西南之古代真正阳关，领略"西出阳关无故人"之风情。无奈黑龙江省林业厅杨副厅长回程要到五台山，为陪同他，只得舍弃一行。同时也惦记着为唐先生提供资料一事，因从兰州西去敦煌，汽车往返需 6 天，太费时间；再加天气炎热，怕路上过度疲劳。

从兰州返回是乘兰州——北京 44 次特快到大同下车的。火车经银川、包头。曾想经银川逗留看看小陵和咪咪[1]他们，也未能如愿。好在我拟于秋

---

[1] 笔者在银川的胞弟李术培和外甥女蒋思苡。

后去银川汇报，当有机会。

给唐先生的资料，详见我给唐先生的信（复印件）。《原因有二》系在毛边纸质的便签上用铅笔所写，笔迹因年久已褪淡。恐复印不清晰，我用软铅笔细细地描了一番，还算理想。凡给唐先生的资料，均同时复印一份寄你们留念。另有一份"钱塘江桥被炸经过及修复情况"（手迹）是否提供，我征求你们的意见再定。

小陵处，我当转告唐先生为父亲写传一事。他也有年余未给我写信了。

茅以升先生的秘书许宏儒（我记得他的名字叫许声甫），我印象很深，瘦瘦的，戴眼镜。他是我们居湖滨路91号时的紧邻，还有许之老父常到父亲那里观父亲与茅以升叔叔下围棋，还唱昆曲。父亲在京逝世时，许先生曾帮助照料。

唐先生我记得在武昌见过（他说比父亲晚40岁，当比我大6岁），但我的形容不知确否，信中冒昧提出。

大哥处，我已有两年多未曾去信，去年在农村蹲点，写信不便。听你说他到台湾帮助设计工程，看来身体还挺好。他已75岁多了。愿大哥长寿。

父亲的那本诗集，我印象很深，是用十行纸装订的，封面曾由我写了几个蹩脚的美术字，已记不清叫什么了。父亲诗兴大发时，常打开诗集，用广东腔吟诵，常常身体左右轻微摇晃。我记得诗集中有父亲1943年到渌口迎接我们从江西到湖南时有感而作的诗数首，可惜我一字也不记得。可见父亲还是一位感情丰富的诗人哩！

慧智到杭州虽来去匆匆，已够打扰了，你们的热情款待以及走时蒋哥还到车站送行，慧智早过意不去，何谈"将功赎罪"？

顺祝

身体健康,生活幸福

大弟 1991 年 8 月 19 日

(给唐先生的信,同此用挂号寄出)

6. 杭州上城——武汉武昌　李楚翘 1991 年 8 月 22 日

寰澄同志:

收到来信,非常高兴。承您热心收集资料为先父写传,我姐弟万分感激。我共兄弟姐妹六人,大哥原在台湾,七十年代末定居美国,弟妹各二,新中国成立以后,分别在汉口、北京、太原、银川工作。我已分别去信请他们提供素材,或可供参考,唯大哥处函件往返较慢,他原在台湾铁路工作,亦系搞土木桥梁的,退休后赴美定居(他的两个儿子均在美国工作),他对先父比我们更了解,当可提供更多的资料。

我这里有一些资料,北京小妹处也觅得一些,当于月底以前汇总,将原件用纸包裹寄上。根据您的要求,有相片一张(贴在服务证上的),诗二首(是仅能回忆出的二首),至于有关工程照片,却只有早期的三张,大概还是先父 1913 年初到武汉时的几张,写上说明,届时请您看,有没有什么价值。

李楚翘、余金松(表亲)、蒋杏沾、李楚兴、李慧培 在江西广丰五都社边给母亲周婉贞扫墓,20 世纪 90 年代

寄上原件,是免去复印造成的不清晰(特别是照片),我们保存这些,

也是作为纪念的。等您用毕，再交还我在汉口的大妹即可（大妹李慎求，湖北省电影公司离休，就住电影公司宿舍，最近她在北京女儿家做客）。

有什么见教，盼来信。

李楚翘　1991年8月22日

7. 武汉武昌——太原杏花岭　唐寰澄 江国梅 1991年10月6日

慧培贤伉俪：

我们已于十月四日安抵武汉。

此次应山西省文化厅和民盟山西省委的邀请，到太原一行，参加盛会。并承贤伉俪热情接待，临行又蒙厚赐，实在受之有愧，感谢感谢。令尊李老先生毕生忠厚，品学可钦可羡。得慧培兄等诸兄弟姐妹均大有成就，其可谓一门昌盛。

回汉后已和北京铁路史研究中心通了电话（在北京时正逢假期），告诉他们写作计划，准备一传，两文（钱塘江桥和武汉大桥）。主编也已同意。文成，当复印寄奉。但拙笔难工，先请见谅，暇时可多通信。即祝

秋安

唐寰澄
　　　　　上
江国梅

1991年10月6日

8. 太原杏花岭——杭州上城　李慧培　房慧智 1991 年 10 月 2 日

蒋哥、大姐：

现在把回见唐先生及其夫人江国梅的情况告诉你们。

唐、江是 9 月 21 日下午到太原的，没有赶上古蒲津浮桥和唐开元铁牛展览开幕式。有关方面为他安排的活动很紧张，以致顾不上找我们。等了几天，慧智去省政协和省民盟去打听，和负责接待他的人接了头，原来已安排他们去五台山观光去了，要 26 日才回来。26 日下午我和慧智到展览馆恭候，终于见了面。由于有关方面接待工作差，由我们花钱在我系统的林业大厦开了一套最高级的房间让他们住，当晚还在大厦餐厅请他们吃了一顿丰盛的晚餐。27 日上午，又送他们上火车去北京。走时，还送他们两瓶汾酒，四听核桃罐头。唐先生表示感谢我们的盛情接待，并说有机会到武汉时去找他们。

古蒲津渡口（今山西省永济县距黄河 15 公里处）浮桥，建于距今 2500 多年前，原来是一座竹索浮桥，历代因常遭河水和风浪冲击，岁岁需要维修，耗资甚巨。到唐开元年间（距今约 1200 年），改造为铁索浮桥，桥的两端各铸四尊大铁牛（每尊重六万多斤），作为固定铁索的根柱，铁索上数百浮船排列河中。不知哪个朝代因黄河泛滥改道，浮桥被冲，铁牛深埋地下 10 米左右，1989 年才挖掘出来。古蒲津浮桥和铁牛，是中国古桥史上的光辉杰作。唐寰澄先生作为中国的桥梁专家，在铁牛挖掘时就到过永济现场。据他说，已是两到永济，两来太原了。

展览的图片介绍上有一段文字，是这样介绍唐的："……我国著名桥梁专家，英国剑桥大学《二十世纪建筑》及美国国家研究会《世界桥梁美学》特邀作者唐寰澄先生对蒲津渡遗址的发掘工作非常关注，对蒲津渡给予高度评价"。

古蒲津渡口竹索浮桥大铁牛 / 资料

展览厅内还有对蒲津浮桥的古今颂文，其中有唐先生的诗一首，抄录于下：

归　来　　唐寰澄

奔驰远道上蒲州，古垒西畔看铁牛。

一百岁间埋赭土，三千起年偃黄流。

曾随太宗低辇渡，却逐张生压别愁。（注）

应赐紫衣追怀丙，重来宜复旧时舟。

大弟注：永济县有一座普救寺，寺中有莺莺塔，相传即《西厢记》中主人公张生和崔莺莺爱情故事发生之场所。

展览厅中还有唐先生亲书"蒲津铁牛唯吾独尊"八个大字（我已摄下，待胶卷冲出后扩印寄上）。看来唐先生会写诗，也会书法。我问江国梅，江说：他年轻时喜练字，但现在已很少写了。江国梅在武汉市第一医院任大夫，现已退休。唐与父亲共事时，唐、江尚未结婚。

唐先生告诉我，他于1948年上海国立交通大学毕业后，谋职到汉口桥梁公司，翌年派他到萍乡搞一索道工程。1950年中央决定修建武汉长江大桥后，调到测量钻探队，挤在父亲的宿舍里，朝夕和父亲相伴。他说和父亲相处的一年里，学到了不少东西。父亲曾借给他一本书，给过他一些资料。从他的谈话中知道，他曾写过有关中国桥梁史的书（或文章），其中一些古代桥的图，就是按父亲给他的资料缩小的。

唐先生还对父亲设计的武汉长江大桥倍加称赞，说父亲在公路桥和铁路桥引桥的设计上，两者处理得很好，既节约，又别致，可谓独具匠心。他常说的一句话就是："令尊真使人钦佩。"

他说，他已经给梅旸春先生（也是父亲同事，钻探队长）和另一位写过信。他准备等大哥和小陵提供的材料到后即动笔为父亲写传。

我和慧智对唐先生及夫人的印象是：平易近人，坦诚，健谈。

我们已把二姐的地址写给他们。唐先生家居汉口江国梅的宿舍，也准备把他家的地址告诉二姐，这样就省得二姐跑那么远到汉阳去了！

我已给小陵去信，已20多天了，仍不见回音。

我们和唐先生及夫人在展览馆铁牛（复制）旁曾合影，冲扩出来一并寄上。

就写到这里，祝

秋安！

慧培、慧智　1991年10月2日

左起：江国梅、唐寰澄、李慧培、房慧智

9．太原杏花岭——杭州上城 李慧培 房慧智 1991年10月14日

蒋哥、大姐：

上周通报唐寰澄来晋情况的信想已收到。

现寄上照片六张。

两人合影，戴旅游帽者为唐40年代在上海的同班同学（因为时间仓促，未向我介绍姓名），现在太原铁路局工作。他们早已失去联系，闻唐来山西，特地赶来会面的。我替他们照了一张。因此照唐的脸部比较清晰，故寄上。

大铁牛，不是出土原物，是用玻璃钢仿制的，和原物等大。另一张为古渡浮桥的小模型。

"蒲津铁牛唯吾独尊"一张，是全卷拍的第一张。我为了省胶卷没有再拍一张，不料前半截是跑光的，未能照全，真遗憾！跑光部分还有不少文字，补记如下：

"独尊

？河蒲津浮桥及其唐开元铁牛规模宏大金烨晶莹气 生动而又有实 功能浮桥制作之早用世之久开元文物技艺之精叹为观止所以可称唯我独尊足以激励后人

　　唐寰澄 一九八一年八月"

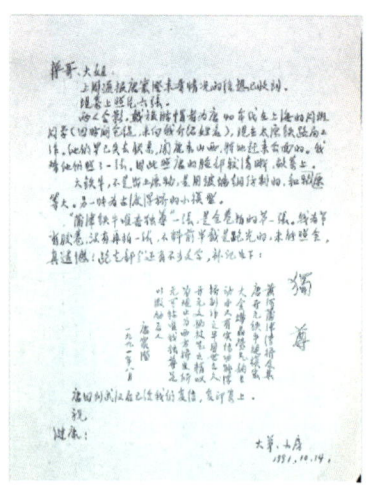

李慧培、房慧智信稿

唐回到武汉后已给我复信，复印寄上。

祝

健康

大弟、小房　1991 年 10 月 14 日

10. 太原杏花岭——杭州上城　李慧培　房慧智 1991 年 10 月 16 日

蒋哥、大姐：

寄照片的信未封待发时，收到你们 10 月 9 日的信。

估计大哥很可能没回新泽西州。要完成一项设计，决非短时间。我看唐先生不会硬等其他材料才动笔的。

小陵仍不见回信，或许教学忙。大姐不必为此挂心。过一段时间我再去信。萧山那一段生活，大家都苦，已是过去的事了。

蒋哥能悠闲自乐，真是安度晚年。有的老人不会安排自己生活，不超脱，结果徒增烦恼。

咪咪年龄不大，怎么会得冠心病？我看可能太胖了。要适当忌脂肪。可多吃黄瓜。不过咪咪是乐观性格，当不会背思想包袱。

蒋哥大姐重游太原的事，我看是否就定在 1992 年春暖花开时节？我们翘首以待。祝

健康！

大弟、小房　1991 年 10 月 16 日

11. 武汉大桥局——太原新建路　唐寰澄 1991 年 10 月 20 日

慧培兄：

令尊《李文骥先生传》已草就。

一）　材料自以根据所供自传及大量资料写成，原想以自传加按的形式写作，然而一想，以第三者的口气作传，较之自传更有"后人钦仰"的内容，所以不用自传体。

二）　文中内容，评价的写法，请与楚翘大姐等传阅校正，以快件寄回。

三）　照片在传中只用一张，其职务证上戴帽子的半身照未用，因不如合影中英俊。

四）　关于武汉长江大桥的技术问题，将另写文章。

五）　关于钱塘江桥与茅以升书相对照，如无特殊情况和不同的记录，估计铁路史将以茅文为主，我将研究后再说。

六）　我们写的传，铁道部刊物在发来时可能有所改动或删节，但一般情况下，他们的主编对我是信任的，但总是发来了再看。

七）　文不达意，不能来达李先生的平生，尚祈原谅。

即祝　你与夫人好

问阖家好

唐寰澄　1991 年 10 月 20 日

12．太原杏花岭——杭州上城　李慧培 房慧智 1991 年 10 月 31 日

蒋哥、大姐：

上周寄出彩照六张，想已收到。

前日接唐先生来信并附《李文骥先生传》。现转寄给你们，请阅校。如不给二姐、三姐传阅，即请阅后直寄唐先生，请寄挂号。

《传》，我复印了三份，我处留两份，寄你们留存一份。

《传》只用 3700 字左右，就概括了父亲的一生，文笔简练，评价很高，我基本上是满意的。所嫌不足之处，是缺父亲淡泊一生的细致描写（父亲逝世后，几乎没有任何财产，比起现在号称共产党员的某些官儿们，不知廉洁多少）。唐先生和父亲相处一年，如有父亲为人处世的一段描写，更可衬托父亲的一生。但仔细一想，此传是从铁路史资料的角度来写的，主要围绕建桥而写，而父亲的一生，也就是为桥的一生。这样写也可以了。再，这是写传，而不是回忆录。

唐先生能为父亲写传，我们只有感谢，不可过求，提一大堆意见也

未必妥当。你们以为如何?

《传》中写父亲逝世为 67 岁,实为 65 岁。我明日给唐回信,一表示谢意,同时校正这个岁数。

即此　顺祝

安好!

大弟、小房　1991 年 10 月 31 日

13. 武昌大桥局——杭州清泰街　唐寰澄 1991 年 11 月 8 日

楚翘大姐:

寄回的令尊传记已收到。今日已挂号寄北京。中间所用照片,有历史意义,亦有家庭的纪念意义,争取他们翻拍后原照寄回。文章刊出后当寄奉各位各一本(四本够吗?)。

接下去武汉长江大桥的方案过程。

九月,曾为山西出土的唐代蒲津浮桥、开元铁牛展出,去太原一行,承令弟慧培厅长热情接待,甚为过意不去,有机会到杭州自令趋访,希望若有机会来汉,可到寒舍一叙。即此祝好

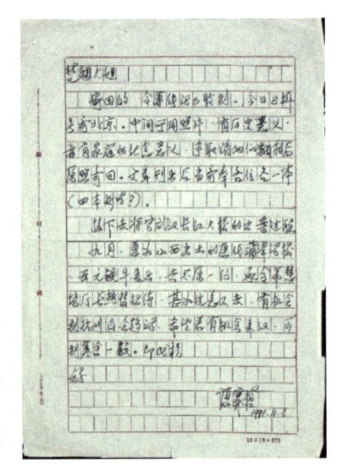

唐寰澄信稿

唐寰澄　1991 年 11 月 8 日

14．武汉大桥局——太原山西省林业厅 唐寰澄 1991 年 12 月 11 日

慧培兄：

久未通讯，想必甚忙。

关于武汉桥方案，又成一小文，兹寄奉留念，图未全附，令尊文中都有，就是加了一张各种桥式的透视面图。

文已寄北京，因是技术文章，所以不惊动令兄嫂了。

钱塘江桥无新的内容，故不再写了，资料当过些时通知令姐，交还作纪念。

有空多通信。即祝

新年好

唐寰澄　1991 年 12 月 11 日

（尊嫂同此，房姓恐乃唐房玄龄之后，是否？）

15. 武昌大桥局——杭州清泰街 唐寰澄 1992 年 4 月 21 日

楚翘大姐：

久未通讯，想必都好。

令尊大大的照片，其合影一张亦已向铁道部索还，今连钱塘江桥照片等一并寄还，仍可留作纪念。

写了两篇文章，一篇传记，一篇武汉大桥方案——纪念李文骥先生。传记他们留着编史用，武汉桥一文已排印，尚未寄给我，大概快了。你要五六本，我将问他们索要后寄出。

可能到杭州时，定当趋访。

即此 祝好

唐寰澄　1992 年 4 月 21 日

中铁大桥局汉阳新址办公楼 2019

16. 北京沙井胡同——杭州清泰街　　许宏儒 1994 年 10 月 23 日

杏沾兄：

　　又多时不通问，想诗翁清秋逸兴，必多佳作，尊夫人、令郎想多安吉。前岁唐寰澄工程师为撰写李仲老传略，曾由弟转索文献资料。春间以复印仲老手写钱塘江桥工程纪要草稿交来弟处，顷因舍妹许丰返杭之便，说其带交楚翘夫人，舍妹住莫干山路石灰桥新村×幢×单元×室，电话××××。由于近年体弱，极少外出，拟烦遣足往取，舍妹除在附近买菜，多半在家，或先电话联系，当更妥当。

　　弟今年已满八十，一动即喘，殊无聊顿，唯盼远方友好，音问时通，曷幸如之。

　　匆促不尽，顺颂

双绥

　　　　　　　　　　　　　　　　　　　　　　弟　宏儒拜启　十月二十三日

17. 北京朝阳——杭州上城　李楚兴 1995 年 1 月 22 日

大姐：

收到你寄来的《寸草心》。我是马上一口气读完的。而且是流着泪读完的。往事一幕幕涌上心头，说不尽的酸甜苦辣，正确地说，苦比甜多。故去的父母及大弟音容笑貌仍历历在目。手足亲情，使我感到了温暖。

本来早该回信，种种琐事……老也安静不下来，昨天楚琴来，我们俩一起回忆一下，觉得也补充不了什么有价值的内容，都认为你记得比我们都多。下面补充一点，供参考：

常常与父亲共欢，与我们谈天说地，他在衡阳时常说起他要写《我的人生观》，他有一个观点是"人生要以互助为目的"（楚琴还记得父亲说这句话时的广东普通话的神情）。我记得父亲还说，人生在世要做到"三立：立功、立德、立言"等等。父亲临终前，念念不忘的就是"长江大桥"和"钱塘江桥"。我认为，我们与父亲在衡阳相处的日子里，以及父亲一生中，他对事业的执着，对我们子女的影响是深远的。我们由于生于流离颠沛的战乱之中，耽搁了受高等教育的机会，但在各自岗位上，都兢兢业业，把自己的工作当作事业来干，不能不承认是受了父亲熏陶的结果。

从灌阳与你们分手后，我与父亲、大弟在县城中学只停了两天，就随人群逃亡山区。后来，人们纷纷离去，因为都是当地人，各有各的依靠，都走了，只剩下我们父女三人。打听到另一位湖南来的中学老师住的地方，听说他们打算往后方去，我们又去找他们，结果因道路早已被日军占领，无法通行，只得又返回原来的地方。途中与日军散兵相遇，我与大弟躲在山上的茶树丛中，后来被敌人发现，此时，仅有的一点衣、被全被日本人抢走，只剩下身上穿的单衣了，那时已临深秋，因走路太热，身上只穿了单衣。到了原来住过的那个村子，一家瑶族同胞，让我们住在他们的牛棚顶上堆草的阁楼里。在这个冬天里，除了通过县中学校长的关系借点粮食，大弟跟着当地青年上山砍柴，打野食。我则给当地姑娘们绣绣花，用棉纱打衣服、袜子，所以也受欢迎。为此，人家送点菜，有时也有一点点肉。此时，父亲已没有以前那样谈天说地的情绪了，天天坐在火边，唉声叹气，为一家人各奔东西，音讯渺然而绝望，身体一天天衰弱下去。直到第二年春天，得知唐县长的消息，才下山投奔他的。

我们也谈到母亲。母亲是一个思想很开放的人，咱们及表哥、表姐、表弟们，常喜欢围在母亲床前，听她讲故事。她看小说多，讲起来也很生动。记得在五都，母亲不顾当地人的封建思想，主张我们到河里学游泳，晚上，租借一条摆渡的木船，母亲体弱多病也陪我们一块去。在船上放一把木椅，挂一盏灯笼，母亲坐在上面保护我们，到了河中水不太深的地方，就叫我们下去学游泳。 两个弟弟的游泳技术，后来挺不错的。记得为此事，整个小镇传开了，"南京奶带着子女在河里洗澡"，简直闹翻了天。以后，每当我们下河，两岸就有许多手电筒照来，像探照灯似的，纵然这样，母亲毫不退缩。

那时，父亲每月寄来的生活费，已被物价飞涨弄得越来越不够用了，母亲有一次为学校跳集体舞做花衣服，来挣点手工钱。还有你我两个人以后几年的学费，都是由校长、班主任捐助的。

最惨的是那次日寇侵入广丰，五都被撤退的国民党军放火焚烧，那一次家家只能顾自己，我们姐弟四人，把母亲扶到菜园子的棺材下躲雨

（又烧大火，又起暴风雨），后来，火没烧到咱家，我一个人来来回回抢了一点东西出来。到第二天天亮，火住雨停，镇子上的人都跑光了，我们姐弟四人扶着母亲由于水淹了路，到不了社边，就沿公路先到舅母的娘家住了几天，那一路，真叫凄惨。弟妹们各背一个小包袱，我和楚琴轮流扶着母亲，打着伞，蹚着水，路上遇到败兵，把我们的伞也抢走了。待水退以后，我们才又转到社边，从此，母亲就再也起不了床了。这期间，我和楚琴替当地驻军洗衣服换一点食物，其中受到的欺辱无法言传。晚上，我就用两条长凳躺在母亲床前，以供她随时使唤。那时，母亲已经完全动弹不得了，可是她仍然那么坚强有志气。这件事，我可能没告诉过你，那时候，驻在那里的国民党小军官们，看到我们家的情况，居然有人写信来"求婚"，当然以全家人得以温饱为诱饵。在这种贫病交迫的境况下，母亲毫无所动，以后再有勤务兵送信来，母亲干脆不看，立即退回。我们的母亲是多么伟大的母亲呀！

就先写这些吧，不知这些回忆，有没有补充的价值，以后如果再想起，再给你写信。

春节快到了，祝全家新春愉快，祝你和蒋哥

健康长寿

楚兴　1995年1月22日

18. 太原新建路——杭州清泰街　房慧智 1995 年 2 月 4 日

蒋哥、大姐：

春节好！我在太原给二位拜年。

《寸草心》写得很好，很有教育意义。

父亲的一生勤奋好学，积极进取，事业心极强，在工程设计，特别是桥梁设计方面造诣极深，给中国的造桥事业做出了贡献。

母亲是个伟大的母亲，从小丧母，生活贫困，没有进过学校，自学能看小说，写书信，写一手娟秀的毛笔小楷，说明在学习上下了苦功夫，在李家是"有功之臣"。

慧培从事的工作有点和父亲的工作相似。林业工作是十分艰苦的，他在林业调查队工作时，也是经常深入林区，跋山涉水，搞调查设计、绘图等，后来到了林业厅机关，也要经常深入基层，搞调查研究，下去蹲点，搞什么"五月革命"时，春节都不让回太原过年，当了十年厅级干部，对工作更是兢兢业业，一丝不苟，跑遍山西100多个县的山山水水，一心想的就是工作，很少在家，所以也就没有清闲的时间忆往事、家事。十分遗憾的是慧培不能给你的《寸草心》做补充了。我听慧培说的仅是点滴，而且说不清楚，我只能给您点一下，起个抛砖引玉的作用。

一、父亲在北京京师大学堂读书是个公费生。我国珠江三角洲文化发达，父亲李文骥家是个书香门第，对子女的教育更为重视，正因为父亲有良好的学习基础，所以北京京师大学堂在广东仅招生24名，父亲就考取了。父亲在大学堂读的是个公费生。"文革"时曾有人捏造慧培家庭成分地主，这种说法纯属无知，父亲在大学堂上学是在1905年，共产党成立是1921年，根本不可能又给李文骥划地主成分之事。据慧培讲，李家在钟村并不算有钱人家，只是李家子女好学上进。

慧培还说过,广东老家有个姑姑是个教师,在当时的封建社会一般是不让女孩子上学的,姑姑的文化能在小学当老师,在当时恐怕也是个"突出"的人物。

二、母亲是个善良的妇女,喜欢搞慈善的事情,以助人为乐著称。1937年回江西广丰,带了不少药品,母亲好像粗通点医学知识,亲戚、朋友、老乡有病就对症送药和温暖,老乡们非常感激,在乡村留下了好名声。

三、母亲对子女的学习非常重视,总希望子女们能成才,母亲要求慧培每天写一张仿,慧培也很听话,每天必写一张毛笔字放在桌上,请母亲过目。慧培成人后能写工整的字体,清秀的小楷和毛笔字,是母亲教导的结果。真可谓教子有方,只可惜去世太早了。

我不会写,请不要见笑,以后想起什么再作补充。

敬祝

愉快

弟妹　房慧智　1995年2月4日

19. 北京朝阳——杭州上城　李楚兴 1995年2月19日

大姐:

2月9日写的信收到了。

我已定三月中旬回武汉，以后还来不来北京，什么时候来，还不一定。到时候再说。德培大哥送来的东西，是放在北京，还是由我带到武汉？请你告诉我，主要是看放在哪里，便于你的孩子们来取。到了武汉，咱们还是会经常通信的。家里也安了电话，有急事也可以打长途。

这些日子，我常常还在回忆咱们的父母，比较多的还是母亲。母亲常教育我们的话，永远深刻地记在心里，这也影响了我们的一生，这就是"自强、自立、自重"，当然母亲的原话不是这么说的。她常拿自己的不幸告诫我们，她把这不幸归结于自己没有学问，经济上不能独立。所以母亲极力主张我们好好学习。她说："家产，比如房子，可能被大火烧掉。土地，可能被大水冲毁。而学在肚子里的学问，是什么天灾人祸都夺不走的，尤其女人，有了本事就不受别人欺辱。"你还记得咱们俩的别名吗？你叫李希，我叫李望，母亲把希望寄托在两个大女儿身上。可惜我一事无成，没有实现母亲的遗愿。

就写到这儿吧！问蒋哥好

妹　楚兴　1995 年 2 月 19 日

左起 前排：李楚翘、李楚兴；后排：李楚琴、李慧培
1951 年 5 月 北京

"我的方案能被选中,李老功不可没"

——长江大桥桥梁总体设计师唐寰澄

来源:长江商报

www.changjiangtimes.com

2007-10-12 7:44:00

50年前,李文骥老先生在长江边收了一个徒弟,也就是如今的中国著名桥梁专家、铁道部大桥局总工程师唐寰澄,周恩来总理曾亲自批示"唐寰澄方案"为首选。同为长江大桥而来,一个60多岁,一个20出头,老少两人共同描绘着未来的蓝图。

虽然已82岁高龄,唐老先生一周还要去大桥局上一天班,即使风雨交加,在路上也有他蹒跚的背影。

走进唐老先生的书房,两个大书柜里摆满了各种图书,墙上挂着几幅他到全国各地参加桥梁建设时的照片，照片中的他总是以桥为背景，显得意气风发。

位于武昌长江江滩附近的文明路

"我很尊敬李文骥先生，他为我国现代化桥梁建设做出了不可磨灭的贡献。"唐老一直都留意打听着文明路14号的情况，那里有他和李文骥很多的回忆。

当时，李文骥和唐寰澄一起进了武汉长江大桥测量勘探队，住在文明路14号一个招待所里，经常一起讨论桥梁设计的方案。"当时我主要负责设计工作，李文骥先生做顾问，给我讲长江勘测的历史情况，然后我来画图。我们俩的感情很好。他告诉我很多历史上桥梁设计、制造的资料和方案。"

文明路14号两层小楼1950年曾是测量钻探队的职工宿舍

为了纪念李文骥，唐寰澄曾经写了《历史上的武汉长江大桥建桥方案——纪念李文骥先生》和《李文骥先生传》两文，一方面是为了保存当时李文骥先生掌握的有关桥梁的珍贵资料，另一方面，唐老先生认为李文骥对武汉长江大桥的功绩是不可磨灭的。

"我来武汉的目的就是修建武汉长江大桥，他是走在我的前面的，也正是因为有了李文骥老先生做出的努力，我们才能建成大桥。"

在武汉大桥测量勘探队里，李文骥是大桥建设的顾问，唐寰澄负责桥梁的总体设计。"李老给了我很多资料，我才画出了武汉长江大桥的设计方案。"唐老先生现在都还保留着设计方案的图纸，这个设计方案当时还得到周总理的批示。

"我的方案能在众多国内外的设计方案中被选中，成为最终的施工方案,李老功不可没。"50年过去了,唐寰澄仍感激不尽。

唐寰澄记忆中的李文骥有些像"飞将军"李广。正如司马迁《李将军列传》云：悛悛如鄙人,口不能道辞。"为武汉长江大桥建设奋斗38年,未睹其成。但点评历史人物不能以成败论英雄。他所做的事情为大桥顺利、高速、优质的建成打下基础。其孺子牛的精神让我敬佩,是中国桥梁界的典范。"

对话

长江大桥是后世桥梁的借鉴品

长江商报：您的设计方案能被周总理批示为 选,觉得优势在哪里？

唐寰澄：我的设计方案除了在技术上达到桥梁施工的要求,还十分重视美学原理,在主桥和引桥的过渡上充分考虑到了美学原理,两者过渡得很协调,我觉得能被选中最主要的原因是我的方案省钱。

长江商报：当时是和苏联专家一起修建武汉长江大桥的,没有他们的帮助可以建成吗？

唐寰澄：中国技术人员和苏联专家的关系很融洽,苏联专家给我们提供了很多帮助,他们对大桥的建成贡献很大,没有他们的帮助也不是建不成,但那就要花更多的时间和精力。

大桥工艺当时领先世界

长江商报：武汉长江大桥屹立江中 50 年，没有出现大事故，它有什么技术优势？

唐寰澄：武汉长江大桥的上部结构，用很小的梁上吊桥机拼装了全桥的钢梁。大桥的下部，采用了当时最先进的管柱钻孔法，钢梁结构形式是当时在德国刚刚兴起的菱格型钢架。无论是工艺还是修建质量，大桥在当时都是世界领先的。

长江商报：当时为什么要建八个桥墩呢？出于怎样的考虑？

唐寰澄：我和李文骥当时的设计都是少量桥墩的，减少大桥的桥墩就意味着两个桥墩间的跨度就变大了，跨度增大对大桥的梁质量提出了更高的要求，就非要用到合金钢。那时我国只能生产三号普通钢材，不能生产合金钢，苏联也不能生产。武汉长江大桥是我国和苏联的专家共同建造的，所以就采取了苏联专家的意见，用普通钢材，增加桥墩的数量。

长江大桥蕴含丰厚的历史信息

长江商报：武汉长江大桥在中国现代桥梁史上的意义何在？

唐寰澄：茅以升等修建的钱塘江大桥，是我们中国人设计的，桥梁的材料来自英国，投资来自洋行，它是中国人建造的第一座现代化大桥。而武汉长江大桥是第一座中国人自己建造的现代化大桥。武汉长江大桥不仅蕴含着丰厚的历史信息，而且在建筑艺术上的价值也是很高的，对之后许多桥梁的修建都起到了借鉴作用。

【简介】

唐寰澄，朱泾人，教授级　级工程师，中国现代著名的桥梁专家，为新中国桥梁建设事业做出重大贡献。20 世纪 50 年代，在武汉长江大桥建筑设计方案征　活动中，周恩来总理亲自批准"唐寰澄方案"为　选，作为采用方案，为新中国第一座长江大桥的建成，做出了不可磨灭的贡献。此后，他还参加过重庆、枝城、九江等处的长江大桥及济南？河大桥的施工技术指导工作，为大桥的建成立下了汗 功劳；80 年代他荣获了广西桂林 山桥设计方案奖。

本版采写

本报记者：杨春　实习生：叶红　宋佳

本文原发表于《长江商报》
（文内图片本书编者编入）

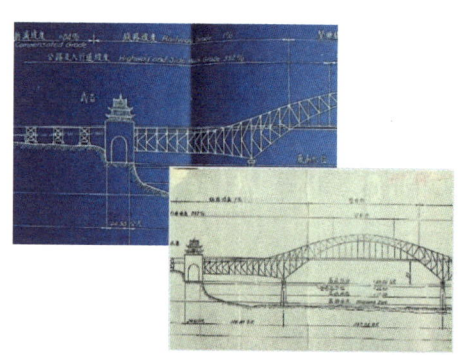

这是 1946 年 11 月李文骥手稿《武汉大桥计划之历史》中的部分附图，图纸上的大桥桥头堡采用了民族风格的设计样式　　　　　　／编者注

2014 年 9 月 5 日《武汉晚报》用整版篇幅送别、回忆"城市英雄"，一生爱桥、建桥、写桥的著名桥梁设计专家——唐寰澄　　／编者注

桥梁专家李文骥 ··· 忆文

深圳钢结构博物馆撷珍

武汉长江大桥计划书推荐函草稿

搜狐号

中建钢构

2017-09-21 16：20

导语

  由中建钢构投资、建设、运营的钢结构博物馆是国内首个以建筑钢结构和桥梁钢结构为主题的公益性博物馆，设序厅、历史厅、科技厅、互动厅和未来厅五个厅，集知识性、科普性、教育性、娱乐性于一体。博物馆位于深圳市南山后海中心区。

在钢结构博物馆展柜里,珍藏着一份当年中原临时人民政府出具的武汉长江大桥建桥计划书推荐函草稿《工交字第 324 号(本府)呈 中央政府铁道部》,函件色泽泛黄,字里行间默默讲述着武汉长江大桥的建桥史。

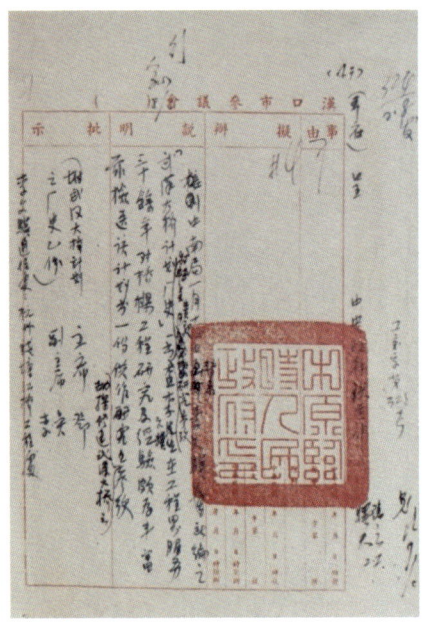

《武汉大桥计划之历史》推荐函草稿

1948 年 10 月 23 日,中原局向中共中央呈送成立中原临时人民政府的报告,认为有必要成立中原人民民主政府,并拟定了临时政府领导人员名单。中共中央同意后。11 月 20 日,中原局为召开中原临时人民代表会议建立中原临时人民政府向中原各界人民发出了建议书,提出了代表会议人数分配意见和行政委员会组织及人选名单。26 日,中原局发出《关于召开临代会的通知》,指出:经中央批准召开中原临时人民代表会议,要求各级党委立即召开各级座谈会,讨论宣传中原局的建议书,同时通知各地出席代表及应注意的事项。

1949 年 3 月 3 日至 6 日,中原临时人民代表会议在开封召开,原定代表110名，实到82名。会议讨论了如何积极做好支前工作，保护工农经济利益与民主权利；讨论了政府组织法大纲及选举法。李雪峰代表中原局作施政方针报告，确定了支援前线、发展生产和整顿财政为今后三大中心工作。大会选出了由21名委员组成的中原临时人民政府委员会。7日，中原临时人民政府委员会第一次会议宣告中原临时人民政府正式成立，主席邓子恢，副主席吴芝圃、李一清。1950年2月5日中南军政委员会在汉口成立，中原临时人民政府奉令结束。

推荐函原文如下："接到中南局一月十四日转来李文骥新编之《武汉大桥计划历史》一书，特转呈贵部研究参考。查李文骥在工程界服务三十余年，对桥梁工程研究及经验颇为丰富，兹检送该计划书一份，供作勘探修建武汉大桥之参考。（附武汉大桥计划之历史一份）李文骥通信处：杭州钱塘江桥工程处。"函件具名"主席 邓，副主席 吴、李"，并加盖"中原临时人民政府印"红色印章。

李文骥（1886—1951），字仲扶，广东省番禺县钟村人，我国桥梁先驱之一。从1913年开始，李文骥先后四次赴武汉进行实地勘探测量，考察修建武汉长江大桥的可行性，但都因为战争、财政等客观原因未能实现建桥大计。1949年，时年63岁的李文骥联合茅以升等诸多老专家向中央上报《筹建武汉纪念桥建议书》，提议建设武汉长江大桥，作为"新民主主义革命成功的纪念建筑"。中央对此高度重视，并于当年末电邀李文骥、茅以升等桥梁专家赴京，共商建桥之事。1950年1月，铁道部成立铁道桥梁委员会，李文骥为委员之一，并于同年第五次赴武汉参与长江大桥设计和测量勘探。然而世事难料，他因罹患尿毒症于1951年4月病逝，未能亲眼目睹大桥建成。4年后，武汉长江大桥进入正式施工阶段。

从内容上看，这篇手稿为中原临时人民政府向铁道部推荐李文骥先生所著《武汉大桥计划历史》的函件，具名"邓、吴、李"应分别指向当时中原临时人民政府主席邓子恢和副主席吴芝圃、李一清。本藏品在一定程度上见证了桥梁先驱李文骥先生的贡献及武汉大桥的规划建设情况，虽然涂改之处颇多，应为函件草稿，但仍显得弥足珍贵。

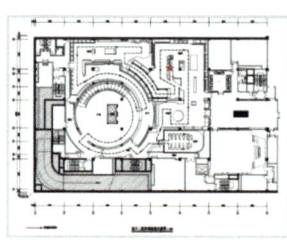
推荐函收藏于钢结构博物馆
科技厅 （红星处）

观众正在参观

钢结构博物馆面向社会公众免费开放，具体时间每周二至周日9：00～17：00，16：30停止入馆。每周一闭馆，除春节外的国家法定假日正常开放。

请提前一天通过热线电话0755-86518555（工作时间：周一至周六 8：30-17：30）预约，并于入馆前登记身份证件。名额有限，先约先得。

编辑：刘 敏／校对：张利锋／审核：周爱文

本文根据"搜狐网"网页"中建钢构"

2017-09-21 内容复制编辑

中建钢结构博物馆位于深圳市南山后海中心区

从 2000 件藏品看武汉长江大桥

你还记得大桥牌童年吗？

2017 年 09 月 26 日 14：50：47
来源：楚北网

长江网 9 月 26 日讯（长江日报记者周满珍）

大桥音乐会海报

　　2017 年 10 月 15 日，武汉长江大桥通车 60 周年。即将到来的纪念热潮中，武汉美术馆副馆长、美术文献研究专家刘宇和女儿共同撰写的《大桥》一书格外引人注目。从 2014 年到 2017 年，刘宇收藏了 2000 来件与大桥相关的物品，寻访 30 个和大桥相关的人物故事，首次披露很多不为人知的史料。

参加长江大桥通车典礼纪念照

与此前流传的与大桥相关的资料和书籍不同,新书《大桥》不再局限于大桥建设和技术本身,首次从艺术史和视觉史研究入手,内容涵盖了和大桥相关的文学、艺术、设计,以实物和图片还原当时人民的生活,将《大桥》研究提升到城市文化史、记忆史、情感史的高度,记录一个时代的情感美学和社会风貌。

9月22日,长江日报记者专访了刘宇。

唐寰澄的方案最适合周边环境

刘宇 近照 彭年生 摄

刘宇将武汉长江大桥比作中华人民共和国桥梁史"长子",是中国社会主义建设高潮的标志之一,是中华人民共和国从农业国向工业国转变的里程碑,为全世界瞩目。为了让"长子"在全世界面前有个精彩的亮相,当时清华、同济等著名院校和国内顶尖的建筑事务所都递交了长江大桥引桥及桥头堡设计方案,共有 25 套方案,最后为什么是不到 30 岁的结构工程师唐寰澄的第 25 套方案入选?今日读者仍能从《大桥》的资料和手绘图中,窥斑见豹。

年代久远,刘宇无法找全当时所有报送的方案,但在他还能找到的送选方案中,不少在引桥和桥台的设计上都具有大体量、高基台的新古典主义特色。几十年后回望，25 号方案并不是最好的，但应该是最合适的。刘宇在搜集史料的过程中发现，唐寰澄虽然年轻，但基本功扎实，研究过中国古桥，出过专著，他的建桥方案借鉴了不少传统古桥的营造方式，民族样式也和大桥周边环境、龟山蛇山黄鹤楼晴川阁比较协调，当年流行的高台基、新古典，美则美矣，不一定适合周边环境，且造价昂贵。

披露被忽略的中国桥梁专家团队

说起武汉长江大桥建设，大多数人第一反应就是苏联专家的援助。但很少有人知道还有一个国务院决定成立的、由中国顶尖级桥梁专家组成的武汉长江大桥技术顾问委员会，同样为解决武汉长江大桥建设中的一个个难题，奉献一辈子。

李学海的笔记本，便是刘宇写《大桥》过程中的新发现。李学海作为顾问委员会成员，不仅是亲历者，他的记录最原始、最真实地反映了中国现代桥梁史上一段重要的历程。那泛黄的笔记本，详细记录了武汉长江大桥技术顾问委员会的重要职能。

在大桥建设史上，苏联专家占据浓彩重墨的章节，中国专家在以往的报刊中很少被提及，网上相关信息错误百出。刘宇花了整整一章来写武汉长江大桥技术顾问委员会，就是希望能为中国专家正名。

建设武汉长江大桥其实是几代中国人的梦想。1929—1930 年，中国自己培养的第一代高级土木人才李文骥就曾两次来武汉长江实地测量，并将数据及建桥的设想写成论文《武汉跨江大桥计划书》，发表在 1932 年 12 月的《工程》杂志。刘宇还找到了这本杂志，今日长江大桥的设计、选址，从李文骥的论文中多有借鉴。

因为世事动荡,李文骥理想中的长江大桥并未如愿建成,1946年以前的建桥主要资料,却因他而传世。他和比自己小40岁的唐寰澄,是忘年至交,正是他将自己穷尽数十年心血测量的经验、资料悉数传给了后辈,才使长江大桥的"建成、学会"成为可能,后来的南京长江大桥得以自主建造。

长江大桥征集方案之一

大桥商标全国都在用

刘宇的收藏中,有一份1957年10月14日的《长江日报》,当天推出了三分之一版《庆祝长江大桥通车,大桥牌商品联合介绍》,可见当年大桥牌商品之丰富。

大桥牌商标

三年时间,刘宇共收集了2000余件与大桥相关的物品,百余件大桥商标,它们挤满了他的办公室。淘纸品去崇仁路纸品市场,那里每年还有两三次全国赶集会,淘实物去泰宁街旧货市场、徐东古玩城,除此之外,他在全国还广交藏友,帮他收集与大桥相关的物品。

刘宇坦言,当年的大桥商标,是武汉骄傲,也是中国骄傲,但那时大家都没有商标意识,几乎全国各地都在用。他收藏的一件裱框装饰的杭州丝织品,用的便是长江大桥图案,陈伯华[1]去福建慰问演出时,就带了这个礼物。还有上海永久牌自行车的广告背景,也用了长江大桥的符号。

---

[1] 陈伯华(1919.3—2015.1.30),湖北汉剧旦角,一级演员,曾任武汉汉剧院院长。

《大桥》一书的写作，刘宇的女儿也参与进来。她不仅参与版式设计，还别出心裁地在每一页的扉页上放了有关大桥的新闻报道，一共涉及全国400家媒体，时间跨度从1957年到2017年。这些故事从1954年长江大桥开始建设讲起，有长江大桥通车典礼报道，有大桥画展、大桥焰火展的报道，也有2017年发生的"汉马"大军通过长江大桥等报道，武汉长江大桥的60年风云通过新闻得以定格。

○ 访谈

一个伟大的城市，必有一个伟大的建筑

读者： 是什么样的机缘促使你花费这么多时间和精力，收集和长江大桥相关的物品？

刘宇： 这和我在美术馆工作的职业习惯有关，个人一直对武汉的文化史、视觉史特别有兴趣。原本我在做20世纪50年代美术文献研究，想办展览，那就要有实物，拿到手上有温度，我可以和它对话。在搜集20世纪50年代文献资料时，无意中翻看到一本《湖北文艺志》，记录了1957年10月16日在中苏友好宫举办了一次长江大桥画展，还挺意外的。顺着这条线摸索下去，才发现大桥通车并非单一的历史事件，还衍生了大量美术、摄影、文学、音乐作品。比如，大桥通车这一天，还有大桥音乐会，著名女高音歌唱家王昆还亲临现场，艺术家沙莱[1]写了很多和大桥相关的歌曲。

---

[1] 沙莱：1923年出生，安徽蚌埠人，作曲家。1939年入延安鲁迅艺术学院，师从冼星海、吕骥等老一辈音乐家。曾获第5届中国音乐金钟奖"终身荣誉奖"

大桥通车 60 年的历史,就是一部城市文化史、记忆史。我不是收藏家,是为了做研究,才成为大桥相关记忆的收藏者。

读者: 这本书为什么叫《大桥》而不是《长江大桥》?

刘宇: 叫《大桥》是因为它是中华人民共和国桥梁史的长子,是第一座长江大桥,代表武汉人敢为人先、追求卓越的精神。大桥作为卓越的良心工程,应该被铭记。这 60 年里,被撞了 70 多次依然无损,据专家考证它的使用寿命在 100—140 年之间,这说明大桥也有生命,总有一天会不走车,不走人,成为真正的博物馆。文物的价值,只有离开他的使用价值,才能显现出来。

1956 年正在兴建的长江大桥

读者: 你以前也做过很多与城市文化相关的内容,大桥研究对你来说感觉如何?

刘宇: 你只有真正了解,才能热爱它。对于大桥,一般年轻人能回答关于它的三个问题就不错了,我在这本书里回答了几百个问题。收藏大桥物品,一是难以收集,二是我只买不卖,常有金钱不逮,心有余而力不足的时候,确实是折磨。以往做课题研究,结束便不会管它了,大桥研究我估计会一直持续下去。

一代人有一代人的责任、情怀和理想。作为 20 世纪 60 年代生人,在我的研究方向中,贯穿始终的,首先是视觉传播,把大桥作为一个视觉传播研究的对象。越深入,你会发现,以前的传播方式非常多元,包括国家层面发行的钱币、邮票、粮票,民间工艺展,还有媒体报道,以及和当时人民生活相关的视觉传达,即大桥牌商品系列,它曾如此深刻地影响过一代人的生活。

读者： 长江大桥是一个时代的象征，一代人的精神寄托？

刘宇： 还有情感的寄托。关于情感，类似报道不少，最典型的是1957年出生的人，名字要带个桥，还有和大桥合影，1958年我父母为庆祝新婚，也和亲朋好友一起去和大桥合影，这都是比较浅表的情感联系。《大桥》这本书的时代背景还是20世纪50年代，但着墨于大桥建成对中国的影响。它是一个时代的象征，一个新的中国需新的建设成就，大桥是个很好的载体，人们很自然地把很多情感，寄托在大桥身上。

读者： 你收集的文具盒、工具刀、像章、剪纸里的长江大桥，还有大桥牌童车，设计都非常经典，今天看来仍不过时，有没有计划推出复刻版？

刘宇： 我是做美术史研究的，那是另一个领域的话题。我也听说前段时间，二厂汽水卖得很火，如果有人对这块有兴趣，我乐意之至。

读者： 你和武汉民谣歌手冯翔相约，希望他在你收集的大桥物品里找到灵感，写一首大桥民谣，目前进展如何？

刘宇： 我们聊过一次，他也有此意向。歌曲、影视永远是非常好的传播载体，目前也有影视公司在关注这个题材。有个北京导演，到武汉收集素材，请我给他讲些实物和细节，我讲了一件棉袄的故事。建设大桥时，到了夏天，实在太热，建筑工人打报告，希望上级能发放单衣做工作服。当年因为物资紧缺，上级部门还做了回复，建议将棉袄里的棉花抽掉，有条件的话，也可给工人发放单衣工作服。

读者： 作为纪念读本，你最期待这本书能引发何种反响？

刘宇： 我主要是用文化视觉视角，反映60年来武汉几代人对大桥的情感和情怀。我一直认为代表城市形象的，不仅是GDP，还有外地人、外国人，提到武汉，会和什么样的具体事物联想在一起，就如同啤酒之于慕尼黑，武汉不仅有热干面、周黑鸭，还有大桥牌。

还有，一个伟大的城市，是和一个伟大的建筑相联系的。一如巴黎的埃菲尔铁塔，纽约的帝国大厦，北京的天安门，武汉长江大桥正好是代表城市精神气质的伟大建筑，其他的东西无法取代。

写这本书，不仅是怀旧，而是展望未来，写给年轻人看的。我们对大桥平时研究太少，所以这本书绝不仅仅为通车 60 年而写，希望年轻人看了这本书之后，会对这座城市更加了解和热爱，也能更好地把大桥的研究延续下去，对城市文化产生更多自信。

责编：宋菁

来源：凤凰网 资讯 > 抓取 > 各地新闻

(本文章版权归凤凰网所有，未经授权，不得转载)

照片
PHOTOS

桥梁专家李文骥 •••• 照片

引 言

李文骥1905年（光绪三十一年）考入京师大学堂后，就从他的外籍老师那里学会使用照相机，从此一生酷爱摄影，精研摄影技术。凡铁路测量所经地方、路线，及施工过程、场面均以摄影镜头记录下来，冲洗、扩印、成册、收藏均亲力亲为，几十年如一日从未懈怠，用镜头记录下晚清、民初以来的世事沧桑，和那个时期的家国记忆，摄影作品颇丰。

但这些照片经历抗战、文革这两次大灾难，除五千余张钱塘江桥时期的照片，因收入工程档案得以完整保存外，其他珍贵的工程摄影、城乡采风和家庭生活照片、底片，或散亡或焚毁，劫余后的残存已寥寥无几，说挂一漏万亦不为过，其中有的历史旧照已过百年，虽已破损不堪，家人们仍敝帚自珍地保藏着。摄影是李文骥心仪一生之爱好，记录下他的工作经历、生活足迹和审美情趣，也反映出我国早期摄影发展的进程。所以本书除忆文和文献部分精选的插图外，再选择89张照片分三类编入：

1. 家庭生活

2. 工程实录

3. 风景民俗

收入的老照片大多数为李文骥本人拍摄，不再一一说明，另有出处者见附注。

1、家庭生活

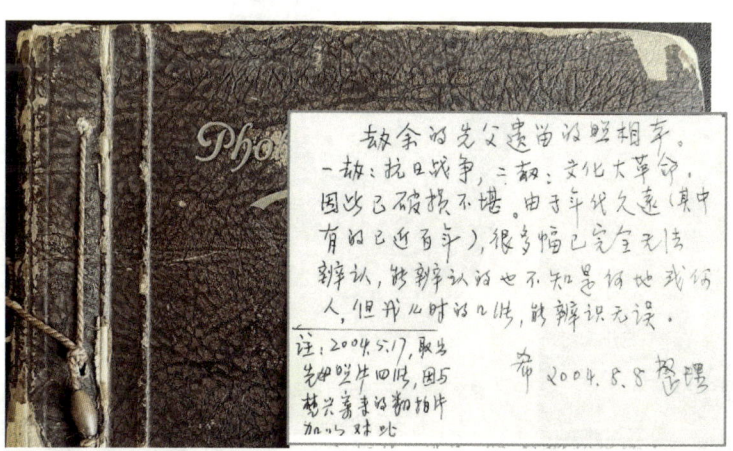

李文骥的家庭相册和长女李希整理后的留言："劫余的先父遗留的照相本。一劫：抗日战争，二劫：文化大革命，因此已破损不堪。由于年代久远（有的已近百年），很多幅已完全无法辨识，能辨识的也不知是何地何人，但我儿时的几张能辨识无误。希 2004.8.8"

1920年广东番禺钟村老宅，李文骥与家人的合影

李文骥的胞姐李蕙湘 1920年
广东番禺钟村

李文骥的母亲陈氏　1920年
广东番禺钟村

北京大学时期的李文骥

李文骥自拍多次曝光艺术照
1913—1920 年间湖北宜昌铁路坝

李文骥夫人周婉贞　1920 年　汉口

李文骥（左二）与同事游览宜昌三游洞
摄于 1920—1925 年

李文骥怀抱二女楚兴，1925 年广东
番禺钟村老宅

李文骥在宜昌铁路花园　1920—1925 年

李文骥与二女在宜昌　1926 年

李文骥夫人周婉贞　1926 年　宜昌

周婉贞与二女的多次曝光艺术照　1925 年

李文骥夫妇和长女李楚翘（李希）在宜昌铁路花园住宅前　1926 年

李文骥和长女在宜昌铁路花园住宅前散步　1926 年

三个女儿　1932年　南京

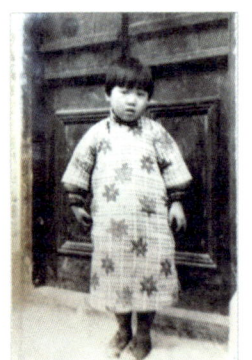

幼女楚琴　1934年　南京

周婉贞（左3）与三女二子，左起：楚兴、慧培、术培、楚翘、楚琴
1936年　南京

李文骥与女儿楚兴、楚翘、女婿杏沾、外孙小军、儿子术培、慧培，1947年夏　杭州孤山

桥梁专家李文骥 •••• 照片

李文骥与长女楚翘、女婿杏沾、外孙小军、幼子术培 1947年秋 杭州

李文骥1947年冬在杭州之江大学校园

李文骥与两子李慧培、李术培在杭州湖滨路91号钱塘江桥管理所寓室内 1948年

- 367 -

1951年2月,李文骥从北京返回杭州家中过春节,最后一次为孙辈拍摄下这张合影。左起:蒋思荃(7岁)、蒋思苡(2岁)、蒋思莼(4岁)

四岁外孙思莼见奶奶不慎跌倒,连忙蹲下帮助她,李文骥用镜头记录下这一暖心时刻 / 杭州清泰街,1951年春节

2、工程实录

川汉线的火车驶入宜昌车站
摄于 1918—1926 年间

钱塘江大桥开工典礼彩门 1934 年 11 月

钱塘江大桥开工典礼临时礼堂 1934 年 11 月

钱塘江大桥开工揭幕礼 1934 年 11 月 11 日

钱塘江大桥开工行破土礼 1934 年 11 月 11 日

钱塘江桥大桥开工典礼，行破土礼，合影

1934年11月11日 钱塘江桥工程处全体职员在开工典礼上的合影/钱塘江大桥纪念馆

钱塘江大桥工地上的部分工程技术人员 / 1935年

钱塘江大桥工地上的外籍工程技术人员　1935—1936

在沉箱上部建造桥墩　1936 年

钱塘江建桥施工现场：高围堰沉箱　1935—1936 年

李文骥(前左1)与实习大学生们在钱塘江大桥建桥工地上的合影 1936年

钱塘江大桥工地：准备起运安装的大桥钢梁 1936年

李文骥在月轮山顶拍摄的钱塘江大桥竣工照 1937年9月

3、风景民俗

● 长江上游沿岸 1920—1922 年

长江三峡,瞿塘峡夔门

远眺夔州府

1920—1922 年,李文骥先生在美籍总工程师克劳尔的领导下,复测川汉铁路宜夔段线路的一部分,转战于长江上游的崇山峻岭之间,工作之余用相机拍摄下壮美的峡江风光

三峡崆岭庙河

长江北岸石宝寨

奉节川江臭盐碛段

瞿塘峡口，远眺长江北岸白帝城

白帝山、白帝城、白帝庙

重庆，长江北岸

- **武汉 1913—1926 年**

武昌奥略楼前街市

武昌奥略楼前观棋游人

武汉江滩的工厂和民宅

武昌黄鹄矶头元代圣像宝塔

汉口新市场

汉口新市场

- **宜昌 1913—1926 年**

宜昌街市

古巷

宜昌古塔

宜昌古塔寺院

宜昌东山寺

宜昌东山竹堂

宜昌郊外

宜昌郊外风光

宜昌民间婚嫁

民初宜昌乡民晚清遗风

宜昌乡间村姑

江边小贩

民间舞龙

舞龙少年

舞龙前的点睛仪式

铁路坝广场放飞热气球

洞口天涯

雪后

宜昌冬雪

宜昌南湖垂钓

江城宜昌

宜昌江轮码头

宜昌地方衙门

- **广州 1917—1918 年**

黄花岗

广州沙面

广州珠江码头

- 上海 1928—1934 年

黄浦江

上海街市

江南造船厂

- 九江 1927—1928 年

九江

位于长江南岸回龙矶上的九江文峰古塔

- 厦门 1933—1934 年

鼓浪屿远眺

● 香港 1937—1938 年

香港皇后广场

广九铁路九龙段

- **杭州 1948 年**

杭州虎跑寺 1948 年

杭州萧山祇园寺之双塔 1948 年 6 月

钱塘江潮水将至，江中各船拢岸躲避 1948 年

附·参考书目

1. 汉粤川铁路进行计划意见书 编著：关赓麟/汉粤川铁路办事处 1921年7月
2. 中国铁路史（四册） 编著：曾鲲化/燕京印书局 1924年3月
3. 工程 第七卷合订本 编者：《工程》编辑部/中国工程师学会 1932年
4. 中国工程师学会会员通信录 总会办事处/中国工程师学会 1936年1月
5. 三十年来之中国工程——中国工程师学会三十周年纪念刊 编者：《工程》编辑部/中国工程师学会 1946年8月
6. 武汉长江大桥 编者：大桥工程局/人民铁道出版社 1957年5月
7. 武汉大桥工程局苏联专家论文选集 编者：武汉大桥工程局/科学技术出版社 1957年9月
8. 桥 编著：唐寰澄/中国铁道出版社 1981年2月
9. 中华铁路史 著者：凌鸿勋/台湾商务印书馆 1981年7月
10. 中国铁路发展史（1876—1949）编著：金士宣、徐文述/中国铁道出版社 1986年
11. 中国铁路桥梁史 编者：编委会/中国铁道出版社 1987年10月
12. 桥梁专家茅以升 编著：文集/中国文史出版社 1990年12月
13. 铁路勘测史 编者：编写组/中国铁道出版社 1995年4月
14. 京师大学堂档案选编 编者：北京大学、中国第一历史档案馆/北京大学出版社 2001年7月
15. 中国铁路建设史 编者：编委会/中国铁道出版社 2003年10月
16. 詹天佑书信选集 编者：詹同济/华南理工大学出版社 2006年4月
17. 钱塘江建桥回忆 著者：茅以升/学苑出版社 2007年9月
18. 詹天佑日记书信选集 编者：詹同济/珠海出版社 2008年5月

19. 桥梁杂志精选本　编者：桥梁杂志社/人民交通出版社 2009年10月
20. 詹公天佑生平志　编著：詹同济/詹天佑纪念馆 2011年1月
21. 凌鸿勋口述自传　著者：凌鸿勋/湖南教育出版社 2011年3月
22. 国民政府铁道部研究　著者：黄华平/合肥工业大学出版社 2011年11月
23. 宜万铁路工程总结　编者：武汉铁路局宜万铁路工程建设指挥部/西南交通大学出版社 2013年12月
24. 京张铁路百年轨迹　编者：北京市档案馆/新华出版社 2014年4月
25. 中国近代工程师群体的"民间领袖"——中国工程师学会研究（1912—1950）著者：房正/经济日报出版社 2014年6月
26. 川汉铁路在宜昌　主编：彭翔华、叶帮斌、章鸿/三峡电子音像出版社 2014年
27. 风骨——从京师大学堂到老北大　主编：肖东发、李云、沈弘/北京大学出版社 2014年5月
28. 全州民国人物（上、下）　蒋钦挥主编/广西师范大学出版社 2015年12月
29. 孙科传　著者：韩文宁/浙江大学出版社 2016年1月
30. 中国工程师史　主编：吴启迪，出品人：华春荣/同济大学出版社 2017年5月
31. 钱塘江文献集成第9册、10册、11册 钱塘江大桥史料一、二、三　编者：钱塘全书编委会/杭州出版社 2017年9月
32. 武汉长江大桥（设计史料）　编著：中铁大桥局/长江出版传媒 2017年10月
33. 大桥　著者：刘宇、刘梦盈/武汉出版社 2017年10月
34. 唐寰澄文集（一、二、三）　著者：唐寰澄/学林出版社 2018年11月
35. 国家名片——中国桥梁　主编：赵志刚/长江出版社 2019年9月

致 谢：

马晓力、王彦君、叶 红、成莉玲、刘玉平、刘延庆、刘 宇、刘梦盈、米鹤都、李立祥、杨 春、吴 睿、何亮亮、余江涛、余启新、余 佳、宋 佳、张利锋、张帮寸、陈淑媛、陈楠枰、林 山、周满珍、胡良骥、胡劲进、钟光明、袁晓露、唐炯炯、唐 浩、矫小红、塔 拉、彭翔华、雷春桃、廉南宁、潘 茜

（姓氏笔画为序）

中国国家铁路集团有限公司网
中铁大桥局 桥梁博物馆
中建 深圳钢结构博物馆
人民铁道网
钱塘江大桥纪念馆
浙江省档案馆
北京大学档案馆
交通部《交通建设与管理》杂志
杭州日报
凤凰卫视
凤凰网
长江日报
长江商报
桥梁建设报
三峡商报

李文骥先生后裔名单

子女	孙子女 姓名(婿/媳)	性别	序	重孙子女 姓名(婿/媳)	性别	玄孙子女 姓名	性别
李德培 1917-2016	李承辉	男	7	李怡嘉 李佩嘉	女 女		
	李承平	男	9				
李楚翘 (李希) 1922-2019	蒋思荃	男	1	蒋洵	女		
	蒋思蕊 /陶佳民	男	3	蒋浩 胡晓丰	男 男		
	蒋思苡	女	5	胡晓杭 /孙红雁	男	胡 蝶 孙 苒	女 男
	蒋思迅	男	8	蒋涵	男		
	蒋思芸	男	12	蒋泠	男		
李楚兴 (李慎求) 1925-2019	乐 章 /黎 莉	男	4	乐 欢 /肖 蔚	女		
	乐 诚 /赵珊钗	男	6	乐 天 /赵腾芳	男	乐易非	男
	李 勤	女	10	王 琦	男		
	李 丹	女	17	欧阳李鱣	女		
李楚琴 1929	李志伟	男	2	李塔琳 /刘奇凡	女	刘子桐 Talia 刘子骥 Kieran	女 男
	宋 青	男	14				
	宋 海	男	15	宋天娇	女		
李慧培 1932-1993	李丽叶	女	11	陈 晖	男		
	李丽霞 /张小平	女	13	张 楠 /王秋月	男		
	李远航 /金彦丽	男	16	李 莎 /周宇鹏	女	周靖涵	女
李术培 1933-2016	李远明 /张 微	男	18	李一帆	男		

(婿、媳填写自选)　　　　　　　　　　　　　　　　原表制作：李术培

编后随笔（代后记）

01

李文骥是我的外公。老人家走得早，18位孙子女中与他生前见过面的只有五人，我是其中之一。

1950年1月，64岁的李文骥奉调只身赴京，住在王府井南口铁道部小红楼，铁道部的后门在霞公府街。当时母亲和我就住在霞公府街15号"北京市文学艺术界联合会"大院。一段短暂的时光里，外公和我们分别住在同一条胡同的东西两端，相距300米，常来常往。

我家独门独室住二楼，门外是一段陡立的木楼梯，一到星期天，木梯稍有"嘎吱"响动，母亲就会轻声说："外公来了"。……孩提时的记忆碎片中，依稀印有老人家清癯的面貌和慈善的目光；外公是个安静人，言笑不多，有些口音；还有他呢子大衣散出的樟香，怪怪的……。

他很喜欢附近的中山公园和劳动人民文化宫，一家人常去那儿休闲，拍照，我有一张站在园内古柏前的童年照，就出自外公之手。国庆一周年大典那天，外公待在他的办公室就能居高临下地凭窗"观礼"，偏要跑到南池子券门前的人群里和我们挤在一起，边观看长安街上的阅兵、游行，边享受同堂三代弄孙不倦之乐……。隔年春天，外公就去世了。那年我四岁，虽懵懂无知，但血脉亲情和时空交集的短短巧合，对外公的追思探寻，从小到大，未曾间断。

10岁那年有一天，跟着母亲来到朝阳门外一处还在平整中的大工地，绕过一座座被挖开或填平的坟丘，见高坡上一处砖石土坑之间，孤单地耸立着一尊汉白玉墓碑——两米多高，正面镌刻着："李文骥之墓"，下款落有三个舅舅、两个姨妈和母亲名字。我小心地沿着石碑转了一圈，母亲轻声说："是你外公"。后来知道那儿是东郊公墓，因为将要修建北京工人体育场，陵园的地被征用，母亲是来办理墓地迁移或深埋手续的。结果怎样，没有多问。很多年后，外公的那座碑仍留在脑海，觉得在那儿深藏着一份尊重和荣誉，挥之不去，久久萦绕。

家里有一只很旧的小木箱，存放着外公的遗物，偶然一次帮着母亲找东西打开过，工程图纸和手稿摞满大半箱。小心展开尘封的蓝图：上面密密匝匝的线条、符号、数字之间有"1913年，武汉纪念桥"、"1930年，扬子江跨江铁桥"等字样，给人穿越久远时光的异样感，我惊讶不已："都是老物件呀！能进博物馆了！"心想，在每张图纸背后，都会有一个长长的老故事呀。母亲说："这是外公新中国成立前设计武汉大桥时留下的老资料，大姨希望拿到杭州去，一直留着。"几摞行楷手稿上看到他老留下的一手好字——笔力精到，严谨有致，让人爱不释手；还有几本旧相册，我也第一次从中看到外公不同时期的照片，正是"斯人已去，风采依旧"。母亲一边帮我指认，一边简单说起，外公从晚清、民国到新中国从事铁路工程，特别是近40年间五次参加武汉长江大桥勘测设计的经历……"临死前还在惦记这件事，他很不容易。"母亲轻叹着说。虽然言语不多，成为我对外公最早的认知："他是最早参与中国铁路桥梁建设的元老；一心建桥、一生为桥；是一位多才多艺、工作执着、不言放弃的工程师"。我特意从外公的木箱里，取出一张他在钱塘江桥管理处时的老名片，夹在手边的字典里，当作一个常见常新的纪念与鞭策。那年我刚满18岁，步入成年。

二十多年后，我也拿到了自己的"工程师任职资格证书"。也许是外公百年前"工业救国，工业强国"梦想精神的引导，为我打开了一扇门，踏进现代工程建设的壮阔世界，一干30年。进海滩戈壁草原，任雨雪长风入怀，住野外营地帐篷；在钻塔矗立、机器轰鸣的井场间奔波劳作；跑现场，写报告，绘图纸，编程序；完成一个个生产科研项目，迎来一次次喜庆的投产和隆重的竣工……。当也被人称呼为："李工"时，感同身受，情不自禁会想到李文骥修铁路，建大桥"守正笃实，久久为功"的辛劳一生，他是我为人为业的楷模，默默鼓励着我坚守行远，攀登科学技术高峰。新老隔代的两个工程师之间，仿佛有了跨越时空的更多交流和共鸣，更加钦佩、敬仰他老人家。

六年前，女儿家喜得贵子，我又荣升外公。适逢马年，婿家姓刘，我为外孙取名："刘子骥"。后来，试着和孩子"掰扯"这五代人间的称谓关系，女儿来得快："巨简单——外公的外公！"那时我已退休多年，常想：外公离开我们快70年了，为了更好地纪念他，自己还应该做点儿什么？

02

我们李家是个门风传统而又松散的大家庭，外公的三子三女天南地北，星散六地，极少相会。第三四代有三四十人，来往接触更少，虽淡如清水，也和谐自然。几年前，按照长辈们的建议，表弟妹们拉起个微信群，名字叫"大桥之魂"，既维系着李家后裔间的联系和亲情，也接续起与先辈间的千丝万缕。

三年前，大舅98岁仙逝，属老喜丧。也许正是这个触动，母亲突然向我提出：陪她出趟远门，见见两位老姐姐。母命难违，说好先去杭州。国庆黄金周一过，我们登上了高铁列车。一路风驰电掣，五个小时后就到了桂花飘香的西子湖畔。抗战后母亲就住在大姨家，又从杭州远赴北平，一走72年；她们也近20年未见了，重逢一刻的场面令人动容。两姐妹性格迥异，大姨快人快语，激情四射，大概更随我外婆。

在杭州的三天，表弟们安排三个半天，陪我们去泛舟西湖，参观钱塘江大桥，品尝"楼外楼"醋鱼……；其他的时间，留给老姊妹俩促膝畅谈。大姨是和外公一起生活最长的长辈，虽已95岁，依然精神矍铄、活力不减。谈话直奔李文骥的历历往事：两江两桥，战祸苦难，悠悠岁月……说起七八十年前的事情，大姨的故事滔滔不绝、引人入胜。记忆、学养、口才超一流，不愧是当年南京中华女中的"学霸"。我也专注倾听，随谈入戏、生怕哪一耳朵没逮着错过精彩。谈话之间，大姨不时吩咐表弟从书架上、箱柜里陆续取出外公的老相册、旧证书证件、手稿、信函书札、杂志书籍等给我们看，使她讲述更显丰富翔实。外公的藏品被保存得非常之好，有的已超百年，却几无破损。虽然展现的只是一小部分，也层层叠摞地铺满了一床，俨然就是一座小小博物馆。我边听，边看，边录，边拍，忙碌中收获着一段段鲜活、具体的历史记录。

表弟告诉我："妈妈退休后30多年，心思精力多放在外公身上。她每年都要整理这些老资料，每件藏品中都留下文字便签，告示后人。我们帮她申请到百度《名人堂》的词条编辑人，她用了很多时间，查看资料，亲自撰写，我们再转录到电脑里，现在《百度百科》中的'李文骥'词条5000

多字，都是妈妈一点点写出的。还收集书报、杂志和互联网上回忆和纪念外公的文章，哪怕只有短短的一行字，也都要悉心地收藏起来；1994年以来又陆续写出了几万字回忆录。她非常想出一本书，让外公的事迹得到传播，虽然年事已高，但心里仍不放弃。"

晚上，我打开手机中的录音文件，整理出大姨一段触达心底又令人惊醒的话："我自小体弱，竟能活到近百，这是天意，爸爸是把他应有的岁月留在我身上。为了让更多的人学习他为事业做出的一切，我只能用笔记下我知道的史实，为中国交通史作小小的补白。……爸爸就是个传奇。从国家角度来看，他的经历，就是那段时代，由传统逐渐迈向现代化的国史。当然，不止他一个人，但他的实践和坚守，无人可比。他从四书五经，转到A加B，转到英语、德语。通古今，贯中西。当然，也不仅是他一个，但万里长江，千里钱塘，南北从此无天堑，他绝对是功臣。央视'国家记忆'栏目在《武汉大桥》的节目中，称爸爸为此桥建设的'元老'。可称为'元老'，则应是'最早的开拓者'之一。爸爸披肝沥胆一生，这元老当之无愧。唐总给我写信中说：'李老工作做得多，就此默默无闻，这不是激励后人之道……'，他着力向世人推崇先父，我不仅感激，也对我本人智力低下，对生我养我的父亲的崇敬太漠然，而悔之不及，空悲切而已。"那一夜，很难入眠。

分别时，两位长辈相拥而泣，我站在一旁，对大姨说："您为外公出书的事儿，我可以出力。""那好哇！"老人的泪眼中，露出了欣然喜色。

回京的一路，仍是风驰电掣，心里有了一支待发的箭。

03

大姨李希，永远居住在自己的内心，苦苦追索父辈的价值和光辉。她渴望出一本纪念李文骥的书，执着地朝着这个目标进发，花费几十年时间，做了太多的事情：整理藏品，搜集文章，写回忆录……。直到去了杭州，我才晓得此事，深受感动，也触动心灵。但见95岁的鲐背老人，努力到无能为力，于心不忍，出手帮助义不容辞。其实，这也是一场接力，我们必须是接棒人。

我和大姨间经表弟接力，用微信互动交流，一起努力，加快了出书的步伐。她的要求是："一网打尽"，经验是："小事不拘，大事不虚"……我一一谨记于心，默化为编书的宗旨和具体原则。大姨多年积累的素材，很快全部装入电脑，进入到信息化编辑的高效流程。我继续在网上大量搜索有关的事件、人物、文章；在"孔夫子旧书网"上搜罗珍贵的老旧图书，深掘资料，也为恶补晚晴、民国的有关历史、人文、知识。编书的过程也是一次丰富自己的学习成长之旅。同时，又一个想法油然而生：应该沿着李文骥的生平足迹作一次寻踪之旅，完善素材，获得更多的真情实感。

我安排时间专程远赴浙、鄂、粤，探访外公的人生故地。在广州，徜徉在番禺钟村镇沙田老街，寻觅李家古宅，品粤式凉茶；在杭州，穿行钱塘江大桥步道，遥望月轮古塔，之江远去，探寻着沿岸当年建桥人留下的遗存遗迹……；到武昌江滩那日，天气美丽，放眼远眺：江水江轮、山色楼宇、车水人流、长长的列车和飞架的铁桥，亲密共融，和谐统一，妙不可言。而没有桥梁的状况下，水是天堑，阻挡人类的脚步。"……以一江之隔，不能畅通。譬诸人身之血脉，至此而停滞，对于一国之健康大受影响。[1]" 107年前，同一片江滩上，正是27岁的李文骥当时的感悟，他选择了以造桥为业，图社会进步。并坚持着自己，默默苦干，整整一生。信念，是人生理想在实践中不断淬炼后的结晶，"靡不有初，鲜克有终"，做

---

[1] 李文骥《筹建武汉纪念桥建议书》1949年5—9月

人做事善始善终，就是李文骥的人生写照。这次旅行，对编书大有裨益，懂得了热爱和怎么去爱——追求卓越，永无止境。

去年 8 月，初稿完成，大姨也住院月余，亦喜亦忧。即刻拿着书稿去文印社全彩色打印，精细装订成册，"顺丰"到了杭州。大姨终于看到第一本样书，喜悦欣慰溢于言表，连连说："了不起！了不起！……"。8 月 7 日我母亲 90 岁生日，老姊妹俩各自手捧样书拍照，留下一次难得的庆生互动。又两周后，大姨不幸辞世。这期间她曾执意要求出院，返回到家中，最后一次为编书整理资料。我专程赴杭参加了葬礼，墓前为她献上一瓣心香。这以后，为了完成大姨生前愿望，我进入封闭工作模式，夜以继日。在初稿的基础上多次迭代，反复补充，修改，完善。终于在 2020 年疫情防控严格封闭 100 天后，书稿杀青，行将付梓。

一位朋友帮我看过最后的书稿，说："出书不易，本身就是个故事，应该写出来。"于是，伏案提笔，写下这篇《编后随笔》。结笔时，恰巧是李文骥诞辰 134 周年纪念日。"大桥之魂"微信群里，母亲，五湖四海的后裔亲们，纷纷献花，致敬，络绎不绝。我知道，这也是在告慰大姨李希，感激她为外公所做的一切。

……

特意问过母亲，知道，外公的墓没有迁离，魂归厚土。也好，能在聚光灯下的"工体"——"北京城最后的四合院"里，静听数万人的欢呼喝彩声，仰望一空繁星，老人家不会孤寂。

李志伟

2020 年 5 月 21 日 北京

李文骥诞辰 134 周年纪念日

编著者小传

李 希

1922年12月14日生于湖北宜昌。李文骥之长女,曾用名李楚翘。高中学历。1951年9月杭州市工商联丝织工业同业公会;1956年9月浙江省工商联干部;1966年7月下放到五七干校劳动;1977年11月浙江省工商联宣传处干部;1984年9月任浙江省工商联宣传处处长;1990年4月退休。2019年8月24日病逝于杭州。

李志伟

1947年8月12日生于北平。李文骥三女李楚琴之子。大学专科学历。1968年在内蒙古牧区插队;1972—1991年,在天津大港、河北任丘、新疆泽普叶城、内蒙古锡林浩特等地,参加油田勘探开发建设;1988年获"工程师任职资格";1992年以后,在中国石油天然气总公司从事勘探信息管理和数据库设计开发工作;2007年8月退休。